全国高职高专规划教材·财务会计系列

新编企业纳税实务与操作

主　编　李克桥　马殿平
副主编　师　璇　李光辉
参　编　张国茹　朱明雯
主　审　张心淼

北京大学出版社
PEKING UNIVERSITY PRESS

主 要 内 容

本书以最新的税收法律、法规和规章为依据,结合最新的会计准则和相关会计制度,系统介绍了我国相关税种的纳税申报、会计处理及其实务操作。本书共分为十一个项目,内容包括纳税基本规程、单税种纳税实务与操作和全税种综合实训,其中,项目一为纳税基本规程;项目二至项目十为单税种纳税实务与操作,依次是增值税、消费税、营业税、关税、资源税、财产税、特定行为目的税、企业所得税和个人所得税;项目十一为全税种综合实训。本书注重理论与实践技能的结合,侧重于实体法中各税种的核算与交纳申报实务。

本书不仅可以作为高职高专院校财经管理类学生使用的教材,也可作为电大、夜大、职大、业大、函大等其他教育教学形式的用书,还可作为与税收事务相关人员的参考书。

图书在版编目(CIP)数据

新编企业纳税实务与操作/李克桥,马殿平主编.—北京:北京大学出版社,2011.7
(全国高职高专规划教材·财务会计系列)
ISBN 978-7-301-19259-7

Ⅰ.①新… Ⅱ.①李…②马… Ⅲ.①企业管理:税收管理-中国-高等职业教育-教材
Ⅳ.①F812.423

中国版本图书馆CIP数据核字(2011)第140829号

书　　　名:新编企业纳税实务与操作
著作责任者:李克桥　马殿平　主编
策 划 编 辑:温丹丹
责 任 编 辑:温丹丹　魏　杰
标 准 书 号:ISBN 978-7-301-19259-7/F·2825
出 版 发 行:北京大学出版社
地　　　址:北京市海淀区成府路205号　100871
网　　　址:http://www.pup.cn
电 子 信 箱:zyjy@pup.cn
电　　　话:邮购部62752015　发行部62750672　编辑部62765126　出版部62754962
印　刷　者:三河市博文印刷有限公司
经　销　者:新华书店
787毫米×1092毫米　16开本　13.5印张　319千字
2011年7月第1版　2014年12月第2次印刷
定　　　价:27.00元

前　言

“企业纳税实务与操作”是高等职业院校财经类会计、审计、税务等专业开设的必修课。为了突出高等职业教育注重实践性、应用性、技能性的要求，本书在编写过程中，从高等职业技术教育教学的要求出发，强调职业技能的掌握与训练，具体体现为以下几个特点。

（1）目标明确。通过对本书的学习，学生能够熟练地掌握纳税申报与会计处理方面的基本知识和基本技能，能够运用所学知识处理税收缴纳过程中的各种业务。在教材编写方面，注重对学生基本技能的培养，符合高等职业技术学院应用型人才的培养目标。

（2）注重实践。本书每个项目最后都附有综合实训题，强化学生动脑和动手能力，增强学生对有关税收业务的实际操作技能。

（3）重点突出。本书对我国目前的主体税种的实务操作作了较为详尽的介绍，以税种作为章节编写；对辅助性的税种则作了概要性的介绍，以类别作为章节编写。同时，在编写顺序上，打破了按税种的重要性为依据进行排序的传统，从学生学习、掌握税种的感性认识出发，结合会计业务处理过程中涉及的税种次序进行编排，有利于配合相关课程的教学。

本书由张心淼教授（博士）担任主审，李克桥、马殿平担任主编，师璇、李光辉担任副主编。全书共十一个项目，各项目编写（按项目次序）分工如下：项目一、二由李克桥执笔，项目三、四由师璇执笔，项目五、六由朱明雯执笔，项目七、八由张国茹执笔，项目九、十一由马殿平执笔，项目十由李光辉执笔。

在本书的编写过程中，得到保定职业技术学院经济管理系崔喜元教授和北京大学出版社温丹丹编辑的大力协助，并提出了宝贵的修改意见，在此表示衷心感谢。

由于本书的编者学识有限，加之编写时间仓促，书中难免会有错误之处，恳请各位同人批评指正。

编　者

2011 年 7 月

目　　录

项目一　纳税操作基本流程

任务一　对税收征纳程序的认知

纳税操作程序是指纳税人在履行纳税义务时需要经过的各个环节。从纳税人或扣交义务人的角度而言，纳税操作程序一般包括：税务登记，会计凭证、账簿及报表的填制、登记管理，纳税申报，税款的交纳和纳税检查等。

一、税务登记

税务登记是整个税收征收管理的首要环节，是税务机关对纳税人的基本情况及生产经营项目进行登记管理的一项基本制度，也是纳税人已经纳入税务机关监督管理的一项证明。税务登记的内容包括：设立登记、变更登记、注销登记、停业复业登记和外出经营报验登记等。本书只介绍设立登记、变更登记和注销登记。

（一）设立登记

从事生产、经营活动的企事业单位和个人，自领取营业执照之日起30日内，持有关证件，向税务机关申报办理税务登记。

1. 纳税人在申报办理税务登记时，应当根据不同情况向税务机关如实提供以下证件和资料

（1）工商营业执照或其他核准执业证件及工商登记表；

（2）有关合同、章程、协议书；

（3）组织机构统一代码证书；

（4）法定代表人或负责人或业主的居民身份证、护照或者其他合法证件；

（5）银行基本账号和税款专用账号证明；

（6）注册地和经营地土地租赁合同（住所或经营场所证明）。

2. 办理税务登记需填写的表格

（1）《税务登记表》一式三份；

（2）《税务信息录入表》一份。

（二）变更登记

纳税人税务登记内容发生重要变化时向税务机关申报办理的税务登记手续为税务变更。

纳税人已在工商行政管理机关办理变更登记的，应当自工商行政管理机关办理变更登记之日起30日内，向原税务登记机关如实提供下列证件、资料，申报办理变更税务登记。

1. 办理变更税务登记所需的资料

(1) 工商登记变更表及工商营业执照;

(2) 纳税人变更登记内容的有关证明文件;

(3) 税务机关发放的原税务登记证件(税务登记证正、副本和税务登记表等);

(4) 其他有关资料。

纳税人按照规定不需要在工商行政管理机关办理变更登记,或者其变更登记的内容与工商登记内容无关的,应当自税务登记内容实际发生变化之日起30日内,或者自有关机关批准或者宣布变更之日起30日内,持下列证件到原税务登记机关申报办理变更税务登记。

(1) 纳税人变更登记内容的有关证明文件;

(2) 税务机关发放的原税务登记证件(税务登记证正、副本和税务登记表等);

(3) 其他有关资料。

2. 办理变更税务登记需填写的表格

(1)《税务登记变更表》一式三份;

(2)《税务信息录入表》一份;

(3)《××市××税务局变更税务登记申报表》一份。

(三) 注销登记

纳税人发生解散、破产、撤销以及其他情形,依法终止纳税义务的,应当在向工商行政管理机关办理注销登记前,或宣告终止经营之日起15日内持有关证件向原税务机关申请办理注销税务登记。

纳税人因生产、经营场所变动而涉及改变主管税务登记机关的,应当在向工商行政管理机关办理变更登记前,向原税务机关申请办理注销税务登记和迁移手续,并向迁达地税务机关办理开业税务登记。

纳税人被工商行政管理机关吊销营业执照的,应当自营业执照被吊销之日起15日内,向税务机关申请办理注销税务登记。

1. 办理注销税务登记所需的资料

(1) 注销税务登记的书面申请;

(2) 上级主管部门批文、职代会决议、法院破产判决书及其他有关证明文件;

(3) 税务登记证正、副本及登记表等;

(4) 注销当期的会计报表、纳税申报表、税款缴款书;

(5) 在主管税务机关领购的全部发票、发票领购簿;

(6) 单位公章。

2. 办理注销税务登记需填写的表格

(1)《××国家(地方)税务局注销税务登记表》一式三份;

(2)《××国家(地方)税务局××分局歇业清税审批表》一式三份;

(3)《××国家(地方)税务局发票缴销表》一式两份。

3. 办理注销税务登记前应办理的税务事项

纳税人在办理注销税务登记前,应当向税务机关结清应纳税款、滞纳金、罚款、缴销发票和其他税务证件。

二、会计凭证、账簿的管理

纳税人、扣交义务人应按照有关法律、行政法规及国务院财政、税务主管部门的规定设置账簿，根据合法、有效的凭证记账进行核算。

（一）设置账簿的范围

（1）从事生产、经营的纳税人应当自领取工商营业执照或发生纳税义务之日起15日内按照国务院财政、税务部门的规定设置账簿。账簿是指总账、明细账、日记账以及其他辅助性账簿。总账、日记账应当采用订本式。

（2）扣交义务人应当自税收法律、行政法规规定的扣交义务发生之日起10内，按照所代扣、代缴、代收的税种，分别设置代扣、代缴、代收税款账簿。

纳税人、扣交义务人会计制度健全，能够通过计算机正确、完整计算其收入、所得或者代扣代缴、代收代缴税款情况的，其计算机输出的完整的书面会计记录，可视同会计账簿。

纳税人、扣交义务人会计制度不健全，不能通过计算机正确、完整计算其收入、所得或者代扣代缴、代收代缴税款情况的，应当建立总账及与纳税或者代扣代缴、代收代缴税款有关的其他账簿。

（3）生产经营规模小又无建账能力的纳税人，可以聘请经批准从事会计代理记账业务的专业机构或者经税务机关认可的财会人员代为建账和办理账务；聘请上述机构或者人员有实际困难的，经县以上税务机关批准，可以按照税务机关的规定，建立收支凭证粘贴簿、进货销货登记簿或者使用税控装置等。

（二）对纳税人财务会计制度及其处理办法的管理

从事生产、经营的纳税人应当自领取税务登记证件之日起15日内，将其财务、会计制度或者财务、会计处理办法和会计核算软件报送主管税务机关备案。纳税人使用计算机记账的，应当在使用前将会计电算化系统的会计核算软件、使用说明书及有关资料报送主管税务机关备案。纳税人建立的会计电算化系统应当符合国家有关规定，并能正确、完整核算其收入或者所得。从事生产、经营的纳税人、扣交义务人的财务、会计制度或者财务、会计处理办法与国务院或者国务院财政、税务主管部门有关税收规定相抵触的，依照国务院或者国务院财政、税务主管部门有关税收规定计算应纳税款、代扣代缴和代收代缴税款。

（三）账簿、凭证的保存及管理

从事生产、经营的纳税人、扣交义务人必须按照国务院财政、税务主管部门规定的保管期限保管账簿、记账凭证、完税凭证及其他有关资料。除法律、行政法规另有规定者外，账簿、会计凭证、报表、完税凭证及其他有关资料应当保存10年。账簿、记账凭证、报表、完税凭证、发票、出口凭证及其他有关涉税资料应当真实、合法、完整，不得伪造、变造或者擅自损毁。

三、纳税申报

纳税申报是纳税人在发生纳税义务后按照税法规定的期限和内容向主管税务机关提交有关

纳税书面报告的法律行为，是界定纳税人法律责任的主要依据，是税务机关税收管理信息的主要来源。

（一）纳税申报的对象

下列纳税人或者扣交义务人、代征人应当按期向主管国家税务机关办理纳税申报或者代扣代缴、代收代缴税款报告、委托代征税款报告。

（1）依法已向税务机关办理税务登记的纳税人包括：

① 各项收入均应当纳税的纳税人；

② 全部或部分产品、项目或者税种享受减税、免税照顾的纳税人；

③ 当期营业额未达起征点或没有营业收入的纳税人；

④ 实行定期定额纳税的纳税人；

⑤ 应当向税务机关交纳企业所得税以及其他税种的纳税人。

（2）按规定不需向税务机关办理税务登记，以及应当办理而未办理税务登记的纳税人。

（3）扣交义务人和税务机关确定的委托代征人。

（二）纳税申报的期限

1. 各税种的申报期限

（1）交纳增值税、消费税的纳税人，以 1 个月为一期纳税的，于期满后 10 日内申报；以 1 天、3 天、5 天、10 天、15 天为一期纳税的，自期满之日起 5 日内预缴税款，于次月 1 日起 10 日内申报并结算上月应纳税款。

（2）交纳企业所得税的纳税人应当在月份或者季度终了后 15 日内，向其所在地主管税务机关办理预缴所得税申报；在年度终了后 45 日内向其所在地主管税务机关办理所得税申报；年度终了后 5 个月内办理汇算清缴，多退少补。

（3）其他税种，税法已明确规定纳税申报期限的，按税法规定的期限申报。

（4）税法未明确规定纳税申报期限的，按主管税务机关根据具体情况确定的期限申报。

2. 申报期限的顺延

纳税人办理纳税申报的期限最后一日，如遇公休、节假日的，可以顺延。

3. 延期办理纳税申报

纳税人、扣交义务人、代征人按照规定的期限办理纳税申报或者报送代扣代缴、代收代缴税款报告表、委托代征税款报告表确有困难，需要延期的，应当在规定的申报期限内向主管税务机关提出书面延期申请，经主管税务机关核准，在核准的期限内办理。纳税人、扣交义务人、代征人因不可抗力，不能按期办理纳税申报或者报送代扣代缴、代收代缴税款或委托代征税款报告的，可以延期办理。但是，应当在不可抗力情形消除后立即向主管国家税务机关报告。

（三）纳税申报的方式

目前纳税申报方式主要有：直接申报、电子申报、委托申报、邮寄申报、银行网点申报等。

1. 直接申报

直接申报是指纳税人直接到税务部门办税服务厅进行纳税申报。

2. 电子申报

电子申报是指纳税人利用互联网、电话网、计算机等电子设备，对纳税申报信息实行电子采集，在规定的纳税期限内，向税务机关进行纳税申报的一种纳税申报方式。根据国家税务总局国税发［2003］53号通知要求，一般纳税人进行增值税纳税申报时必须实行电子信息采集，目前某些地市已开通了网上申报和介质申报两种申报方式。网上申报采取纳税人申请使用的原则，纳税人可随时到主管税务机关领取宣传材料，提出申请，填写申请表。经主管税务机关同意后，即与网上申报技术服务公司签订《网上申报服务协议》，领取相应的使用手册和教学光盘参加培训。

3. 委托申报

委托申报是指纳税人委托中介机构（如税务师事务所）代为纳税申报。

4. 邮寄申报

邮寄申报是指纳税人使用统一规定的纳税申报特快专递专用信封，通过邮政部门邮寄纳税申报表的方式。

5. 银行网点申报

银行网点申报是在税银联网的基础上，主管税务机关委托指定银行受理纳税申报和代征税款，增值税小规模纳税人可以同税务机关指定银行签订《委托代缴税款协议》，开设缴税账户，并在规定的申报缴税期限内，到开户的缴税银行网点进行申报纳税，或委托银行按照税务机关核定的应纳税额直接划缴入库的一种申报纳税方式。

另外，对实行定期定额交纳税款的纳税人，可以实行简易申报、简并征期等申报纳税方式。这里所称的“简易申报”是指实行定期定额交纳税款的纳税人在法律、行政法规规定的期限内或者税务机关依照法律、行政法规的规定确定的期限内交纳税款的，税务机关可以视同申报。“简并征期”则是指实行定期定额交纳税款的纳税人，经税务机关批准，可以采取将纳税期限合并为按季、按半年、按一年的方式交纳税款，具体期限由省级税务机关根据具体情况确定。

纳税人（含享受减免税的纳税人）、扣交义务人无论本期有无应纳、应交税款，都必须按税法规定的期限如实向主管税务机关办理纳税申报。享受减免税的纳税人，也应按期办理纳税申报。

（四）纳税申报的要求

（1）纳税人、扣交义务人、代征人应当到当地主管税务机关购领纳税申报表或者代扣代缴、代收代缴税款报告表、委托代征税款报告表，按照表式内容全面、如实填写，并按规定加盖印章。

（2）纳税人办理纳税申报时，应根据不同情况提供下列有关资料和证件：

① 财务、会计报表及其说明材料；

② 增值税专用发票领、用、存月报表，增值税销项税额和进项税额明细表；

③ 增值税纳税人先征税后返还申请表；

④ 与纳税有关的经济合同、协议书、联营企业利润转移单；

⑤ 未建账的个体工商户，应当提供收支凭证粘贴簿、进货销货登记簿；

⑥ 外出经营活动税收管理证明和异地完税凭证；

⑦ 境内或者境外公证机构出具的有关证明文件；

⑧ 国家税务机关规定应当报送的其他证件、资料；

⑨ 税控装置的电子报税资料。

（3）扣交义务人或者代征人应当按照规定报送代扣代缴、代收代缴税款的报告表或者委托代征税款报告表，代扣代缴、代收代缴税款或者委托代征税款的合法凭证，与代扣代缴、代收代缴税款或者委托代征税款有关的经济合同、协议书。

四、税款交纳

（一）税款一般交纳方式

纳税人应当按照主管税务机关确定的征收方式交纳税款。

1. 自核自缴

生产经营规模较大、财务制度健全、会计核算准确、一贯依法纳税的企业，经主管税务机关批准，企业依照税法规定，自行计算应纳税款，自行填写、审核纳税申报表，自行填写税收缴款书，到开户银行解缴应纳税款，并按规定向主管税务机关办理纳税申报并报送纳税资料和财务会计报表。

2. 申报核实交纳

生产经营正常，财务制度基本健全，账册、凭证完整，会计核算较准确的企业依照税法规定计算应纳税款，自行填写纳税申报表，按照规定向主管税务机关办理纳税申报，并报送纳税资料和财务会计报表。经主管税务机关审核，并填开税收缴款书，纳税人按规定期限到开户银行交纳税款。

3. 申报查定交纳

财务制度不够健全，账簿凭证不完备的固定业户，如实向主管税务机关办理纳税申报并提供其生产能力、原材料、能源消耗情况及生产经营情况等，经主管税务机关审查测定或实地查验后，填开税收缴款书或者完税证明，纳税人按规定期限到开户银行或者税务机关交纳税款。

4. 定额申报交纳

生产经营规模较小，确实无建账能力或者账证不健全，不能提供准确纳税资料的固定业户，按照税务机关核定的营业（销售）额和征收率，按规定期限向主管税务机关申报交纳税款。纳税人实际营业（销售）额与核定额相比升降幅度在20%以内的，仍按核定营业（销售）额计算申报交纳税款；对当期实际营业（销售）额上升幅度超过20%的，按当期实际营业（销售）额计算申报交纳税款；当期实际营业（销售）额下降幅度超过20%的，当期仍按核定营业（销售）额计算申报交纳税款，经主管税务机关调查核实后，其多缴税款可在下期应纳税款中予以抵扣。需要调整定额的，向主管税务机关申请调升或调降定额。但是对定额的调整规定不适用实行起点定额或保本定额交纳税款的个体工商户。

（二）核定交纳方式

纳税人有下列情形之一的，依照主管税务机关核定的应纳税额交纳税款：

（1）依照法律、行政法规的规定可以不设置账簿的；

（2）依照法律、行政法规的规定应当设置账簿但未设置的；

（3）擅自销毁账簿或者拒不提供纳税资料的；

（4）虽设置账簿，但账目混乱或者成本资料、收入凭证、费用凭证残缺不全，难以查账的；

（5）发生纳税义务，未按照规定的期限办理纳税申报，经税务机关责令限期申报，逾期仍不申报的；

（6）纳税人申报的计税依据明显偏低，又无正当理由的；

（7）未按照规定办理税务登记的从事生产、经营的纳税人以及临时从事经营的纳税人；

（8）企业或者外国企业在中国境内设立的从事生产、经营的机构、场所与其关联企业之间的业务往来，未按照独立企业之间的业务往来收取或者支付价款、费用而减少应纳税额的；

（9）税收法律、行政法规规定应由税务机关核定应纳税额的其他情形。

五、纳税检查

（一）纳税检查的常用形式

纳税检查的常用形式有以下两种。

1. 组织纳税人自查和互查

组织纳税人自查和互查，是在税务查账中贯彻群众路线的一种形式。纳税人自查，就是在税务机关辅导下，组织财会人员自行检查的一种形式；纳税人互查，就是把纳税单位的财会人员组织起来，按系统、按行业或按片（地段），组织进行互相检查。在纳税人自查和互查中，税务机关应提出明确的检查要求，发给检查提纲，做好宣传辅导和组织工作。

2. 税务机关检查

税务机关检查是纳税检查的主要形式。它又可分为：日常检查、专项检查、专案检查等几种不同的做法。日常检查也叫全面检查，是指对通过一定方法筛选出来的检查对象履行纳税义务情况进行的综合性检查；专项检查是指根据工作需要安排的单项检查，如单项税种的检查、发票检查、出口退税检查、关联企业转让定价检查等；专案检查是指对群众举报、上级交办、有关部门转办等案件的检查。

（二）纳税人（扣交义务人）在纳税检查中的权利

（1）知情权。纳税人、扣交义务人有权向税务机关了解国家税收法律、行政法规的规定以及与纳税程序有关的情况。

（2）请求保密权。纳税人、扣交义务人有权要求税务机关为纳税人、扣交义务人的情况保密。这既是纳税人、扣交义务人的基本权利，也是税务机关的法定义务。

（3）申请减、免、退税权。纳税人依法享有申请减税、免税、退税的权利。

（4）陈述、申辩权。纳税人、扣交义务人对税务机关作出的决定，享有陈述权、申辩权。

（5）申请行政复议权。纳税人、扣交义务人不服税务机关作出的具体行政行为，可以依法申请行政复议，受理的税务机关对此必须作出裁决。根据《税收征管法》第87条的规定，纳税人、扣交义务人、纳税担保人同税务机关在纳税上发生争议时，纳税人、扣交义务人可以申请行政复议，但必须先依照税务机关的纳税决定交纳或者解缴税款及滞纳金或者提供相应的担保。

(6) 提起行政诉讼权。纳税人认为税务机关的具体行政行为侵犯了自己的合法权益，并且对复议决定不服以及对税务机关的处罚决定、强制执行措施或者税收保全措施不服的，可以依法向人民法院提起行政诉讼，通过司法途径维护自己合法权益。

(7) 请求赔偿权。税务机关及其工作人员违法行使职权，或者行使职权不当，侵犯了纳税人、扣交义务人的合法权益并造成了损害，受害人有权提出赔偿请求，要求税务机关依法给予赔偿。

(8) 检举控告权（或称监督权）。纳税人、扣交义务人发现税务机关及其工作人员的违法违纪行为，有依法向有关部门检举、控告的权利。

(9) 受尊重权。税务机关、税务人员必须清正廉洁、文明服务、尊重和保护纳税人、扣交义务人的权利，依法接受监督。

(10) 申请延期申报权。纳税人、扣交义务人不能办理纳税申报或者报送代扣代缴、代收代缴税款报告表的，经税务机关核准，可以延期申报。

(11) 申请延期交纳税款权。纳税人因特殊困难，不能按期交纳税款的，经省、自治区、直辖市国家税务局、地方税务局批准，可以延期交纳税款，但最长不得超过3个月。

(12) 其他权利。征管法还具体规定了纳税人、扣交义务人依法享有的其他一些权利，如申报方式选择权、申办税务登记证权、要求出示税务检查证件权、请求返还多征税款并加付利息权、委托税务代理的选择权等，这些权利，都是法律予以保护的。

（三）纳税人在纳税检查中的义务

根据税收征管法，纳税人、扣交义务人在税务检查中有下列三项义务。

1. 接受税务机关依法进行检查

该义务是与税务机关的检查权力相对应的。这里所说接受依法进行的检查，包括两个方面的含义：第一，必须是税务机关在法律规定权限范围内的检查，即税收征管法规定的六个方面的检查；第二，在检查程序上必须合法，如必须持有税务检查证；检查存款账户的，还需有检查存款账户许可证等。不符合以上两点的，纳税人、扣交义务人可以拒绝接受检查。

2. 如实反映情况

该义务与税务机关在税务检查中的询问权相对应。在税务检查中，税务人员经常要向纳税人、扣交义务人询问有关纳税或代扣代缴、代收代缴等方面的问题和情况，纳税人、扣交义务人对有关问题必须如实反映，即对其生产经营活动及其记录按实际发生的情况反映，要求客观、准确。

3. 提供有关资料

该义务与税务机关的责成提供资料相对应。当税务机关在税务检查中要求纳税人提供有关资料时，纳税人、扣交义务人按要求尽其所能地提交有关资料给税务机关。这项义务的规定，使税务机关的责成提供资料权有了保障。同时，《税收征管法》还规定“不得拒绝、隐瞒”，这是与上述规定的义务相对应的一种强调式的规定：“不得拒绝”就是必须接受检查；同样“不得隐瞒”就是必须真实地反映情况和提供资料。

任务二　纳税操作的基本要求

一、纳税操作的基本目的

通过教学和练习，使学生能够熟练掌握所学税务会计的基本内容，提高学生的实际操作能力。通过学生的实际操作，使学生熟练掌握企业纳税的基本程序，能够正确理解各税种的基本法规规定，准确计算各税种的应纳税额；能够根据相关涉税业务，填制记账凭证、登记账簿（包括相关的总账和明细账），编制简易的会计报表；在正确进行账务处理的基础上，按规定填制各税种的纳税申报表。通过学生上述操作训练，能够使学生所学到的理论知识转化为实际工作（操作）技能，同时培养学生严谨的工作作风和良好的职业道德，为毕业后尽快适应涉税工作打下良好的基础。

二、纳税操作的基本内容与要求

（一）纳税操作涉及的税种

增值税、消费税、营业税、企业所得税、个人所得税、城市维护建设税、教育附加费、车船税、房产税、土地使用税、土地增值税、资源税、印花税。

（二）纳税操作的基本要求

（1）熟悉各税种的基本政策法规及其精神实质；

（2）掌握各税种的应纳税额的计算方法；

（3）掌握各税种的纳税申报表的填制方法；

（4）掌握各税种的相关业务的记账凭证的填制方法；

（5）掌握各税种的相关业务的账簿的登记方法；

（6）掌握会计报表的编制方法；

（7）掌握税收通用缴款书、增值税专用发票等原始凭证的基本内容和填开方法。

三、纳税操作基本条件、用具与用品

（一）纳税操作的教学环境

税务会计实训一般应在会计模拟实训室或纳税模拟实训室中进行，实训室应具备以下条件。

1. 教师示教配备部分

（1）老师示教台一张；

（2）双门立柜、小矮柜各一个；

（3）TTB 投影器一台，玻璃珠银幕一幅，投影簿膜一盒；

（4）计算机一台（网上报税使用）；

（5）光检伪点钞机一台，装订机一台；

（6）外币票样，人民币票样，《中华人民共和国票据法》（实用图册），算盘，计算器，会计科目章（工业、商业各一套），双色印台，多功能笔筒，财会模拟实训专用凭证、账册、单据各一套，各税种的纳税申报表一套。

2. 配备参考教材五套（供学生翻阅相关知识）

（1）《企业会计实训教程》；
（2）新编财务会计（根据2006年财政部颁发的38项会计准则编制）；
（3）会计电算化；
（4）税务电算化；
（5）税务会计；
（6）会计模拟实习。

3. 实验（实训）室教学挂图

会计核算程序挂图：
（1）材料核算流程图；
（2）生产工艺流程图；
（3）销售核算流程图；
（4）成本核算的基本程序；
（5）会计核算方法体系图；
（6）成本核算的基本程序。
纳税基本流程挂图：
（1）税种划分示意图；
（2）税收征收管理流程图；
（3）税务登记流程图
① 开业（设置）税务登记流程图；
② 变更税务登记流程图；
③ 注销税务登记流程图；
④ 停业复业登记流程图；
⑤ 外出经营活动管理税务登记流程图。
（4）发票领购流程图；
（5）纳税申报流程图；
（6）税款交纳流程图。

（二）学生操作应具备的实训资料

1. 财务科各岗位实训资料（每个学生一套）

（1）现金出纳：计划成本表；
（2）银行出纳：银行存款余额调节表；
（3）工资结算：工资结算表；
（4）固定资产核算：固定资产折日计算表；
（5）材料核算：原材料及低值易耗品单位；
（6）成本核算：各产品生产工艺流程；
（7）应收应付结算：往来单位一览表。

2. 银行往来凭证和汇票（每个学生一套）

（1）商业承兑汇票；

（2）银行进账单；

（3）银行转账支票；

（4）银行现金支票；

（5）汇票委托书；

（6）银行汇票。

3. 学生配备部分（每个学生一套）

（1）学生实训桌；

（2）学生凳；

（3）算盘；

（4）双色自动印台；

（5）多功能笔筒（含铅笔、红笔、签字笔各一支）；

（6）工业企业会计科目章（3 人一套）；

（7）商品流通企业会计科目章（3 人一套）；

（8）财会模拟银行受理章（3 人一套）；

（9）《中华人民共和国票据法》；

（10）《税务会计实训教程》；

（11）海棉缸、大头针、回形针、尺子、美工刀、胶水、橡皮擦。

4. 税务会计模拟专用凭证、单张账页（代替账簿）、单据（每个学生一套）

（1）收款凭证；

（2）付款凭证；

（3）转账凭证；

（4）现金日记账；

（5）银行存款日记账；

（6）三栏式总账；

（7）三栏式明细账；

（8）材料采购明细账；

（9）材料明细账；

（10）生产成本明细账；

（11）多栏式明细账；

（12）应交税费——应交增值税明细账；

（13）发票领用存月报表；

（14）增值税（专用/普通）发票使用明细账；

（15）增值税（专用发票/收购凭证/运输发票）抵扣明细表；

（16）消费税抵扣税款台账（外购从价定率征收的应税消费品）；

（17）消费税抵扣税款台账（委托加工收回、进口从价定率征收的应税消费品）；

（18）消费税抵扣税款台账（从量定额征收应税消费品）；

（19）提取××××计算表；
（20）固定资产折旧计算表；
（21）应交税费计算表；
（22）××××纳税申报表；
（23）税收通用缴款书。

任务三　纳税操作需用的部分资料表格样式

一、发票

1. 普通发票（如图 1-1 所示）

本票防伪标志为“河北省国家税务局监制”。

河北省保定市货物销售发票

河北保定市 发票联

发票代码 113060522131
发票号码 08330009

客户名称：　　　　年　月　日

<table>
<tr><td rowspan="2">货物名称</td><td rowspan="2">规格</td><td rowspan="2">单位</td><td rowspan="2">数量</td><td rowspan="2">单价</td><td colspan="7">金额</td></tr>
<tr><td>万</td><td>千</td><td>百</td><td>十</td><td>元</td><td>角</td><td>分</td></tr>
<tr><td></td><td></td><td></td><td></td><td></td><td></td><td></td><td></td><td></td><td></td><td></td><td></td></tr>
<tr><td></td><td></td><td></td><td></td><td></td><td></td><td></td><td></td><td></td><td></td><td></td><td></td></tr>
<tr><td></td><td></td><td></td><td></td><td></td><td></td><td></td><td></td><td></td><td></td><td></td><td></td></tr>
<tr><td>金额合计（大写）</td><td colspan="6">万　仟　佰　拾　元　角　分</td><td colspan="5">￥</td></tr>
</table>

第二联发票联（购货方收执）

开票单位（章）　　　　开票人：

图 1-1　销货发票式样

2. 增值税专用发票（如图 1-2 所示）

北京增值税专用发票

1100994140　　记账联　　№ 07829763

开票日期：2007 年 01 月 09 日

<table>
<tr><td rowspan="4">购货单位</td><td colspan="4">名　　称　北京九州发电厂</td><td rowspan="4">密码区</td><td colspan="4">+*58/27>13<18473-4<9>　加密版本：01</td></tr>
<tr><td colspan="4">纳税人识别号：110108644335781</td><td colspan="4">+->**7<-7+*->74>14756　1100994140</td></tr>
<tr><td colspan="4">地 址、电 话：新华街 17 号 62533498</td><td colspan="4">19>28373/++ 522 *<88992</td></tr>
<tr><td colspan="4">开户行及账号：工商行新华分理处 047365--78</td><td colspan="4">-1+/<3*>>0<91*100>>12　07829763</td></tr>
<tr><td colspan="2">货物或应税劳务名称</td><td>规格型号</td><td>单位</td><td>数量</td><td>单价</td><td>金　额</td><td>税率</td><td>税额</td></tr>
<tr><td colspan="2">A 产品</td><td></td><td>台</td><td>2</td><td>3800.00</td><td>7600.00</td><td>17%</td><td>1292.00</td></tr>
<tr><td colspan="2">合　计</td><td></td><td></td><td></td><td></td><td>￥7600.00</td><td></td><td>￥1292.00</td></tr>
<tr><td colspan="2">价税合计(大写)</td><td colspan="7">⊕捌仟捌佰玖拾贰圆整　　　(小写) ￥8892.00</td></tr>
<tr><td rowspan="4">销货单位</td><td colspan="4">名　　称　北京黄河电器厂</td><td rowspan="4">备注</td><td colspan="4" rowspan="4"></td></tr>
<tr><td colspan="4">纳税人识别号：110108433456794</td></tr>
<tr><td colspan="4">地 址、电 话：广安大街 85 号</td></tr>
<tr><td colspan="4">开户行及账号：工商行广安大街分理处 076354--23</td></tr>
</table>

收款人：郭玲　　复核：　　开票人：崔平　　销货单位：(章)

图 1-2　增值税专用发票式样

二、记账凭证

（一）通用记账凭证（如图 1-3 所示）

记　账　凭　证

年　月　日　　　　　　第____号

摘　要	会计科目		借方科目	贷方科目	记账
	总账科目	明细科目			
合　计					

附件　张

会计主管　　出纳　　审核　　制单

图 1-3　记账凭证式样

（二）收付转三类凭证

1. 收款凭证（如图 1-4 所示）

收　款　凭　证

借方科目：________　　年　月　日　　　　第____号

摘　要	贷方总账科目	明细科目	记账	贷方金额
合　计				

附件　张

会计主管　　出纳　　审核　　制单

图 1-4　收款凭证式样

2. 付款凭证（如图 1-5 所示）

付　款　凭　证

贷方科目：________　　年　月　日　　　　第____号

摘　要	借方总账科目	明细科目	记账	借方金额
合　计				

附件　张

会计主管　　出纳　　审核　　制单

图 1-5　付款凭证式样

3．转账凭证（如图 1-6 所示）

转 账 凭 证

年 月 日 第____号

摘 要	会 计 科 目		借方科目	贷方科目	记账
	总账科日	明细科日			
合 计					

附件 张

会计主管 出纳 审核 制单

图 1-6 转账凭证式样

三、税收通用缴款书（如图 1-7 所示）

中 华 人 民 共 和 国

税 收 通 用 缴 款 书

（20071）冀国缴 0780197号

隶属关系：
注册类型： 填发日期： 年 月 日 征收机关：

缴款单位（人）		预算科目	
代 码		编 码	
全 称		名 称	
开户银行		级 次	
账 号		收缴国库	

税款所属时期： 年 月 日 税款限缴日期： 年 月 日

品目名称	课税数量	计税金额或销售收入	税率或单位税额	已缴或扣除额	实缴金额										
					亿	千	百	十	万	千	百	十	元	角	分
金额合计（大写） 亿 仟 佰 拾 万 仟 佰 拾 元 角 分															

缴款单位（人）（盖章） 经办人（章）	税务机关（盖章） 填票人（章）	上列款项已从缴款单位（人）账户支付并划转收款单位账户 国库（银行）盖章 年 月 日	会计分录 借方 贷方 转账日期 年 月 日 复核员 记账员	备注：

无银行收讫章无效

第二联（付款凭证）缴款单位（人）的支付凭证开户银行作借方传票

逾期不缴按税法规定加收滞纳金

图 1-7 税收通用缴款书式样

四、账页

（一）三栏式账页（如图 1-8 所示）

本账页数	
本户页数	

三　栏　式　账　页

年		凭单号	摘　要	对方科目	页数	借　方		贷　方		借或贷	余　额
月	日										

图 1-8　三栏式账页式样

（二）多栏式账页（如图 1-9 所示）

本账页数	
本户页数	

多　栏　式　账　页

科目名称________

年		凭单号	摘　要	借方	贷方	借或贷	余额	借（贷）方金额分析									
月	日																

图 1-9　多栏式账页式样

项目二　增值税交纳实务与操作

任务一　对增值税的核算知识的认知

一、一般纳税人增值税会计科目的设置

为了正确核算增值税的计提、交纳情况，一般纳税人应在“应交税费”科目下设置“应交增值税”和“未交增值税”两个二级科目。

（一）“应交税费——应交增值税”科目

该科目借方发生额，反映企业购进货物或者接受应税劳务所支付的进项税额、实际已交纳的增值税以及月末转入“未交增值税”明细科目的当月发生的应交未缴增值税额等；贷方发生额，反映企业销售货物或者提供应税劳务应交纳的增值税额、出口货物退税、转出已支付或应分担的增值税以及月末转入“未交增值税”明细科目的当月多交的增值税额等；期末借方余额，反映尚未抵扣的进项税额（期末不会出现贷方余额）。

“应交税费——应交增值税”科目应分别为“进项税额”、“销项税额”、“出口退税”、“进项税额转出”、“已交税金”、“减免税款”、“出口抵减内销产品应纳税额”、“转出未交增值税”、“转出多交增值税”等设置专栏。其中，“进项税额”、“已交税金”、“减免税款”、“出口抵减内销产品应纳税额”、“转出未交增值税”等为借方专栏；“销项税额”、“进项税额转出”、“出口退税”、“转出多交增值税”等为贷方专栏。

1.“进项税额”专栏

该专栏记录企业购入货物或接受应税劳务而支付的、准予从销项税额中抵扣的增值税额。若发生购货退回或折让应冲销的进项税额，用红字登记。

2.“销项税额”专栏

该专栏记录企业销售货物或提供应税劳务应收取的销项税额。若发生销货退回或销售折让，用红字登记。

3.“出口退税”专栏

该专栏记录企业向海关办理报关出口手续后，凭出口报关单等有关单证，向主管出口退税的税务机关申报办理出口退税而收到的退税款。若办理退税后，又发生退货或者退关而补交已退的税款，用红字登记。

4.“进项税额转出”专栏

该专栏记录企业的购进货物、在产品、库存商品等发生非正常损失及其他原因时，不应从

销项税额中抵扣而应按规定转出的进项税额。

5.“已交税金”专栏

该专栏记录企业当月上缴本月应交的增值税额。企业已交纳的增值税额用蓝字登记，退回多交的增值税额用红字登记。

6.“减免税款”专栏

该专栏记录企业按规定直接减免的，用于指定用途的（新建项目、改扩建和技术改造项目、归还长期借款、冲减进口货物成本等）或未规定专门用途的，准予从销项税额中抵扣的增值税额。按规定，直接减免的增值税用蓝字登记，冲销直接减免的增值税用红字登记。

7.“出口抵减内销产品应纳税额”专栏

该专栏记录企业按规定的退税率计算的出口货物的进项税额抵减内销产品的应纳税额。

8.“转出未交增值税”专栏

该专栏记录企业月终时，当月发生的应交未交增值税的转账金额。作转账处理后，“应交税费——应交增值税”的期末余额不再包括当期应交未交的增值税额。

9.“转出多交增值税”专栏

该专栏记录企业月终转出多交的增值税额。此项转账后，“应交税费——应交增值税”的期末余额不包含多缴增值税因素。

（二）“应交税费——未交增值税”科目

为了分别反映增值税一般纳税人欠交增值税款和待抵扣增值税的情况，确保企业及时足额上交增值税，避免出现企业用以前月份欠交增值税抵扣以后月份未抵扣的增值税的情况，企业应在“应交税费”科目下设置“未交增值税”二级科目。该科目的借方发生额反映企业上交以前月份未交的增值税额和月末自“应交税费——应交增值税”科目转入的当月多交的增值税额；贷方发生额反映企业月末自“应交税费——应交增值税”科目转入的当月未交的增值税额；期末借方余额反映企业以前各期累计多交的增值税，贷方余额反映企业以前各期累计未交的增值税。

二、增值税销项税额的会计处理

销项税额是指纳税人销售货物和提供应税劳务，按照销售额和税率计算并向买方收取的增值税税额。一般纳税人的销项税额在会计处理上主要是运用“应交税金——应交增值税”二级账户下的“销项税额”、“转出未交增值税”两个项目进行。其中，“销项税额”项目专门用来记录纳税主体销售货物或提供应税劳务应收取的增值税税额，发生时用蓝字登记在贷方，销货退回或销售折让时用红字登记在贷方。“转出未交增值税”项目，专门用来记录纳税主体期末将“应交税金——应交增值税”二级账户的贷方数额转入“应交税金——未交增值税”账户的贷方数额，发生时用蓝字登记在借方。

销项税额核算时间的确定。根据有关制度的规定，纳税人采用不同的销售方式，纳税义务发生的时间不同。此部分内容在专业会计中已经论述，这里就不再赘述。

1. 一般销售行为销项税额的会计处理

纳税人采取直接收款销售时，应在收讫价款、开出发票账单，并将提货单交给对方时确认销项税额，不管对方是否提货；采取委托收款销售时，应在开出发票账单，并向银行办妥收款手续时确认销项税额。在会计处理上，按已确认的销项税额贷记“应交税金——应交增值税（销项税额）”账户；按已确认的收入额贷记“主营业务收入”、“其他业务收入”等账户；按已确认的销项税额和收入的合计，借记“银行存款”、“现金”、“应收账款”等账户。但是如果尚未将发出货物所有权的主要风险和报酬转移给购货方时，既不能确认销项税额，也不能确认收入，只能将发出的货物实际成本借记“发出商品”账户。

例 2-1 林枫设备制造有限公司销售给顺达公司 A 型机床 100 台，不含税售价 500 元/台，单位成本为 350 元，顺达公司以支票付款 50 000 元、税额 8 500 元。将提货单交给顺达公司，收到银行存款进账回单。

借：银行存款　　58 500
　贷：主营业务收入　　50 000
应交税费——应交增值税（销项税额）　　8 500
借：主营业务成本　　35 000
　贷：库存商品　　35 000

纳税人销售应税货物，如果发生销货退回或销售折让，不论是当月销售的退货与折让，还是以前月份销售的退货与折让，均应借记当月的”主营业务收入”账户；如果销货方能够收到给购货方开出的原增值税专用发票的发票联和税款抵扣联或取得购货方税务机关开出的《开具红字增值税专用发票申请书》，销售方可以开具红字专用发票，并凭红字专用发票上记载的增值税税额，以红字贷记“应交税金——应交增值税（销项税额）”账户，否则一律不得冲减销项税额；如果发生销售折扣，不能将折扣额与正常销售额开在一张发票上。因此，销售折扣额只能全部作为销货方的融资费用，在发生当期，借记“财务费用”账户，不能冲减销项税额。

例 2-2 袁慧家用电器批发公司上月 26 日销售给华龙公司的产品发生全部退货，已收到对方转来的增值税专用发票的发票联和抵扣联，上列价款 80 000 元、税额 13 600 元，并转来原代垫运费 500 元（应计进项税额 35 元）和退货运费 600 元（应计进项税额 42 元）的单据。开具红字增值税专用发票并转交购货方。

借：应收账款——华龙公司　　[94 100]
应交税费——应交增值税（进项税额）　　35
销售费用　　465
　贷：主营业务收入　　[80 000]
应交税费——应交增值税（销项税额）　　[13 600]
借：销售费用　　558
应交税费——应交增值税（进项税额）　　42
　贷：其他应付款——华龙公司　　600

2. 委托代销和受托代销的销项税额的会计处理

纳税人将其生产、经营的应税货物委托代理商代为销售的，由于应税货物在实质对外销售前，委托商和代理商之间只是代理关系，而不是真正意义上的购销关系，因此，在会计处理上，发出委托代销商品并不确认销售收入和销项税额，应按发出的委托代销货物的实际成本借记“委托代销商品”账户，贷记“库存商品”、“原材料”、“包装物”等账户。收到代理商转来代销清单时，标志着代理关系结束，真正意义上的购销关系成立，因此在会计处理上，借记“银行存款”、“应收账款”账户，贷记“主营业务收入”、“其他业务收入”和“应交税金——应交增值税（销项税额）”账户。但是如果委托商与代理商之间在代理合同中约定，采取只结算代理手续费，具体对外销售价由代理商根据市场供求自由确定的，委托商支付的代理手续费不得抵减应确认的销售收入和销项税额，应借记“营业费用”账户。

代理商收到委托商发来的委托代销货物时，按接受价或含税售价，借记“受托代销商品”账户，贷记“代销商品款”账户；若代理商为零售企业，还应按代理商品的进销差价，贷记“商品进销差价”账户。代理商品代为销售后，要依据代理合同约定的代理商是否具有实质上的代理货物市场定价权分别处理，若代理商有实质市场定价权，称其为视同买断，应既反映销售收入、销售成本，又反映销项税额；若代理商没有实质市场定价权，称其为只结算手续费，虽然也照样反映销项税额，但代理商只反映代购代销收入。

例 2-3　康为制药有限公司委托甲代理商销售一批中成药，账面制造成本额为 320 000 元，产品适用的增值税税率为 17%，代理合同约定该批中成药的具体市场售价由甲代理商自定，公司与甲代理商约定含税结算价为 468 000 元。甲代理商将该批中成药按含税售价 538 200 元出售后，向公司开来代销清单，并结清全部代理款项 468 000 元。

康为制药有限公司发出代理销售货物时会计处理如下：

借：委托代销商品	320 000	
贷：库存商品		320 000

收到代销清单时会计处理如下：

借：银行存款	468 000	
贷：主营业务收入		400 000
应交税金——应交增值税（销项税额）		68 000

同时：

借：主营业务成本	320 000	
贷：委托代销商品		320 000

甲代理商

收到代理货物时会计处理如下：

借：受托代销商品	538 200	
贷：代销商品款		400 000
商品进销差价		138 200

代销货物销售后会计处理如下：

借：银行存款	538 200	
贷：受托代销商品		460 000

应交税金——应交增值税（销项税额） 78 200

同时：

借：主营业务成本 538 200

　贷：受托代销商品 538 200

借：代销商品款 400 000

　贷：应付账款 400 000

开出代销清单并结清代销款项时会计处理如下：

借：应付账款 400 000

应交税金——应交增值税（销项税额） 68 000

　贷：银行存款 468 000

期末结转代销货物进销差价的会计处理如下：

借：商品进销差价 138 200

　贷：主营业务成本 138 200

例 2-4 甲公司委托乙公司销售 A 商品 100 件，协议价为每件 100 元，A 商品成本为每件 60 元，增值税税率为 17%。甲公司收到乙公司开来的代销清单时开具增值税专用发票，发票上注明：售价 10 000 元，增值税 1 700 元。乙公司按每件 100 元的价格出售给顾客，甲公司按售价的 10% 支付乙公司手续费。

甲公司的会计处理如下：

（1）将 A 商品交付给乙公司时

借：委托代销商品 6 000

　贷：库存商品 6 000

（2）收到乙公司开来的代销清单时

借：应收账款——乙公司 11 700

　贷：主营业务收入 10 000

应交税费——应交增值税（销项税额） 1 700

同时：

借：主营业务成本 6 000

　贷：委托代销商品 6 000

借：销售费用 1 000

　贷：应收账款——乙公司 1 000

（3）收到乙公司汇来的货款时

借：银行存款 10 700

　贷：应收账款——乙公司 10 700

乙公司的会计处理如下：

（1）收到 A 商品时

借：受托代销商品 10 000

　贷：受托代销商品款 10 000

（2）实际销售商品时

借：银行存款　11 700

　贷：应付账款——甲公司　10 000

应交税费——应交增值税（销项税额）　1 700

向委托方开出代销清单并收到委托单位开出的增值税专用发票时

借：应交税费——应交增值税（进项税额）　1 700

　贷：应付账款——甲公司　1 700

注销“受托代销商品款”和“受托代销商品”

借：受托代销商品款　10 000

　贷：受托代销商品　10 000

（3）归还甲公司货款并计算代销手续费收入时

借：应付账款——甲公司　11 700

　贷：银行存款　10 700

主营业务收入（或其他业务收入）　1 000

3. 包装物销售及包装物押金的销项税额会计处理

纳税人无论是单独出售包装物还是随货出售单独计价包装物，都应在反映包装物销售收入的同时，反映包装物的销项税额，借记“应收账款”、“银行存款”等账户，贷记“其他业务收入”、“应交税金——应交增值税（销项税额）”账户。如果纳税人出租出借包装物，虽然出租包装物的租金收入记入“其他业务收入”账户，不交纳增值税而交纳营业税，但出租出借包装物收取的逾期一年未退的押金、逾期未收回出租出借包装物没收的押金以及加收的押金，都应作为计税销售额反映包装物押金的销项税额，借记“其他应付款——存入保证金”账户，贷记“应交税金——应交增值税（销项税额）”账户。

4. 混合销售的销项税额的会计处理

纳税人在生产经营活动中，如果销售应税货物或应税劳务的同时涉及非应税的劳务，应将非应税劳务收入额作为混合收入，一并交纳增值税。在会计处理上，借记“银行存款”、“现金”、“应收账款”等账户，贷记“主营业务收入”、“其他业务收入”、“应交税金——应交增值税（销项税额）”账户。

5. 以旧换新销售的销项税额的会计处理

纳税人采取以旧换新方式销售应税货物的，除了金银首饰可以按实际收取的不含税价款作为计税销售额外，其他的以旧换新销售业务，必须以新货物的同期正常销售价格确定计税销售额，不得扣减旧货物的回收价。在会计处理上，按扣除回收旧货物应收或实收价税合计，借记“银行存款”、“应收账款”、“应收票据”账户，按回收的旧货物所抵顶的价款，借记“原材料”账户，按新货物正常对外销售不含税价款计提的销项税金额，贷记“应交税金——应交增值税（销项税额）”账户。

例 2-5　家家乐电器有限公司在促销月活动中，推出以旧换新销售冰箱业务，今日共销售冰箱 400 台，每台冰箱正常对外销售含税价为 2 925 元，采取以旧换新方式回收一台旧冰箱抵付货款 800 元后，每台冰箱实收价款 2 125 元，冰箱组开来销售日报。其会计处理如下：

借：银行存款 850 000
原材料 320 000
　贷：主营业务收入 1 000 000
应交税金——应交增值税（销项税额） 170 000
同时：
借：主营业务成本 1 170 000
　贷：库存商品——冰箱组 1 170 000

6. 视同销售行为销项税额的会计处理

(1) 将应税货物用于非应税项目、免税项目、集体福利和个人消费的销项税额的会计处理。

纳税人如果将应税货物用于非应税项目、免税项目、集体福利和个人消费，除了用于发放职工实物工资外，按会计制度规定一律不反映应税货物的销售收入和销售成本，但按税法规定，应于货物移送使用时按视同销售处理，按应税货物正常的市场销售的公允价值作为计税销售额，计提增值税的销项税额，贷记"应交税金——应交增值税（销项税额）"账户，按应税货物的账面价值加上相关税费后的数额，借记"生产成本"、"制造费用"、"应付工资"、"其他应付款"、"营业费用"、"应付福利费"等账户，按照应税货物的账面余额，贷记"原材料"、"库存商品"、"自制半成品"等账户。

例 2-6 大宝商厦将其新到的一批时装用于社会商业广告宣传，该批时装账面含税售价为 18 486 元，进销差价率为 20%。其会计处理如下：

借：营业费用 1 474. 8
商品进销差价 3 697. 2
　贷：库存商品——服装组 18 486
应交税金——应交增值税（销项税额） 2 686

(2) 将应税货物用于基本建设的销项税额的会计处理。

纳税人如果将应税货物用于基本建设，虽然按会计制度不反映应税货物的销售收入和销售成本，但按税法规定应于移送使用时，按应税货物的正常对外销售市场公允价值作为计税销售额，计提增值税的销项税额，并贷记"应交税金——应交增值税（销项税额）"账户，按用于基本建设的应税货物的账面成本余额，贷记"库存商品"等账户，按账面成本余额和销项税额的合计，借记"在建工程"账户。

(3) 将应税货物用于对外投资的销项税额的会计处理。

纳税人将应税货物用于对外投资时，按税法规定应于货物移送时，按正常对外销售的市场公允价作为计税销售额，计提增值税的销项税额，贷记"应交税金——应交增值税（销项税额）"账户；按应税货物的账面余额，贷记"库存商品"、"自制半成品"等账户；按应税货物已提的资产损失准备，借记"存货跌价准备"账户；按支付的相关费用贷记"银行存款"等账户；按应税货物的账面价值加上相关税费的合计额，借记"长期股权投资"、"短期投资"等账户。但是如果以应税货物取得的股权投资包含了已宣告但尚未领取的现金股利，则已宣告的应收股利应从投资成本中扣除，单独作为应收股利入账，借记"应收股利"账户。在采用权益法核算时，还应准确反映股权投资差额。

（4）将应税货物用于分配股利的销项税额的会计处理。

纳税人将应税货物用于向投资者分配股利、利润、红利时，不能按债务重组方式进行会计处理，应按税法要求，在应税货物移送环节作视同销售处理，计提增值税销项税额，而且还应反映应税货物的销售收入和销售成本，借记“应付股利”账户，贷记“主营业务收入”、“其他业务收入”和“应交税金——应交增值税（销项税额）”账户；同时，借记“主营业务成本”、“其他业务支出”账户，贷记“库存商品”、“自制半成品”、“原材料”等账户。

（5）将应税货物用于对外捐赠的销项税额的会计处理。

按税法规定，纳税人将应税货物用于对外捐赠时，无论是公益性捐赠还是非公益性捐赠，均应于货物移送时作视同销售处理，按其正常对外销售的市场公允价计提增值税的销项税额，贷记“应交税金——应交增值税（销项税额）”账户；按对外捐赠货物的账面余额，贷记“库存商品”、“自制半成品”等账户；按对外捐赠货物的账面成本与相关税费之和，借记“营业外支出”账户。

例 2-7　望恩公司 2009 年 9 月向灾区捐赠账面成本为 100 000 的一批产品，该批产品市场不含税售价为 180 000 元，适用增值税税率 17%。会计处理如下：

借：营业外支出　　130 600

　贷：库存商品　　100 000

应交税费——应交增值税（销项税额）　　30 600

若该批产品已计提减值准备 6 000 元，则会计处理如下：

借：营业外支出　　124 600

存货减值准备　　6 000

　贷：库存商品　　100 000

应交税费——应交增值税（销项税额）　　30 600

7. 其他特殊情况下销项税额的会计处理

（1）将应税货物用于非货币交易的销项税额的会计处理。

纳税人将应税货物用于非货币交易，虽然在会计处理上不反映货物的销售收入，但应按换出货物的公允价值作为计税销售额计算销项税额，贷记“应交税金——应交增值税（销项税额）”账户。如果非货币交易中换回应税货物，还可按对方开具的增值税专用发票等合法扣税凭证上注明的增值税税额，抵扣进项税，借记“应交税金——应交增值税（进项税额）”账户；按确定换入的非货币资产的入账价值，借记“原材料”、“库存商品”、“包装物”、“低值易耗品”、“短期投资”、“长期债权投资”、“长期股权投资”、“固定资产”、“无形资产”等账户；按已提的换出资产损失准备，借记“存货跌价准备”、“短期投资跌价准备”、“长期投资减值准备”、“无形资产减值准备”、“在建工程减值准备”等账户；按收到的补价款借记“银行存款”等账户；按换出资产的账面余额贷记“库存商品”、“原材料”、“短期投资”、“长期债权投资”、“长期股权投资”、“无形资产”、“固定资产清理”等账户；按支付的补价和有关费用，贷记“银行存款”等账户；按收到补价应确认的损益，借记“营业外支出”或贷记“营业外收入”账户。

（2）将应税货物用于抵债的销项税额的会计处理。

纳税人将应税货物用于抵付应付债务，实行债务重组时，虽然按会计制度要求不反映应税货物的销售损益，但按税法规定，用于抵债的应税货物应于移送环节作视同销售处理，以用于抵债的应税货物的公允价值作为计税销售额，计提增值税的销项税额，贷记“应交税金——应交增值税（销项税额）”账户；按重组日应付债务的账面余额，借记“应付账款”、“应付票据”、“预收账款”、“其他应付款”、“短期借款”、“长期借款”等账户；按用于抵债的应税货物已提的资产损失准备，借记“存货跌价准备”等账户；按收到的补价款借记“银行存款”账户；按用于抵债的应税货物的账面余额，贷记“库存商品”、“自制半成品”、“原材料”、“包装物”、“低值易耗品”等账户；按支付的补价和有关费用，贷记“银行存款”、“现金”等账户；按债务重组损失借记“营业外支出”账户；按债务重组收益，贷记“资本公积”账户。

（3）售后回购的销项税额的会计处理。

纳税人在生产经营过程中，如果为了盘活存量资产，抓住有利的投资机会，可以采取售后回购方式销售其产品。但由于售后回购售出商品时，销货方对已售出商品仍然连续实施控制，因此，在会计处理上，按照所收价款合计，借记“银行存款”账户；按售出商品账面余额，贷记“库存商品”、“原材料”、“包装物”等账户；按售出商品成交价作为计税销售额，计提增值税销项税额，贷记“应交税金——应交增值税（销项税额）”账户；按支付的其他税费额，贷记“银行存款”等账户，并将记账后账面上借贷双方的差额，贷记“待转库存商品价差”账户。售出商品实际回购并补提回购价差时，计入“财务费用”之中，借记“财务费用”账户，贷记“待转库存商品价差”账户。

（4）售后回租的销项税额的会计处理。

纳税人在生产经营活动中，为了盘活存量资产，也可以采取售后回租的方式销售其产品。但因售后回租的商品在销售方失去商品所有权时，仍可对已售出商品实施控制，因此，在会计处理上，按售出商品所收价款合计，借记“银行存款”账户；按售出商品账面余额贷记“库存商品”、“原材料”、“包装物”等账户；按售出商品成交价计提增值税销项税额，贷记“应交税金——应交增值税（销项税额）”账户；按支付的其他相关税费贷记“银行存款”等账户，将记账后账面上的借贷双方差额，贷记“递延收益”账户；并在售出商品日后回租时，根据租赁方式不同，分别将递延收益分期摊销，冲减融资租回各期所提折旧或冲减经营租回的租赁费用。

（5）销售自己使用过的固定资产的销项税额的会计处理。

对于应交纳增值税的对外销售的固定资产，应计提增值税的销项税额，贷记“应交税金——应交增值税”账户。

三、增值税进项税额及其转出的核算

增值税的一般纳税人，为了准确核算增值税的计提交纳情况，首先在会计处理上要专门设置“应交税金——应交增值税”和“应交税金——未交增值税”两个二级账户，其中，“应交税金——应交增值税”二级账户用来专门核算纳税人当期发生的增值税的计提交纳情况；并下设“进项税额”、“已交税金”、“减免税款”、“转出未交增值税”、“销项税额”、“进项税额转出”、“出口退税”、“转出多交增值税”等专栏，其中，“进项税额”、“已交税金”、“减免税款”、“转出未交增值税”等为借方专栏，“销项税额”、“进项税额转出”、“出口退税”、“转出多交增值税”等为贷方专栏。期末结账前，无论是借方余额（多交增值税）还是贷方余额（未交增值税），都应转入“应交税金——未交增值税”二级账户，结转后本二级账户无余额。若是借方余额表现为未抵扣完的进项税额，仍然留在“应交税金——应交增值税”二级账户中，作为借方金额。

“应交税金——未交增值税”二级账户用来专门核算纳税人以前各期发生的增值税的交纳情况，其中前期未交增值税记在贷方，前期多交增值税记在借方，本期实际交纳前期应交增值税记在借方，期末余额可能在借方，也可能在贷方，贷方余额表示前期结余的未交增值税，借方余额表示前期结余的多交增值税。

增值税一般纳税人进项税额的会计处理，主要通过“应交税金——应交增值税”二级账户下的“进项税额”、“进项税额转出”和“转出多交增值税”项目进行。

其中，“进项税额”项目用来专门记录取得货物或接受应税劳务而支付的准予从销项税额抵扣的增值税税额，纳税人取得货物或接受应税劳务支付进项税额时，用蓝字登记在借方；退回所取得货物或取得销售折扣、折让的进项税额用红字登记在借方。

“进项税额转出”项目用来专门记录取得货物和生产的在产品、库存商品等发生非正常损失及改变用途等原因，从而不应从销项税额中抵扣，按规定转出、发生应由纳税主体负担的进项税额时用蓝字登记在贷方。

“转出多交增值税”项目专门用来记录期末将“应交税金——应交增值税”账户借方余额转入“应交税金——未交增值税”账户的数额，发生时用蓝字登记在贷方。

1. 一般纳税人购进项目进项税额的会计处理

（1）一般纳税人国内购进货物进项税额的会计处理。

国内购进货物，在会计处理上应按专用发票上注明的增值税税额，借记“应交税金——应交增值税（进项税额）”账户，按照专用发票上记载的应计入采购成本的金额，借记“物资采购”、“在途物资”、“原材料”、“库存商品”、“包装物”、“低值易耗品”、“管理费用”、“制造费用”、“营业费用”、“其他业务支出”等账户，按照应付或实际支付的金额，贷记“应付账款”、“应付票据”、“预付账款”、“银行存款”、“其他货币资金”等账户，购入的货物发生退货，取得进货折扣、折让时，应作相反的会计处理，但进项税额只能用红字登记在借方。

例 2-8 世纪机床厂从本市购进圆钢 300 吨，不含税单价 2 000 元，圆钢已验收入库，支付货款。取得销货方开具的专用发票，该厂材料按计划成本计价，圆钢的计划单价 2 050 元。

付款时：

借：材料采购	600 000	
应交税费——应交增值税（进项税额）	102 000	
贷：银行存款		702 000

入库时：

借：原材料	615 000	
贷：材料采购		615 000

结转材料成本差异时：

借：材料采购	15 000	
贷：材料成本差异		15 000

如果一般纳税人购进应税货物并取得合法扣税凭证后，发生进货退出或进货折扣、折让，应在冲减取得应税货物采购成本的同时，冲减抵扣的进项税额，根据对方开具的红字专用发票上的增值税税额，以红字借记“应交税金——应交增值税（进项税额）”账户，同时，以红字借记“原材料”、“库存商品”、“包装物”、“低值易耗品”、“生产成本”、“制造费用”等账户，以红字贷记“银行存款”、“应付账款”、“应付票据”、“其他应付款”等账户。

（2）一般纳税人接受应税劳务进项税额的会计处理。

纳税人接受应税劳务时，应按取得的专用发票上注明的增值税税额，借记“应交税金——应交增值税（进项税额）”账户，按专用发票上的记载，应计入加工修理修配货物、劳务成本的金额，借记“委托加工物资”、“制造费用”、“管理费用”、“营业费用”、“其他业务支出”等账户，按应付或实际支付的金额，贷记“应付账款”、“银行存款”等账户。

例 2-9 金利达公司拨付原材料 88 000 元，委托外协单位配套加工，以转账支票支付加工费，取得外协单位开来的增值税专用发票，内列加工费 26 000 元，增值税 4 420 元，材料加工完毕按实际成本验收入库。

拨付加工材料时，

借：委托加工物资　　88 000

　贷：原材料　　88 000

支付加工费时：

借：委托加工物资　　26 000

应交税金——应交增值税（进项税额）　　4 420

　贷：银行存款　　30 420

加工完毕验收入库时，

借：原材料　　114 000

　贷：委托加工物资　　114 000

（3）一般纳税人进口货物时进项税额的会计处理。

纳税人进口时货物，应按照海关提供的完税凭证上注明的增值税税额，借记“应交税金——应交增值税（进项税额）”账户，按照进口货物的实际采购成本，借记“物资采购”、“在途物资”、“原材料”、“库存商品”、“包装物”、“低值易耗品”等账户，按照应付或实际支付的金额，贷记“应付账款”、“银行存款”、“其他货币资金”等账户。

例 2-10 北京化工厂从美国进口一批化工原料，关税完税价格 500 000 元，关税 50 000 元，取得海关完税凭证，材料入库。作如下会计分录：

组成计税价格 =（500 000 + 50 000）× 17% = 93 500（元）

借：原材料　　550 000

应交税费——应交增值税（进项税额）　　93 500

　贷：银行存款　　643 500

（4）一般纳税人购进免税农产品和废旧物资进项税额的会计处理。

纳税人购进免税农业产品和废旧物资时，应按购入农业产品的买价、收购废旧物资的收购金额和规定的扣除率计算的进项税额，借记“应交税金——应交增值税（进项税额）”账户；按购进农业产品、收购废旧物资的实际成本数额，借记“物资采购”、“在途物资”、“原材料”、“库存商品”等账户；按照应付或实际支付的金额，贷记“应付账款”、“银行存款”、“现金”等账户；按照应代扣代缴的农业特产税额，贷记“应交税金——应交农业特产税”账户。

例 2-11　恒利果品批发公司 2006 年 11 月以现金向果农收购一批水果，法定收购凭证内列买价 160 000 元，同时以转账支票支付该批水果运输费 5 000 元，取得专业运输公司开具的运费发票。

其付款时会计处理如下：

应抵扣的进项税额 = 160 000 × 13% + 5 000 × 7% = 21 150（元）

借：在途物资	143 850	
应交税金——应交增值税（进项税额）	21 150	
贷：现金		160 000
银行存款		5 000

2. 转入扣除项目的会计处理

（1）一般纳税人接受投资转入货物进项税额的会计处理。

纳税人接受投资者以应税货物投资入股时，应按投资者开具的专用发票上注明的增值税税额，借记“应交税金——应交增值税（进项税额）”账户，按投资双方确认的应税货物的价值，贷记“实收资本”、“股本”、“资本公积”账户，按投资双方确认的应税货物的价值减去应抵扣的增值税税额，加上支付的其他税费借记“原材料”、“库存商品”、“包装物”、“低值易耗品”账户，按支付或应付的其他税费额，贷记“银行存款”、“应付账款”等账户。

（2）一般纳税人接受捐赠货物进项税额的会计处理。

纳税人接受捐赠应税货物，如果捐出方提供有关发票账单的，应按发票账单上标明的金额加上有关税费作为受赠货物的实际成本；如果捐出方没有提供有关发票账单的，按以下顺序确定受赠货物的实际成本：存在同类或类似货物的活跃市场的，按同类或类似货物的市场价格加上支付的相关税费确定受赠货物的实际成本；如果不存在同类或类似货物的活跃市场的，按所受赠货物的预计未来现金流量的现值确定受赠货物的实际成本。受赠货物一般按确定的实际成本计价入账，但如果接受国外捐赠，在报关进口时，交纳的增值税可以抵扣，应按完税凭证上注明的增值税税额，借记“应交税金——应交增值税（进项税额）”账户；按实际成本扣除抵扣的进项税额后的余额，借记“原材料”、“物资采购”、“库存商品”、“包装物”、“低值易耗品”等账户；按支付的相关税费额，贷记“银行存款”、“其他货币资金”等账户；按上述借贷方的差额，贷记“营业外收入”或“待转资产价值”账户，年度终了，企业应按“营业外收入”或“待转资产价值”的账面余额，借记“待转资产价值”账户，依适用的企业所得税率，首先计算出受赠货物应交的所得税额（或按弥补亏损后的差额计算应交的所得税），贷记“应交税金——应交所得税”账户，然后再按其余额贷记“资本公积——其他资本公积”账户。企业接受的非现金资产捐赠在弥补亏损后的数额较大，经批准可在不超过 5 年的期限内平均计入企业应纳税所得额交纳所得税的，企业应在年度终了，按转入应纳税所得额的价值，借记“待转资产价值”账户，按本期应交的所得税，贷记“应交税金——应交所得税”账户，按转入应纳税所得额的价值减去本期应交的所得税的差额，贷记“资本公积——接受捐赠非现金资产准备”账户。

（3）一般纳税人接受债务人以应税货物抵债的进项税额的会计处理。

纳税人在债务重组中，如果债权人同意债务人以应税货款抵债时，应按放弃的债权的账面价值加上支付的相关税费作为取得货物的实际成本计价入账。但是如果涉及补价的，应在上述确定实际成本基础上，加上支付的补价，减去收到的补价计价入账，如果取得债务人开具的增值税专用发票的，应按专用发票上注明的增值税款，借记“应交税金——应交增值税（进项税额）”账户；按重组债权已提取的坏账准备，借记“坏账准备”账户；按收到的补价款借记“银行存款”账户；按确定的入账价值扣除进项税额后的余额，借记“原材料”、“库存商品”、“包装物”、“低值易耗品”等账户；按放弃的债权账面的余额，贷记“应收账款”、“其他应收款”等账户；按支付的补价和相关税费额，贷记“银行存款”等账户。

（4）一般纳税人以非货币交易换入应税货物的进项税额的会计处理。

纳税人以非货币交易换入应税货物时，应以换出资产的账面价值加上相关税费减去可抵扣的进项税额后的余额作为实际成本计价入账；如果涉及补价的，应在上述实际成本的基础上，加上支付的补价和应确认的收益，减去收到的补价后计价入账。即按确定的货物入账价值，借记“原材料”、“库存商品”、“包装物”、“低值易耗品”等账户；按取得的增值税专用发票上注明的增值税税额，借记“应交税金——应交增值税（进项税额）”账户；按换出资产提取的资产损失准备，借记“短期投资跌价准备”、“存货跌价准备”、“长期投资减值准备”、“无形资产减值准备”等账户；按支付的补价和相关税费，贷记“银行存款”等账户；按应确认的收益，贷记“营业外收入”账户。

例 2-12 科星设备制造有限公司因资金周转困难，用所生产的一批产品换入生产急需的原材料，换出库存商品账面实际制造成本额为 500 000 元，并已提取存货跌价准备金 3 900 元，该批产品正常对外销售不含税售价为 600 000 元，适用的增值税税率为 17%。原材料提回后，按实际成本验收入库，并以现金支付该批材料运费 800 元，取得专业运输公司开具的普通运费发票，取得交易对方开具的增值税专用发票，内列材料价款 600 000 元，增值税款 102 000 元。其会计处理如下：

应抵扣进项税额 = 102 000 + 800 × 7% = 102 056（元）

借：原材料	496 844	
存货跌价准备	3 900	
应交税金——应交增值税（进项税额）	102 056	
贷：库存商品		500 000
应交税金——应交增值税（销项税额）		102 000
现金		800

（5）一般纳税人接受被投资人应税货物分配实物股利的进项税额的会计处理。

纳税人对外投资后，如果接受被投资者发放实物股利，而且发放股利的实物是应税货物，应按被投资者开具的增值税专用发票上注明的增值税款，借记“应交税金——应交增值税（进项税额）”账户；按照已宣告发放的应收股利数额加上支付的相关税费，减去可抵扣的进项税额后的数额，借记“原材料”、“库存商品”、“包装物”、“低值易耗品”等账户；按照已宣告发放的应收股利数额，贷记“应收股利”、“投资收益”账户；按支付的相关税费，贷记“银行存款”、“现金”等账户。

3. 进项税额转出的会计处理

（1）一般纳税人取得应税货物改变用途的进项税额的会计处理。

纳税人取得的应税货物，已于取得时将其所负担的增值税税额作为进项税额登记入账，如果将应税货物改变用途，用于基本建设、免税项目、非应税项目、集体福利、个人消费等，也应将该部分进项税额从已登记的进项税额中转出，借记“在建工程”、“工程物资”、“生产成本”、“制造费用”、“应付工资”、“应付福利费”、“盈余公积”、“其他应付款”等账户，贷记“应交税金——应交增值税（进项税额转出）”账户。

例 2-13　望恩公司 2009 年 12 月份购进生产用钢材 8 吨，每吨 2 000 元，取得专用增值税专用发票，钢材入库。5 月份维修厂房时领用钢材 1.5 吨。会计处理如下：

借：在建工程	3 510	
贷：原材料		3 000
应交税费——应交增值税（进项税额转出）		510

（2）一般纳税人取得应税货物发生非正常损失的会计处理。

纳税人购进的应税货物发生非正常损失，其进项税额不得从销项税额中扣除，但因发生非正常损失的应税货物所负担的增值税税额在取得时已作为进项税额登记入账，因此，在发生非正常损失时，应将这部分进项税额从已登记入账的进项税额中转出，借记“生产成本”、“制造费用”、“管理费用”、“营业外支出”、“其他应收款”、“待处理财产损益”等账户，贷记“应交税金——应交增值税（进项税额转出）”账户。

例 2-14　望恩公司 2009 年 12 月由于管理不善，用于生产产品的钢材被盗 2 吨，账面成本 3 500 元/吨，经批准后核销。会计处理如下：

不得抵扣的进项税额 $=3\,500\times2\times17\%=1\,190$（元）

借：待处理财产损益	8 190	
贷：原材料		7 000
应交税费——应交增值税（进项税额转出）		1 190

报经批准后核销：

借：营业外支出	8 190	
贷：待处理财产损益		8 190

4. 几种特殊情况的会计处理

（1）一般纳税人购入固定资产（不动产）、工程物资的进项税额的会计处理。

纳税人购进固定资产（不动产，下同）、工程物资等非有形动产时，无论是否取得合法扣税凭证，其进项税额都不得抵扣，只能计入所购固定资产、工程物资的实际采购成本，即按照所购固定资产、工程物资所取得的发票账单所列的价款和增值税款的合计，加上支付的其他税费，借记“固定资产”、“在建工程”、“工程物资”账户，贷记“银行存款”、“其他货币资金”、“应付账款”等账户。

（2）一般纳税人购入直接用于非应税项目、免税项目、集体福利、个人消费的货物或劳务时进项税额的会计处理。

纳税人购入的应税货物或应税劳务，如果直接用于非应税项目、免税项目、集体福利、个人消费，无论是否取得合法扣税凭证，其进项税额都不得抵扣，只能按照取得有关发票账单上的价税合计，借记“原材料”、“在途物资”、“物资采购”、“制造费用”、“生产成本”、“其他业务支出”、“应付福利费”、“盈余公积”等账户，按照应付或实际支付的价款合计，贷记“银行存款”、“应付账款”、“应付票据”等账户。

（3）一般纳税人购进应税货物或接受应税劳务时取得普通发票的进项税额的会计处理。

纳税人购进应税货物或接受应税劳务时，如果不能取得增值税专用发票等合法扣款凭证，尽管其所支付或负担的款项中含有增值税款，也一律不得抵扣进项税额。为此，只能按取得的有关发票账单所列金额合计，借记“在途物资”、“物资采购”、“原材料”、“库存商品”、“包装物”、“低值易耗品”、“生产成本”、“制造费用”、“管理费用”等账户，贷记“银行存款”、“应付账款”、“应付票据”等账户。

四、小规模纳税人应纳增值税的会计处理

1. 小规模纳税人核算增值税的会计账户设置

小规模纳税人核算增值税，只要核算增值税的应交数、已交数及欠交或多交数即可。这样，只要在“应交税金”账户下设置“应交增值税”明细账户并采用“借、贷、余”三栏式账页即可。该明细账户的借方记录已交纳的增值税，贷方记录应交纳的增值税。月末如有借方余额，即为多交的增值税；如为贷方余额，即为欠交的增值税。

2. 小规模纳税人应交增值税的会计核算

（1）小规模纳税人购进货物及接受应税劳务支付的增值税的会计核算。小规模纳税人由于实行简易定率征收办法，其购入货物及接受应税劳务支付的增值税税额，应直接计入货物及劳务的成本，所以应按发票所列价款和税款合计数直接借记“物资采购”、“委托加工物资”、“原材料”、“包装物”、“低值易耗品”、“库存商品”等账户，贷记“应付账款”、“应付票据”、“银行存款”等账户。

（2）小规模纳税人销售货物及提供应税劳务的会计核算。

小规模纳税人销售货物或提供应税劳务，能认真履行纳税义务的，经县（市）税务局批准，可由税务所代开增值税专用发票；不认真履行纳税义务的，不能代开增值税专用发票，只能开具普通发票。能代开增值税专用发票的，根据专用发票上注明的价款和税额合计，借记“应收账款”、“银行存款”等账户；根据专用发票上注明的价款贷记“主营业务收入”、“其他业务收入”等账户；根据专用发票上注明的税款贷记“应交税金——应交增值税”账户。开具普通发票的，由于是价税合并定价的，因此应当将发票上注明的总金额分解为不含增值税的价款和按此价款的3%计算的增值税税额，按发票总金额借记“应收账款”、“银行存款”等账户；按分解出的不含税价款贷记“主营业务收入”、“其他业务收入”等账户；按计算出的增值税税额贷记“应交税金——应交增值税”账户。

例 2-15 欣欣迷你超市是小规模纳税企业，本期购进一批商品，价款4 000（不含税）元，增值税额680元，零售价为5 640（含税）元，本期销售商品5 400元（含税），作会计分录如下。

（1）购进商品时

借：在途物资　4 680

　贷：银行存款　4 680

（2）商品验收入库时

借：库存商品　5 640

　贷：在途物资　4 680

商品进销差价　960

（3）销售商品时：应交增值税 =5 400 ÷（1 +3%）×3% =157.28（元）

借：库存现金　5 400

　贷：主营业务收入　5 242.72

应交税费——应交增值税　157.28

（4）下月初交纳税金时

借：应交税费——应交增值税　157.28

　贷：银行存款　157.28

五、增值税结转及上缴的会计处理

为了反映增值税一般纳税企业欠交增值税款和待抵扣增值税的情况，确保企业及时足额上交增值税，企业应在“应交税金”科目下增设“未交增值税”明细科目，核算一般纳税企业月度终了转入的应交未交增值税和多交的增值税。在“应交税金——应父增值税”明细科目下增设“转出多交增值税”和“转出未交增值税”两个专栏，分别记录一般纳税企业月份终了转出多交或未交的增值税。

本月上交本月的应交增值税，借记“应交税金——应交增值税（已交税金）”科目，贷记“银行存款”科目。月度终了，将本月应交未交增值税自“应交税金——应交增值税”明细科目转入“应交税金——未交增值税”明细科目，借记“应交税金——应交增值税（转出未交增值税）”科目，贷记“应交税金——未交增值税”科目；将本月多交的增值税自“应交税金——应交增值税（转出多交增值税）”明细科目转入“应交税金——未交增值税”明细科目，借记“应交税金——未交增值税”科目，贷记“应交税金——应交增值税（转出多交增值税）”科目。本月上交上期应交未交的增值税，借记“应交税金——未交增值税”科目，贷记“银行存款”科目。

任务二　增值税纳税申报的操作

一、增值税纳税时间和地点

1. 增值税的纳税义务发生的时间

增值税纳税义务的发生时间总体上为收讫销售款或者取得索取销售款凭据时，但具体纳税义务的发生时间应根据不同的销售方式和结算方式分别确定。

(1) 采取直接收款方式销售货物的，不论货物是否发出，纳税义务发生时间均为收到销售款或取得销售款凭据，并将提货单交给买方的当天。

(2) 采取托收承付和委托收款结算方式销售货物的，其纳税义务发生的时间为发出货物并办妥收款手续的当天。

(3) 采取赊销和分期收款结算方式销售货物的，其纳税义务发生时间为按合同设定的收款日期的当天。

(4) 采取预收货款方式销售货物的，其纳税义务发生的时间为货物发出的当天。

(5) 委托其他纳税人代销货物的，其纳税义务的发生时间为收到代销单位的代销清单的当天。

(6) 销售应税劳务，其纳税义务的发生时间为提供劳务同时收讫价款或取得收款凭据的当天。

(7) 纳税人发生视同销售货物行为的，其纳税义务的发生时间为货物移送的当天。

纳税人发生增值税纳税义务后，应在规定的纳税期内交纳税款。按照《增值税暂行条例》的规定，增值税的纳税期限分别为1日、3日、5日、10日、15日或1个月或一个季度，具体纳税期限，由主管税务机关根据纳税人应纳税额的大小分别核定。不能按照固定期限纳税的，可以按次纳税。具体而言：纳税人以1个月或一个季度为一期纳税的，自期满之日起15日内申报，纳税；纳税人以1日、3日、5日、10日或15日为一期纳税的，自期满之日起5日内预缴税款，于次月1日起15日内申报纳税，结清上月应纳税款；纳税人进口货物的，应当自海关填发税款交纳证的次日起15日内交纳税款。

2. 增值税的纳税地点

增值税的纳税地点应按固定业户和非固定业户分别对待，其中固定业户应当向其机构所在地主管税务机关申报纳税，总机构和分支机构不在同一县市的，应当分别在各自所在地主管税务机关申报纳税；经国家税务总局或其授权的税务机关批准，可以由总机构汇总向总机构所在地主管税务机关申报纳税。固定业户到外县（市）销售货物的，应当向其机构所在地主管税务机关申请开具外出经营活动税收管理证明，回其机构所在地向税务机关申报纳税；未持有其机构所在地主管税务机关核发的外出经营活动税收管理证明的，销售地主管税务机关一律按3%的征收率征税，而且其在销售地发生的销售额，回机构所在地后，仍按规定申报纳税，在销售地交纳的税款不得从当期应纳税额中扣减。

二、增值税纳税申报

1. 一般纳税人的纳税申报

增值税一般纳税义务人应按有关规定及时办理纳税申报，并如实填写“增值税纳税申报表(适用于一般纳税人)”及其所有的附表，具体格式见表2-1。

增值税纳税申报表（适用于一般纳税人）的填制说明如下。

(1) 本表“税款所属时间”是指纳税人申报的增值税应纳税额的所属时间，应填写具体的起止年、月、日。

(2) 本表“填表日期”指纳税人填写本表的具体日期。

(3) 本表“纳税人识别号”栏，填写税务机关为纳税人确定的识别号（税务登记证号码）。

(4) 本表“所属行业”栏，按照国民经济行业分类与代码中的最细项（小类）进行填写。

(5) 本表“纳税人名称”栏，填写纳税人单位名称全称，不得填写简称。

(6) 本表“法定代表人姓名”栏，填写纳税人法定代表人的姓名。

(7) 本表“注册地址”栏，填写纳税人税务登记证所注明的详细地址。

(8) 本表“营业地址”栏，填写纳税人营业地的详细地址。

(9) 本表“开户银行及账号”栏，填写纳税人开户银行名称和在该银行的结算账户号码。

(10) 本表“企业登记注册类型”栏，按税务登记证填写。

(11) 本表“电话号码”栏，填写纳税人注册地和经营地的电话号码。

(12) 表中“一般货物及劳务”是指享受即征即退的货物及劳务以外的其他货物及劳务。

(13) 表中“即征即退货物及劳务”是指纳税人按照税法规定享受即征即退税收优惠政策的货物及劳务。

(14) 本表第1项“（一）按适用税率征税货物及劳务销售额”栏数据，填写纳税人本期按适用税率交纳增值税的应税货物和应税劳务的销售额（销货退回的销售额用负数表示）。包括在财务上不作销售但按税法规定应交纳增值税的视同销售货物和价外费用销售额，外贸企业作价销售进料加工复出口的货物，税务、财政、审计部门检查按适用税率计算调整的销售额。“一般货物及劳务”的“本月数”栏数据与“即征即退货物及劳务”的“本月数”栏数据之和，应等于附表一第7栏的“小计”中的“销售额”数。“本年累计”栏数据，应为年度内各月数之和。

(15) 本表第2项“应税货物销售额”栏数据，填写纳税人本期按适用税率交纳增值税的应税货物的销售额（销货退回的销售额用负数表示）。包括在财务上不作销售但按税法规定应交纳增值税的视同销售货物和价外费用销售额，以及外贸企业作价销售进料加工复出口的货物。“一般货物及劳务”的“本月数”栏数据与“即征即退货物及劳务”的“本月数”栏数据之和，应等于附表一第5栏的“应税货物”中17%税率“销售额”与13%税率“销售额”的合计数。“本年累计”栏数据，应为年度内各月数之和。

(16) 本表第3项“应税劳务销售额”栏数据，填写纳税人本期按适用税率交纳增值税的应税劳务的销售额。“一般货物及劳务”的“本月数”栏数据与“即征即退货物及劳务”的“本月数”栏数据之和，应等于附表一第5栏的“应税劳务”中的“销售额”数。“本年累计”栏数据，应为年度内各月数之和。

(17) 本表第4项“纳税检查调整的销售额”栏数据，填写纳税人本期因税务、财政、审计部门检查，并按适用税率计算调整的应税货物和应税劳务的销售额。但享受即征即退税收优惠政策的货物及劳务经税务稽查发现偷税的，不得填入“即征即退货物及劳务”部分，而应将本部分销售额在“一般货物及劳务”栏中反映。“一般货物及劳务”的“本月数”栏数据与“即征即退货物及劳务”的“本月数”栏数据之和，应等于附表一第6栏的“小计”中的“销售额”数。“本年累计”栏数据，应为年度内各月数之和。

(18) 本表第5项“按简易征收办法征税货物的销售额”栏数据，填写纳税人本期按简易征收办法征收增值税货物的销售额（销货退回的销售额用负数表示）。包括税务、财政、审计部门检查，并按简易征收办法计算调整的销售额。“一般货物及劳务”的“本月数”栏数据与“即征即退货物及劳务”的“本月数”栏数据之和，应等于附表一第14栏的“小计”中的“销售额”数。“本年累计”栏数据，应为年度内各月数之和。

(19) 本表第6项“其中：纳税检查调整的销售额”栏数据，填写纳税人本期因税务、财政、审计部门检查，并按简易征收办法计算调整的销售额，但享受即征即退税收优惠政策的货物及劳务经税务稽查发现偷税的，不得填入“即征即退货物及劳务”部分，而应将本部分销售额在“一般货物及劳务”栏中反映。“一般货物及劳务”的“本月数”栏数据与“即征即退货物及劳务”的“本月数”栏数据之和，应等于附表一第13栏的“小计”中的“销售额”数。“本年累计”栏数据，应为年度内各月数之和。

(20) 本表第7项“免、抵、退办法出口货物销售额”栏数据，填写纳税人本期执行免、抵、退办法出口货物的销售额（销货退回的销售额用负数表示）。“本年累计”栏数据，应为年度内各月数之和。

(21) 本表第8项“免税货物及劳务销售额”栏数据，填写纳税人本期按照税法规定直接免征增值税的货物及劳务的销售额及适用零税率的货物及劳务的销售额（销货退回的销售额用负数表示），但不包括适用免、抵、退办法出口货物的销售额。“一般货物及劳务”的“本月数”栏数据，应等于附表一第18栏的“小计”中的“销售额”数。“本年累计”栏数据，应为年度内各月数之和。

(22) 本表第9项“免税货物销售额”栏数据，填写纳税人本期按照税法规定直接免征增值税货物的销售额及适用零税率货物的销售额（销货退回的销售额用负数表示），但不包括适用免、抵、退办法出口货物的销售额。“一般货物及劳务”的“本月数”栏数据，应等于附表一第18栏的“免税货物”中的“销售额”数。“本年累计”栏数据，应为年度内各月数之和。

(23) 本表第10项“免税劳务销售额”栏数据，填写纳税人本期按照税法规定直接免征增值税劳务的销售额及适用零税率劳务的销售额（销货退回的销售额用负数表示）。“一般货物及劳务”的“本月数”栏数据，应等于附表一第18栏的“免税劳务”中的“销售额”数。“本年累计”栏数据，应为年度内各月数之和。

(24) 本表第11项“销项税额”栏数据，填写纳税人本期按适用税率计征的销项税额。该数据应与“应交税费——应交增值税”明细科目贷方“销项税额”专栏本期发生数一致。“一般货物及劳务”的“本月数”栏数据与“即征即退货物及劳务”的“本月数”栏数据之和，应等于附表一第7栏的“小计”中的“销项税额”数。“本年累计”栏数据，应为年度内各月数之和。

(25) 本表第12项“进项税额”栏数据，填写纳税人本期申报抵扣的进项税额。该数据应与“应交税费——应交增值税”明细科目借方“进项税额”专栏本期发生数一致。“一般货物及劳务”的“本月数”栏数据与“即征即退货物及劳务”的“本月数”栏数据之和，应等于附表二第 12 栏中的“税额”数。“本年累计”栏数据，应为年度内各月数之和。

(26) 本表第 13 项“上期留抵税额”栏数据，为纳税人前一申报期的“期末留抵税额”数，该数据应与“应交税费——应交增值税”明细科目借方月初余额一致。

(27) 本表第 14 项“进项税额转出”栏数据，填写纳税人已经抵扣但按税法规定应作进项税转出的进项税额总数，但不包括销售折扣、折让，销货退回等应负数冲减当期进项税额的数额。该数据应与“应交税费——应交增值税”明细科目贷方“进项税额转出”专栏本期发生数一致。“一般货物及劳务”的“本月数”栏数据与“即征即退货物及劳务”的“本月数”栏数据之和，应等于附表二第 13 栏中的“税额”数。“本年累计”栏数据，应为年度内各月数之和。

(28) 本表第 15 项“免、抵、退货物应退税额”栏数据，填写退税机关按照出口货物免、抵、退办法审批的应退税额。“本年累计”栏数据，应为年度内各月数之和。

(29) 本表第 16 项“按适用税率计算的纳税检查应补缴税额”栏数据，填写税务、财政、审计部门按适用税率计算的纳税检查应补缴税额。“本年累计”栏数据，应为年度内各月数之和。

(30) 本表第 17 项“应抵扣税额合计”栏数据，填写纳税人本期应抵扣进项税额合计数。

(31) 本表第 18 项“实际抵扣税额”栏数据，填写纳税人本期实际抵扣的进项税额。“本年累计”栏数据，应为年度内各月数之和。

(32) 本表第 19 项“按适用税率计算的应纳税额”栏数据，填写纳税人本期按适用税率计算并应交纳的增值税额。“本年累计”栏数据，应为年度内各月数之和。

(33) 本表第 20 项“期末留抵税额”栏数据，为纳税人在本期销项税额中尚未抵扣完，留待下期继续抵扣的进项税额。该数据应与“应交税费——应交增值税”明细科目借方月末余额一致。

(34) 本表第 21 项“按简易征收办法计算的应纳税额”栏数据，填写纳税人本期按简易征收办法计算并应交纳的增值税额，但不包括按简易征收办法计算的纳税检查应补缴税额。“一般货物及劳务”的“本月数”栏数据与“即征即退货物及劳务”的“本月数”栏数据之和，应等于附表一第 12 栏的“小计”中的“应纳税额”数。“本年累计”栏数据，应为年度内各月数之和。

(35) 本表第 22 项“按简易征收办法计算的纳税检查应补缴税额”栏数据，填写纳税人本期因税务、财政、审计部门检查并按简易征收办法计算的纳税检查应补缴税额。“一般货物及劳务”的“本月数”栏数据与“即征即退货物及劳务”的“本月数”栏数据之和，应等于附表一第 13 栏的“小计”中的“应纳税额”数。“本年累计”栏数据，应为年度内各月数之和。

(36) 本表第 23 项“应纳税额减征额”栏数据，填写纳税人本期按照税法规定减征的增值税应纳税额。“本年累计”栏数据，应为年度内各月数之和。

(37) 本表第 24 项“应纳税额合计”栏数据，填写纳税人本期应交增值税的合计数。“本年累计”栏数据，应为年度内各月数之和。

(38) 本表第 25 项“期初未缴税额（多缴为负数）”栏数据，为纳税人前一申报期的“期末未缴税额（多缴为负数）”。

（39）本表第 26 项“实收出口开具专用缴款书退税额”栏数据，填写纳税人本期实际收到税务机关退回的，因开具《出口货物税收专用缴款书》而多缴的增值税款。该数据应根据“应交税费——未交增值税”明细科目贷方本期发生额中“收到税务机关退回的多缴增值税款”数据填列。“本年累计”栏数据，为年度内各月数之和。

（40）本表第 27 项“本期已缴税额”栏数据，是指纳税人本期实际交纳的增值税额，但不包括本期入库的查补税款。“本年累计”栏数据，为年度内各月数之和。

（41）本表第 28 项“① 分次预缴税额”栏数据，填写纳税人本期分次预缴的增值税额。

（42）本表第 29 项“② 出口开具专用缴款书预缴税额”栏数据，填写纳税人本期销售出口货物而开具专用缴款书向主管税务机关预缴的增值税额。

（43）本表第 30 项“③ 本期交纳上期应纳税额”栏数据，填写纳税人本期上缴上期应交未缴的增值税款，包括交纳上期按简易征收办法计提的应交未缴的增值税额。“本年累计”栏数据，为年度内各月数之和。

（44）本表第 31 项“④ 本期交纳欠缴税额”栏数据，填写纳税人本期实际交纳的增值税欠税额，但不包括交纳入库的查补增值税额。“本年累计”栏数据，为年度内各月数之和。

（45）本表第 32 项“期末未交税额（多缴为负数）”栏数据，为本期期末应交未缴的增值税额，但不包括纳税检查应交未缴的税额。“本年累计”栏与“本月数”栏数据相同。

（46）本表第 33 项“其中：欠缴税额（≥0）”栏数据，为纳税人按照税法规定已形成欠税的数额。

（47）本表第 34 项“本期应补（退）税额”栏数据，为纳税人本期应纳税额中应补缴或应退回的数额。

（48）本表第 35 项“即征即退实际退税额”栏数据，填写纳税人本期因符合增值税即征即退优惠政策规定，而实际收到的税务机关返还的增值税额。“本年累计”栏数据，为年度内各月数之和。

（49）本表第 36 项“期初未缴查补税额”栏数据，为纳税人前一申报期的“期末未缴查补税额”。该数据与本表第 25 项“期初未缴税额（多缴为负数）”栏数据之和，应与“应交税费——未交增值税”明细科目期初余额一致。“本年累计”栏数据应填写纳税人上年度末的“期末未缴查补税额”数。

（50）本表第 37 项“本期入库查补税额”栏数据，填写纳税人本期因税务、财政、审计部门检查而实际入库的增值税款，包括：① 按适用税率计算并实际交纳的查补增值税款；② 按简易征收办法计算并实际交纳的查补增值税款。“本年累计”栏数据，为年度内各月数之和。

（51）本表第 38 项“期末未缴查补税额”栏数据，为纳税人纳税检查本期期末应交未缴的增值税额。该数据与本表第 32 项“期末未缴税额（多缴为负数）”栏数据之和，应与“应交税费——未交增值税”明细科目期初余额一致。“本年累计”栏与“本月数”栏数据相同。

表 2-1　增值税纳税申报表样表

（适用于一般纳税人）

根据《中华人民共和国增值税暂行条例》第二十二条和第二十三条的规定制定本表。纳税人不论有无销售额，均应按主管税务机关核定的纳税期限按期填报本表，并于次月一日起十日内，向当地税务机关申报。

税款所属时间：自　　　至　　　填表日期：　　　金额单位：元（列至角分）

纳税人识别号				所属行业：			
纳税人名称		法定代表人姓名		注册地址		营业地址	
开户银行及账号		企业登记注册类型				电话号码	

项目		栏次	一般货物及劳务		即征即退货物及劳务	
			本月数	本年累计	本月数	本年累计
销售额	（一）按适用税率征税货物及劳务销售额	1				
	其中：应税货物销售额	2				
	应税劳务销售额	3				
	纳税检查调整的销售额	4				
	（二）按简易征收办法征税货物销售额	5				
	其中：纳税检查调整的销售额	6				
	（三）免、抵、退办法出口货物销售额	7			—	—
	（四）免税货物及劳务销售额	8			—	—
	其中：免税货物销售额	9			—	—
	免税劳务销售额	10			—	—
税款计算	销项税额	11				
	进项税额	12				
	上期留抵税额	13		—		—
	进项税额转出	14				
	免抵退货物应退税额	15			—	—
	按适用税率计算的纳税检查应补缴税额	16			—	—
	应抵扣税额合计	17 = 12 + 13 − 14 − 15 + 16		—		—
	实际抵扣税额	18（如 17 < 11，则为 17，否则为 11）				
	应纳税额	19 = 11 − 18				
	期末留抵税额	20 = 17 − 18		—		—
	简易征收办法计算的应纳税额	21				
	按简易征收办法计算的查补应纳税额	22			—	—
	应纳税额减征额	23				
	应纳税额合计	24 = 19 + 21 − 23				

续 表

税款缴纳	期初未缴税额（多缴为负数）	25				
	实收出口开具专用缴款书退税额	26			—	—
	本期已缴税额	27 = 28 + 29 + 30 + 31				
	① 分次预缴税额	28		—		—
	② 出口开具专用缴款书预缴税额	29		—	—	—
	③ 本期交纳上期应纳税额	30				
	④ 本期交纳欠缴税额	31				
	期末未缴税额（多缴为负数）	32 = 24 + 25 + 26 − 27				
	其中：欠缴税额（≥0）	33 = 25 + 26 − 27		—		—
	本期应补（退）税额	34 = 24 − 28 − 29		—		—
	即征即退实际退税额	35	—	—		
	期初未缴查补税额	36			—	—
	本期入库查补税额	37			—	—
	期末未缴查补税额	38 = 16 + 22 + 36 − 37			—	—

授权声明	如果你已委托代理人申报，请填写下列资料： 为代理一切税务事宜，现授权 （地址）　　　　　　　　为本纳税人的代理申报人，任何与本申报表有关的往来文件，都可寄与此人。 授权人签字：	申报人声明	此纳税申报表是根据《中华人民共和国增值税暂行条例》的规定填报的，我相信它是真实的、可靠的、完整的。 声明人签字：

以下表格由税务机关填写。

收到日期：　　　　　　　　接收人：　　　　　　　　　主管税务机关盖章：

另外，为明确一般纳税人纳税申报表中的申报内容，还要填制以下附表。分别见表 2-2、表 2-3 和表 2-4。

表 2-2　增值税纳税申报附列资料（表一）样表

（本期销售情况明细）

税款所属时间：　　年　　月

纳税人名称：（公章）　　　　　　　填表日期：　　　　　　　　金额单位：元（列至角分）

<table>
<tr><td colspan="14">一、按适用税率征收增值税货物及劳务的销售额和销项税额明细</td></tr>
<tr><td rowspan="3">项　目</td><td rowspan="3">栏　次</td><td colspan="6">应税货物</td><td colspan="3" rowspan="2">应税劳务</td><td colspan="3" rowspan="2">小　计</td></tr>
<tr><td colspan="3">17% 税率</td><td colspan="3">13% 税率</td></tr>
<tr><td>份数</td><td>销售额</td><td>销项税额</td><td>份数</td><td>销售额</td><td>销项税额</td><td>份数</td><td>销售额</td><td>销项税额</td><td>份数</td><td>销售额</td><td>销项税额</td></tr>
<tr><td>防伪税按系统开具的增值税专用发票</td><td>1</td><td></td><td></td><td></td><td></td><td></td><td></td><td></td><td></td><td></td><td></td><td></td><td></td></tr>
<tr><td>非防伪税按系统开具的增值税专用发票</td><td>2</td><td></td><td></td><td></td><td></td><td></td><td></td><td></td><td></td><td></td><td></td><td></td><td></td></tr>
</table>

续　表

开具普通发票	3												
未开具发票	4	—			—			—			—		
小计	5 = 1 + 2 + 3 + 4	—			—			—			—		
纳税检查调整	6	—			—			—			—		
合计	7 = 5 + 6	—			—			—			—		

二、按简易征收办法征收增值税货物的销售额和应纳税额明细

项　目	栏　次	6%征收率			4%征收率			小　计		
		份　数	销售额	应纳税额	份　数	销售额	应纳税额	份　数	销售额	应纳税额
防伪税按系统开具的增值税专用发票	8									
非防伪税按系统开具的增值税专用发票	9									
开具普通发票	10									
未开具发票	11	—			—			—		
小计	12 = 8 + 9 + 10 + 11	—			—			—		
纳税检查调整	13	—			—			—		
合计	14 = 12 + 13	—			—			—		

三、免征增值税货物及劳务销售额明细

项　目	栏　次	免税货物			免税劳务			小　计		
		份　数	销售额	税　额	份　数	销售额	税　额	份　数	销售额	税　额
防伪税按系统开具的增值税专用发票	15				—	—	—			
开具普通发票	16			—			—			—
未开具发票	17	—		—	—		—	—		—
合计	18 = 15 + 16 + 17	—			—		—	—		

表 2-3　增值税纳税申报附列资料（表二）样表

（本期进项税额明细）

税款所属时间：　　年　　月

纳税人名称：（公章）　　　填表日期：　　　金额单位：元（列至角分）

一、申报抵扣的进项税额				
项　目	栏　次	份　数	金　额	税　额
（一）认证相符的防伪税控增值税专用发票	1			
其中：本期认证相符且本期申报抵扣	2			
前期认证相符且本期申报抵扣	3			

续 表

项　目	栏 次	份 数	金 额	税 额
（二）非防伪税控增值税专用发票及其他扣税凭证	4			
其中：海关完税凭证	5			
农产品收购凭证及普通发票	6			
废旧物资发票	7			
运费发票	8			
6%征收率	9			
4%征收率	10			
（三）期初已征税款	11	—		
当期申报抵扣进项税额合计	12			
二、进项税额转出额				
项　目	栏 次	税　额		
本期进项税额转出额	13			
其中：免税货物用	14			
非应税项目用	15			
非正常损失	16			
按简易征收办法征税货物用	17			
免、抵、退税办法出口货物不得抵扣进项税额	18			
纳税检查调整进项税额	19			
未经认证已抵扣的进项税额	20			
	21			
三、待抵扣进项税额				
项　目	栏 次	份 数	金 额	税 额
（一）认证相符的防伪税控增值税专用发票	22			
期初已认证相符但未申报抵扣	23			
本期已认证相符且本期未申报抵扣	24			
期末已认证相符但未申报抵扣	25			
其中：按照税法规定不允许抵扣	26			
（二）非防伪税控增值税专用发票及其他扣税凭证	27			
其中：17%税率	28			
13%税率及扣除率	29			
10%扣除率	30			
7%扣除率	31			
6%征收率	32			
4%征收率	33			
	34			

续　表

四、其他				
项　　目	栏　次	份　数	金　额	税　额
本期认证相符的全部防伪税控增值税专用发票	35			
期初已征税款挂账额	36			
期初已征税款余额	37			
代扣代缴税额	38			

注：第1栏=第2栏+第3栏=第23栏+第35栏-第25栏，第35栏=第2栏+第24栏，第25栏=第23栏+第24栏-第3栏

第12栏=第1栏+第4栏+第11栏，第13栏等于第14栏至第21栏之和，第27栏等于第28栏至第34栏之和.

表2-4　增值税纳税申报附列资料（表三）样表

固定资产进项税额抵扣情况表

纳税人识别码：

纳税人名称（公章）：

填表日期：　　年　　月　　日　　　　金额单位：元（列至角分）

项　　目	当期申报抵扣的固定资产进项税额	当期申报抵扣的固定资产进项税额累计
增值税专用发票		
海关进口增值税专用缴款书		
合　计		

2. 小规模纳税人的纳税申报

小规模纳税人无论有无计税销售额，均应按主管税务机关核定的纳税期限填列“增值税纳税申报表（适用于增值税小规模纳税义务人）”，并于次月1日至15日内办理纳税申报，结清上月应纳税款。申报表的具体格式见表2-5。

小规模纳税人增值税纳税申报表填表说明：

（1）表中的“货物或应税劳务名称”，按货物、应税劳务视同销售分别填列。

（2）本表中的“经济类型”只按“工业”或“商业”类型划分填写。

（3）本申报表为两联，第一联为申报联，由纳税人按期向税务机关申报；第二联为收执联，纳税人于申报时连同申报联交税务机关签章后收回以作为申报凭证。

表2-5　增值税纳税申报表（适用于小规模纳税人）样表

增值税纳税申报表（适用于小规模纳税人）

税款所属时间：　　年　　月　　日　　　填表日期：　　年　　月　　日　　　金额单位：元

纳税人识别号				所属行业：	
纳税人名称	（公章）	法定代表人姓名		营业地址	
开户银行及账号		企业登记注册类型		电话号码	

续　表

项　目 货物或应税劳务名称	销售额	征收率	本期应纳税额	截止上期 累计欠税额	本期已清 理欠税额
	5	1	2	3 = 1 × 2	4

授权 代理人	（如果你已委托代理申报人，请填写下列资料）为代理一切税务事宜，现授权 （地址）　　　　为本纳税人的代理申报人，任何与本申报有关的往来文件，都可寄与此人。 授权人签字：	声　明	此纳税申报表是根据《中华人民共和国增值税暂行条例》的规定填报的，我确信它是真实的、可靠的、完整的。 声明人签字：

会计主管签字：　　　　代理申报人签字：　　　　纳税人盖章：

以下由税务机关填写：

收到日期		接收人		审核日期		主管税务机关盖章： 核收人签字：
审核记录						

任务三　增值税交纳的会计核算与申报技能实训

一、基本知识认知训练

（一）单项选择题

1. 我国目前实行的增值税采用的类型是（　　）。

A. 消费型增值税　　　　B. 收入型增值税

C. 生产型增值税　　　　D. 积累型增值税

2. 关于小规模纳税人的标准，下列描述正确的是（　　）。

A. 从事货物生产或者提供应税劳务的纳税人，以及以从事货物生产或者提供应税劳务为主，并兼营货物批发或者零售的纳税人，年应征增值税销售额（以下简称应税销售额）在50万元以下（含本数，下同）的

B. 非从事货物生产或者提供应税劳务的纳税人，年应税销售额在180万元以下的

C. 从事货物生产或者提供应税劳务的纳税人，年应税销售额在100万元以下的

D. A 中所称以从事货物生产或者提供应税劳务为主，是指纳税人的年货物生产或者提供应税劳务的销售额占年应税销售额的比重在 60% 以上

3. 下列各项中，符合增值税暂行条例及其实施细则规定的有（　　）。

A. 一般纳税人外购固定资产（机器设备）所支付的运输费用，不得计算抵扣进项税额

B. 一般纳税人用于免征增值税项目的购进货物或者应税劳务，其支付的增值税额不得作为进项税额抵扣

C. 一般纳税人进口固定资产时从海关取得的完税凭证上注明的增值税额，不得从销项税额中抵扣

D. 以一个季度为纳税期限的规定适用于所有纳税人

4. 条例规定，下列各项中不属于免征增值税的项目是（　　）。

A. 农业生产者销售的自产农产品

B. 古旧图书

C. 直接用于科学研究、科学试验和教学的进口仪器、设备

D. 来料加工、来件装配和补偿贸易所需进口的设备

5. 现行政策规定，销售自产货物同时提供应税劳务的纳税人如果具有建筑业资质，并分别核算自产货物的销售额和建筑业劳务营业额，其建筑业劳务营业额（　　）。

A. 交纳增值税　　B. 交纳营业税

C. 既交纳增值税又交纳营业税　　D. 不交纳增值税也不交纳营业税

6. 下列行为应征增值税的是（　　）。

A. 邮政部门销售的集邮商品　　B. 银行开办的融资租赁业务

C. 典当业的死当物品销售　　D. 邮政部门发行报刊

7. 现行政策规定，纳税人销售货物或者应税劳务适用免税规定的，可以放弃免税，依照条例的规定交纳增值税。放弃免税后，（　　）内不得申请免税。

A. 12 个月　　B. 24 个月　　C. 36 个月　　D. 48 个月

8. 细则规定，纳税人用外汇结算销售额的，应按销售额（　　）的人民币汇率中间价折合成人民币计算销售额。

A. 发生当天　　B. 当月 1 日

C. 发生月份的上月最后一日　　D. 发生当天或者当月 1 日

9. 条例及细则规定，纳税人外购的机器、机械、运输工具等固定资产混用于生产应税和免税货物，该项固定资产进项税额的正确处理方法是（　　）。

A. 按照征免税销售额划分不得抵扣的进项税额

B. 均不能抵扣

C. 均可抵扣

D. 部分抵扣，部分不得抵扣

10. 某棉花加工企业（一般纳税人）2009 年元月购进下列一批固定资产，其中不得计算抵扣进项税额的项目是（　　）。

A. 生产车间用的一套轧花设备　　B. 管理部门用的一套办公设备

C. 销售部门用的三台载货汽车　　D. 厂部用的应征消费税的一辆小汽车

11. 某商场（增值税一般纳税人）以“买一赠一”方式销售货物。本期销售 A 商品 50 台，每台售价（含税）4 680 元，同时赠送 B 商品 50 件（含税单价为 23.40 元/件）。A、B 商品适用税率均为 17%。该商场此项业务应申报的销项税额是（　　）元。

A. 34 170　　B. 34 000　　C. 33 830　　D. 32 830

12. 某酒厂（增值税一般纳税人），2009 年元月销售散装白酒 20 吨，并向购买方开具了增值税专用发票，发票中注明的销售额为 100 000 元；同时收取包装物押金 3 510 元，已单独记账核算。该厂此项业务应申报的销项税额是（　　）元。

A. 17 596.70　　B. 17 510　　C. 17 000　　D. 14 529.91

13. 某商场（增值税一般纳税人）采取“以旧换新”方式销售 D 商品，取得现金收入 58 500 元；取得旧货物若干件，收购金额为 23 400 元。该货物适用税率为 17%。此项业务应申报的销项税额是（　　）元。

A. 13 922　　B. 11 900　　C. 8 500　　D. 5 100

14. 某增值税一般纳税人某月外购材料 10 000 公斤，每公斤支付价款和税款 2 元和 0.34 元。在运输途中因管理不善被盗 1 000 公斤。运回后以每 3 公斤材料生产 1 盒成品的工艺生产产品 3 000 盒，其中 2 200 盒用于直接销售，300 盒用于发放企业职工福利，500 盒因管理不善被盗。那么，该纳税人当月允许抵扣的进项税额应为（　　）元。

A. 3 400　　B. 3 060　　C. 2 550　　D. 2 244

15. 某一般纳税人某月将产品分别以 100 元、110 元和 50 元（被认定为偏低价格且无正当理由）的单价销售给甲、乙、丙各 100 件，则该月的销售额应被核定为（　　）元。

A. 26 000　　B. 31 500　　C. 30 000　　D. 33 000

16. 一般纳税人外购货物所支付的运输费用，准予依照 7% 的扣除率计算进项税额抵扣。计算抵扣进项税额所依据的货物运费金额是指在运输单位开具的货票上注明的（　　）。

A. 运费、建设基金　　B. 运费、建设基金、装卸费、保险费

C. 装卸费、保险费　　D. 运费、建设基金、其他杂费

17. 某汽车修配厂为小规模纳税人，2009 年 3 月取得汽车修理收入 20 000 元，其应交纳增值税为（　　）元。

A. 582.52　　B. 1 200　　C. 600　　D. 1 132.08

18. 下列混合销售行为中，应当征收增值税的是（　　）。

A. 零售商店销售家具并实行有偿送货上门

B. 电信部门自己销售移动电话并为客户有偿提供电信服务

C. 装潢公司为客户包工包料装修房屋

D. 饭店提供餐饮服务并提供酒水

19. 某商业企业为增值税一般纳税人，2009 年 3 月外购货物 50 万元，增值税专用发票注明税款为 8.5 万元，当月销售货物（不含税，下同）40 万元；4 月份外购货物 20 万元，增值税专用发票注明税款为 3.4 万元，当月销售货物 70 万元，销售货物均适用 17% 的税率，则该商业企业 2009 年 4 月应交纳增值税为（　　）万元。

A. 10.2　　B. 6.8　　C. 8.5　　D. 1.7

20. 下列销货行为中，可以按销售差额作为销售额的是（　　）。

A. 折扣销售并开在同一发票上　B. 以旧换新销售（不含金银首饰）
C. 还本销售　D. 以物易物销售

（二）多项选择题

1. 下列选项中属于我国增值税纳税人的有（　　）。
A. 生产、销售并安装钢制门窗的纳税人　B. 个人为其受雇用的公司提供修配劳务
C. 专门从事进口货物的单位　D. 从事个体运输劳务的个体工商户
2. 增值税条例及细则中的个人是指（　　）。
A. 仅是个体工商户　B. 仅是其他个人　C. 个体工商户　D. 其他个人
3. 下列属于增值税应税项目的有（　　）。
A. 生产销售货物　B. 加工修理修配　C. 进口货物　D. 文化体育
4. 下列选项中适用17%税率的货物有（　　）。
A. 非金属矿产品　B. 生铁　C. 饲料　D. 杂志
5. 可作为增值税抵扣凭证的有（　　）。
A. 增值税专用发票　B. 货物运输发票
C. 海关进口增值税专用缴款书　D. 农产品销售发票
E. 农产品收购发票
6. 下列属于增值税混合销售行为的有（　　）。
A. 甲为生产企业，生产门窗并负责安装一并收取价款
B. 乙销售货物并负责运输，一并收取价款
C. 电信公司销售手机并提供电讯服务，收取价款
D. 乙装饰公司提供装卸劳务并提供相应材料，一并收取价款
7. 超过小规模纳税人标准可选择按小规模纳税人纳税的有（　　）。
A. 其他个人　B. 非企业性单位
C. 不经常发生应税行为企业　D. 工业企业
8. 甲工业企业2009年元月1日起购进下列设备，可以抵扣其进项税额的有（　　）。
A. 购进既用于生产免税药品又用生产应税药品的一台设备
B. 为公司老总购进一辆小汽车
C. 购进一辆用于运输自己生产的应税货物货车
D. 购进一台专用于生产免税药品的设备
9. 下列情形中不得抵扣进项税额的有（　　）。
A. 用于房屋基建项目购进的一批钢材　B. 用于机器设备改造购进的一批钢材
C. 购进香烟用于招待客人　D. 购进的货物被盗
10. 纳税人按人民币以外的货币结算销售额的，其销售额的人民币折合率可以选择销售额发生的（　　）的人民币汇率中间价。
A. 当天　B. 当月1日　C. 当月平均　D. 当月月终
11. 增值税条例及细则中规定的运输费用金额包括（　　）。
A. 运输费用　B. 建设基金　C. 装卸费　D. 保险费
12. 纳税人销售货物或提供劳务时收取的下列费用应并入销售额的有（　　）。

A. 手续费　　B. 受托加工收取的消费税

C. 增值税额　　D. 奖励费

13. 下列选项中哪些属于《增值税暂行条例》所规定的单位（　　）。

A. 企业　　B. 行政单位　　C. 事业单位　　D. 军事单位

E. 个体工商户

14. 下列情况不得开具增值税专用发票的有（　　）。

A. 小规模纳税人销售货物　　B. 一般纳税人向个人销售手机

C. 一般纳税人向其他一般纳税人销售一台设备

D. 销售免税货物

15. 下列各项中，符合增值税纳税义务发生时间规定的是（　　）。

A. 对于发出代销商品超过 180 天仍未收到代销清单及货款的，其纳税义务发生时间为发出代销商品满 180 天的当天

B. 采用预收货款结算方式的，为收到货款的当天

C. 先开发票的，增值税纳税义务时间为开具发票的当天

D. 将货物作为投资的，为货物使用的当天

16. 下列可作为增值税组成计税价格的有（　　）。

A. 成本 ×（1 + 成本利润率）

B. 成本 ×（1 + 成本利润率）+ 消费税

C. 关税应税价格 + 关税 + 消费税

D.（成本 + 利润 + 数量 × 定额税率）/（1 – 消费税比例税率）

17. 下列各项中，属于增值税征税范围的有（　　）。

A. 销售钢材　　B. 销售自来水　　C. 销售电力　　D. 销售房屋

18. 下列行为中，属于视同销售应征增值税的行为有（　　）。

A. 委托他人代销货物　　B. 销售代销货物

C. 将自产的货物分给职工做福利　　D. 将外购的货物用于非应税项目

19. 下列销货行为，应征增值税的有（　　）。

A. 贵金属期货交易　　B. 银行销售金银业务

C. 银行融资租赁业务　　D. 集邮商品的生产

20. 企业下列行为中，应视同销售货物计征增值税的有（　　）。

A. 购进材料用于不动产在建工程　　B. 自产的货物用于对外捐赠

C. 委托加工货物收回后用于对外投资　　D. 自产的产品用于集体福利

（三）判断题

1. 认定为一般纳税人后销售额未达到一般纳税人标准时，可以转为小规模纳税人。（　　）

2. 对于发出代销商品超过 180 天仍未收到代销清单及货款的，视同销售实现，一律征收增值税，其纳税义务发生时间为发出代销商品满 180 天的当天。（　　）

3. 纳税人销售货物的同时代办保险而向购买方收取的保险费，以及从事汽车销售的纳税

人向购买方收取的代购买方交纳的车辆购置税、牌照费。不作为价外费用征收增值税。（　）

4. 非正常损失，是指生产经营过程中正常损耗外的损失，不包括因管理不善造成货物被盗窃、发生霉烂变质等损失。（　）

5. 某小规模企业2009年1月销售自产棉纱1吨，价款12 000元。另外采取分期收取方式销售棉纱5吨，价款60 000元，开具了发票。合同约定，当时收款30 000元，余下分别在2月份和3月份平均收取，该企业1月份应纳增值税为2 097元。（　）

6. 某个体工商户除了销售摩托车配件外，还从事摩托车修理，2009年3月开具普发票销售配件4 200元，收取修理费2 800元，该个体户3月份应交纳增值税为338元。（　）

7. 纳税人购进固定资产，用于免税项目的，进项税额不得抵扣。（　）

8. 纳税人购进固定资产，用于集体福利或个人消费的，进项税额不得抵扣。（　）

9. 某商场（一般纳税人）将4月份购进的一批饮料于7月份作为防暑降温用品发放给本单位职工，应作为视同销售计算增值税。（　）

10. 将自产、委托加工、购进的货物用于集体福利或个人消费应视同销售行为。（　）

11. 纳税人将购买的货物无偿赠送他人，因该货物购买时已交纳增值税，因此，在赠送他人时，可不再计入销售额征税。（　）

12. 增值税纳税人兼营非应税劳务，应分别核算货物或应税劳务的销售额，如果不分别核算，则按经营主业划分，确定一并征收增值税或一并征收营业税。（　）

13. 增值税纳税人可以根据本企业的注册资金大小和实际经营规模的大小决定是否为一般纳税人。（　）

14. 含增值税销售额按公式“不含税销售额 = 含税销售额/（1 − 增值税税率）”还原为不含增值税销售额。（　）

15. 对企业销售电梯并负责安装、保养和维修取得的收入，一并征收增值税。（　）

16. 年应税销售额未超过标准的小规模企业，账簿健全，能准确核算并提供销项税额、进项税额，而且能按规定报送有关税务资料的，经企业申报，税务部门可将其认定为一般纳税人。（　）

17. 增值税规定了起征点，达不到起征点的单位和个人都可得到不征税的照顾。（　）

18. 已经抵扣了进项税额的购进货物，如果投资给其他单位，可以将进项税额在投资发生当期转出。（　）

19. 生产企业出售给小规模纳税人的货物不得开具增值税专用发票。（　）

20. 增值税一般纳税人因进货退出或折让收回的增值税税额，应从发生进货退出或折让当期的进项税额中扣减。（　）

二、基本技能训练

（一）计算练习题

1. 海洋汽车配件商店为增值税一般纳税人，2011年3月购进零配件150 000元，取得增值税专用发票上注明税金25 500元。当月销售零配件取得零售收入220 000元，收取装卸费

14 000 元。请计算该企业当月应交纳的增值税税额。

2. 某空调生产厂为增值税一般纳税人，2010 年 8 月份销售给某家电商场空调 500 台，每台不含税的价款为 2 800 元；本月购进原材料取得防伪税控系统开具的增值税专用发票上注明税金 108 000 元；购买一台设备取得增值税专用发票上注明税金 85 000 元，发票均经税务机关认证。请计算该企业当月应交纳的增值税税额。

3. 北京中联电器商场为增值税一般纳税人，2011 年 1 月份销售某型号彩电 200 台，每台零售价 2 574 元；采用以旧换新方式向消费者个人销售燃气灶，每台零售价 936 元，本月售出 120 台，共收回 120 台旧燃气灶，每台旧燃气灶折价为 100 元；本月购进货物取得增值税专用发票，注明税额 41 200 元。请计算该企业当月应交纳的增值税税额。

4. 某商场为增值税一般纳税人，2009 年 12 月份批发销售一批服装，取得不含税销售额 35 万元；零售各种服装，取得含税销售额 90.5 万元；将零售价为 5 万元的休闲服作为礼品赠送给某老年公寓；当月购入服装，取得增值税专用发票上注明税款 7.6 万元。请计算该企业当月应交纳的增值税税额。

5. 某工业企业（增值税一般纳税人），2011 年 2 月购销业务情况如下：

（1）购进一批生产原料，取得的增值税专用发票上注明的价款、税款分别为 23 万元、3.91 万元，另支付运费（取得发票）3 万元；购进钢材 20 吨，已验收入库，取得的增值税专用发票上注明的价款、税款分别为 8 万元、1.36 万元。

（2）直接向农民收购一批用于生产加工的农产品，经税务机关批准的收购凭证上注明的价款为 42 万元；

（3）销售一批产品，货已发出并办妥银行托收手续，但货款未到，向买方开具的专用发票注明销售额 42 万元；将本月外购 20 吨钢材及库存的同价钢材 20 吨，移送本企业修建产品仓库使用；

（4）期初留抵进项税额 0.5 万元。

请计算该企业当期应交纳增值税和期末留抵进项税额。

6. 广发家具厂为小规模纳税人。2007 年 9 月，该厂外购货物 36 000 元，生产销售各种茶几 53 000 元，销售其他家具 15 900 元，均为含税价格。计算该厂本月应交纳的增值税税额。

7. 利通商场 2009 年 7 月进口一批货物。该批货物在国外的买价 40 万元，另该批货物运抵我国海关前的包装费、运输费、保险费等共计 20 万元，现假定该批货物在国内全部销售，取得不含税销售额 80 万元。计算该批货物进口环节、国内销售环节分别交纳的增值税税额（已知货物进口关税税率为 15%，增值税税率为 17%）

8. 维特里公司有出口经营权，为增值税一般纳税人，税率为 17%，退税率为 13%。2010 年 11 月购入一批原材料，取得的增值税专用发票注明的价款 4 000 万元，外购货物准予抵扣的进项税额 68 万元，货已验收入库。上期末留抵税款 5 万元。本月内销货物不含税销售额 100 万元，收款 117 万元存入银行。本月出口货物的销售额折合人民币 200 万元。请计算该企业当期的“免、抵、退”税额。

（二）核算技能题

1. 某农机生产企业（一般纳税人）2010 年 5 月发生以下业务：

（1）外购原材料，取得的普通发票上注明销售额 60 000 元，原材料已入库。

（2）外购农机零配件已入库，取得防伪税控系统增值税专用发票上注明价款 100 000 元。本月生产领用 80 000 元。

（3）生产领用 3 月份外购的一批钢材，成本为 45 000 元，本企业工程领用 4 月外购的一批钢材，成本为 60 000 元（其中含运输费用 1 395 元）。

（4）销售一批农用拖拉机、收割机，货已发出，不含税销售额为 280 000 元（其中有 60 000 元上月的预收款），另收取包装费 5 000 元。

（5）销售一批农机配件，取得含税销售额 20 000 元。

（6）为农民提供农业机械维修业务，开具的普通发票上注明销售额 30 000 元。

根据以上资料计算应交纳增值税和消费税并作出相应的会计处理。

2. 某电器公司某月取得的专用发票上注明进项税额为 8 000 元。当月发生的经济业务如下（增值税税率为 17%）：

（1）向当地举办的田径运动会赠送 5 套音响设备，每套市场价格为 5 000 元。

（2）公司开展以旧换新业务，收回旧电视机 50 台，原价每台 300 元，换出的新电视机也是 50 台，每台市场价格为 2 500 元。

（3）公司欠某单位货款 3 万元，当月该单位向公司购 40 台录音机。

（4）每台不含税价为 1 000 元，该公司打算把 3 万元欠款从这笔货款中扣除。

根据以上资料计算应交纳增值税和消费税并作出相应的会计处理。

3. 甲企业有出口经营权，为增值税一般纳税人，税率为 17%，退税率为 13%。2009 年 5 月发生以下经济业务：

（1）购进一批原材料，价款 200 万元，税额 34 万元。

（2）本月内销 300 万元，税额 51 万元；出口货物折合人民币 400 万元。

（3）上月留抵税款 2 万元，购销业务通过银行收付。

计算 5 月份的免抵退税额并编制会计分录（万元）。

三、综合仿真训练

（一）增值税一般纳税人工业企业纳税业务实训

1. 实训资料

企业概况

（1）企业名称：保北市机床厂。

（2）企业性质：国有企业（增值税一般纳税人）。

（3）法定代表人：艾金。

（4）企业地址及电话：××省保北市龙飞路 618 号　　65372981。

（5）开户银行及账号：工商银行惠达分理处　　040920040110070454５*。

（6）纳税人识别号：130600001101625。

基本业务

该机床厂是增值税一般纳税人，存货按实际成本核算，2010 年 6 月发生了以下业务：

（1）6 月 1 日，销售一台 A 型机床，不含税单价为 51 000 元，另向购货单位收取包装费

200 元，运输费 1 100 元，当日发货并办妥了托收承付手续。

（2）6 月 2 日，厂办公室购办一批公用品，取得的增值税专用发票上注明价款 800 元，税额 136 元，款项用现金支付。

（3）6 月 5 日，外购一批原材料 A 钢材，取得的增值税专用发票上注明价款 170 000 元，税额 28 900 元，材料于当日验收入库，货款尚未支付。

（4）6 月 6 日，向兄弟厂销售原材料 B 钢板 1 吨，取得含税销售收入 35 100 元，销售款项于当日存入银行。

（5）6 月 13 日，企业建职工宿舍领用库存材料 A 钢材 6 吨，当月“原材料——A 钢材”账户加权平均单价为 2 500 元。

（6）6 月 16 日，交纳上月欠缴增值税 76 000 元。

（7）6 月 17 日，外购原材料 A 钢板 14 吨，增值税专用发票上注明价款 39 200 元，税额 6 664 元，货物已验收入库，货款已通过银行转账支付。

（8）6 月 23 日，一车间领用钢材 1 吨，金额 2 500 元，钢板 1.6 吨，金额 4 800 元，微型电机 4 台，金额 26 000 元，各种仪表金额 71 000 元，用于自制固定资产——R 型机床。

（9）6 月 24 日，出售已用过的资产——一台钻床，取得收入 170 000 元，该钻床原价 160 000 元，已提折旧 40 000 元，当天办妥托收手续。

（10）6 月 24 日，将自产 2 台 A 型机床无偿捐献给湖南贫困县，用以支援灾区。

（11）6 月 25 日，二车间用自产产品——一台 M 型机床作为固定资产使用。该机床成本 190 000 元，售价 300 000 元。

（12）6 月 25 日，与市运输公司结算本月运费。本月销货运费共计 21 000 元，运输公司开来普通发票，款项通过银行转账支付。

（13）6 月 28 日，收到南天市工业品销售公司代销清单，本月代销 M 型机床 6 台，N 型机床 2 台，销售收入 640 000 元，扣除代销手续费 32 000 元，余款银行已收到。

（14）6 月 29 日，外购配件——一批仪表，增值税专用发票上注明价款 480 000 元，税额 81 600 元，货物已验收入库，货款尚未支付。

2. 实训要求

（1）计算该企业应交纳增值税税额。

（2）进行增值税涉税业务的会计处理：填制记账凭证，登记“应交税费”相关明细账。

（3）填制增值税申报表及增值税纳税附列资料表一、表二、表三、表四。

（4）填制增值税缴款书。

（二）增值税小规模纳税人纳税业务实训

1. 实训资料

企业概况

（1）企业名称：通南市望顺公司。

（2）企业性质：私有企业。

（3）法定代表人：张铜。

（4）企业地址及电话：××省通南市解放路 228 号　23745261。

（5）开户银行及账号：工商银行惠达分理处　　111568。

（6）纳税人识别号：110100000066577。

基本业务

该企业为小规模纳税人，主管税务机关核定的纳税期限为1个月。2010年10月发生了以下业务：

（1）10月2日，销售一批产品，含税售价51 400元，货款已入账。

（2）10月10日，接受加工委托一批材料，27日加工完毕，收取含税加工费3 768元。

（3）10月20日，购进一批材料，增值税专用发票注明价款8 500元，税款1 445元，材料已入库，货款尚未支付。

（4）10月15日，购进货物价值120万元，取得的增值税专用发票上注明税款20.4万元，货款已付。企业将其中价值10万元的空调放在办公室使用。

2. 实训要求

（1）计算该企业应交纳增值税税额。

（2）进行增值税涉税业务的会计处理：填制记账凭证，登记“应交税费”相关明细账。

（3）填制小规模纳税人增值税纳税申报表。

（4）填制增值税缴款书。

项目三　消费税交纳实务与操作

任务一　对消费税的核算知识的认知

一、消费税会计科目的设置

纳税人按规定应交的消费税，在“应交税费”科目下设置“应交消费税”明细科目核算。“应交消费税”明细科目的贷方发生额，用以核算企业按规定应交纳的消费税；借方发生额，用以核算企业实际交纳的消费税和待扣的消费税；期末贷方余额，反映尚未交纳的消费税；期末借方余额，反映多交的消费税或者待扣的消费税。

二、生产销售应税消费品的会计处理

纳税人将生产的应税消费品直接对外销售时，应交纳的消费税通过“营业税金及附加”科目核算，该科目核算企业经营活动所发生的营业税、消费税、城市维护建设税、资源税和教育费附加等相关税费。企业经营活动包括主营业务活动及其他经营活动。

当纳税人按规定计算出应交的消费税时，借记“营业税金及附加”科目，贷记“应交税费——应交消费税”科目。并进行与销售收入和应交增值税有关的会计处理。当实际交纳消费税时，借记“应交税费——应交消费税”科目，贷记“银行存款”等相关科目。

例 3-1　某游艇制造厂 2010 年 8 月份销售游艇 50 艘，不含税售价为 200 000 元/艘，以银行存款结算。该种游艇的成本为 140 000 元/艘。游艇的消费税税率为 20%。会计处理如下：

应纳增值税税额 = 200 000 × 50 × 17% = 1 700 000（元）

应纳消费税税额 = 200 000 × 50 × 20% = 2 000 000（元）

确认收入：

借：银行存款　　11 700 000

　贷：主营业务收入　　10 000 000

应交税费——应交增值税（销项税额）　　1 700 000

计算应交的消费税时：

借：营业税金及附加　　2 000 000

　贷：应交税费——应交消费税　　2 000 000

结转成本时：

借：主营业务成本　　90 000 000

　贷：库存商品——产成品　　90 000 000

实际交纳消费税时：

借：应交税费——应交消费税　2 000 000

　贷：银行存款　2 000 000

三、应税消费品视同销售的会计处理

（一）纳税人以自产的应税消费品用于对外投资、分配给股东或投资者的会计处理

纳税人以自产的应税消费品对外投资、分配给股东或投资者，应当视同销售，交纳增值税和消费税。计算应交的消费税时，借记“营业税金及附加”科目，贷记“应交税费——应交消费税”科目。

例 3-2　某汽车生产企业 2011 年 1 月份以自产的 15 辆中轻型商用客车向外贸公司进行投资。双方协议按中轻型商用客车的市场售价作价。每辆中轻型商用客车的实际成本为 140 000 元，假设售价和计税价格均为每辆 200 000 元。卡车的消费税税率为 5%。该汽车生产企业的会计处理如下：

应交增值税税额 = 200 000 × 17% × 15 = 510 000（元）

应交消费税税额 = 200 000 × 5% × 15 = 270 000（元）

借：长期股权投资　3 510 000

　贷：主营业务收入　3 000 000

应交税费——应交增值税（销项税额）　510 000

借：营业税金及附加　270 000

　贷：应交税费——应交消费税　270 000

借：主营业务成本　2 100 000

　贷：库存商品　2 100 000

（二）纳税人将生产的应税消费品用于其他方面的会计处理

纳税人将生产的应税消费品用于其他方面，即用于生产非应税消费品、在建工程、管理部门、非生产机构、提供劳务、馈赠、赞助、集资、广告、样品、职工福利、奖励等方面时，应视同销售，移送使用环节为纳税环节。按规定应交纳的消费税，应计入相关成本，如“生产成本”、“在建工程”、“营业外支出”、“销售费用”、“应付职工薪酬”等科目。

例 3-3　某日化厂将自产的化妆品套装用于集体福利，同类化妆品套装销售价格为 300 元/套，该产品成本 190 元/套，共 200 套，化妆品的消费税税率为 30%。计算该日化厂应纳的增值税和消费税，并进行会计核算。

应交增值税税额 = 300 × 200 × 17% = 10 200（元）

应交消费税税额 = 300 × 200 × 30% = 18 000（元）

借：应付职工薪酬　66 200

　贷：库存商品　38 000

应交税费——应交增值税（销项税额）　10 200

　　　　——应交消费税　18 000

例 3-4　某啤酒厂为一般纳税人，2010 年 5 月份参加啤酒节，将自产的 1 吨啤酒供顾客免

费品尝，该啤酒成本为3 200元/吨，不含增值税售价为4 800元/吨。该啤酒的消费税税率为250元/吨。请计算该酒厂应纳的增值税和消费税，并进行会计核算。

应纳增值税税额 = 4 800 × 1 × 17% = 816（元）

应纳消费税税额 = 1 × 250 = 250（元）

借：销售费用　　5 616

　贷：主营业务收入　　4 800

应交税费——应交增值税（销项税额）　　816

借：主营业务成本　　3 200

　贷：库存商品　　3 200

借：营业税金及附加　　250

　贷：应交税费——应交消费税　　250

四、委托加工应税消费品的会计处理

（一）委托方收回后直接用于销售的会计处理

纳税人委托加工的应税消费品，由于受托方在交货时已经代收代缴了消费税，因而委托方收回后直接销售的，不再交纳消费税。因此，委托方应将受托方代收代缴的消费税和应支付的加工费一并计入委托加工的应税消费品成本中，借记“委托加工物资”、“生产成本”等科目；按照增值税专用发票上注明的增值税额，借记“应交税费——应交增值税”（进项税额）科目；按照实际支付或应支付的金额，贷记“银行存款”、“应付账款”等科目。

例3-5　A卷烟厂委托B卷烟厂加工一批烟丝，两厂均为增值税一般纳税人。A卷烟厂提供烟叶等原材料，成本为60 000元，支付加工费10 000元，增值税1 700元。A卷烟厂提货时，B卷烟厂代收代缴了消费税。计算应交纳的消费税，并进行会计处理。

（1）发出材料时

借：委托加工物资　　60 000

　贷：原材料　　60 000

（2）支付加工费、增值税时

借：委托加工物资　　10 000

应交税费——应交增值税（进项税额）　　1 700

　贷：银行存款　　11 700

（3）支付代收代缴的消费税时

B卷烟厂代收代缴的消费税税额 = (60 000 + 10 000) ÷ (1 − 30%) × 30% = 30 000（元）

借：委托加工物资　　30 000

　贷：银行存款　　30 000

上述（2）、（3）可合并作分录。

（4）委托加工的烟丝收回入库时

委托加工烟丝的成本 = 60 000 + 10 000 + 30 000 = 100 000（元）

借：库存商品　　100 000

贷：委托加工物资 100 000

上述烟丝销售时，不再交纳消费税。

（二）委托方收回后用于连续生产应税消费品的会计处理

纳税人委托加工的应税消费品收回后用于连续生产应税消费品的，已交纳的消费税额准予抵扣。因此，委托方应将受托方代收代缴的消费税，记入“应交税费——应交消费税”科目的借方，待应税消费品销售时，允许从其应该交纳的消费税中抵扣。

例 3-6 承例题 3-5 资料，假定委托加工收回的烟丝，连续加工成卷烟，则会计处理如下：

（1）发出材料、支付加工费时，支付代收代缴的消费税会计分录同前

（2）委托加工的卷烟收回入库时

借：原材料 100 000

贷：委托加工物资 100 000

例 3-7 承例题 3-5 和 3-6 资料，上述烟丝收回后加工成甲类卷烟对其销售部门调拨。假设当月调拨甲类卷烟 12 万支，售价 80 000 元。如果甲类卷烟销售（领用）台账显示，期初库存委托加工的应税烟丝 15 000 元，期末库存委托加工的应税烟丝 40 000 元。计算生产环节中应该交纳的增值税和消费税，并进行会计处理。

（1）对其销售部门调拨甲类卷烟，取得收入时

应纳增值税税额 = 80 000 × 17% = 13 600（元）

借：银行存款 93 600

贷：主营业务收入 80 000

应交税费——应交增值税（销项税额） 13 600

（2）计算甲类卷烟应该交纳的消费税时

应纳消费税税额 = 80 000 × 56% + 120 000 × 0.003 = 45 160（元）

借：营业税金及附加 45 160

贷：应交税费——应交消费税 45 160

五、外购已税消费品继续生产应税消费品的会计处理

纳税人外购已税消费品继续生产应税消费品的会计处理，分为两种方法，具体如下：

方法一：购进时不反映消费税的抵扣情况，只建立消费税抵扣台账。

（1）购进已税消费品时

借：原材料（材料采购等）

应交税费——应交增值税（进项税额）

贷：银行存款等

（2）销售应税消费品时

借：银行存款（应收账款、应收票据等）

贷：主营业务收入

应交税费——应交增值税（销项税额）

借：营业税金及附加

贷：应交税费——应交消费税

借：主营业务成本

贷：库存商品——产成品

(3) 结转可抵扣的外购消费品已纳税款时，先按公式计算，再作如下分录

借：应交税费——应交消费税

贷：主营业务成本

方法二：购进时将待抵扣消费税单独反映，月末再结转。

(1) 购进已税消费品时

借：原材料（材料采购等）

应交税费——应交增值税（进项税额）

应交税费——应交消费税（待抵消费税）

贷：银行存款等

(2) 销售应税消费品时，与上面相同。

(3) 结转可抵扣的外购消费品已纳税款时，先按公式计算，再作如下分录

借：应交税费——应交消费税（可抵消费税）

贷：应交税费——应交消费税（待抵消费税）

六、应税消费品包装物应交消费税的会计处理

（一）随同应税消费品销售不单独计价的包装物

随同应税消费品销售而不单独计价的包装物，会计处理方法与一般销售行为相同。其收入随同所售产品一起记入“主营业务收入”科目，因此，包装物销售应交的消费税与产品销售应交的消费税应一同记入“营业税金及附加”科目。

（二）随同应税产品销售单独计价的包装物

随同产品销售但单独计价的包装物，其收入记入“其他业务收入”科目，其应交的消费税记入“营业税金及附加”科目。当包装物押金退还时，借记“其他应付款”科目，贷记“银行存款”科目。

例3-8 某手表厂销售高档手表，包装物随同应税消费品一起销售，包装物单独计价，收取包装费8 000元（不含增值税）。计算该包装物应交纳的增值税和消费税，并进行会计核算。

应交纳的消费税税额 = 8 000 × 20% = 1 600（元）

应交纳的增值税税额 = 8 000 × 17% = 1 360（元）

借：银行存款	9 360	
贷：其他业务收入——包装物销售收入		8 000
应交税费——应交增值税（销项税额）		1 360
借：营业税金及附加	1 600	
贷：应交税费——应交消费税		1 600

（三）出租、出借包装物逾期未收回而没收的押金

纳税人出租、出借包装物逾期未收回而没收的押金，应按照应税消费品的适用税率交纳消费

税。没收的押金记入“其他业务收入”科目，应交纳的消费税记入“营业税金及附加”科目。

例 3-9　某企业 2010 年 1 月销售实木地板，出租包装物收取押金 5 850 元，6 月包装物逾期未还，没收押金。计算应交纳的增值税和消费税，并进行会计处理。

应交纳的增值税税额 = 5 850 ÷（1 + 17%）× 17% = 850（元）

应交纳的消费税税额 = 5 850 ÷（1 + 17%）× 5% = 250（元）

借：其他应付款　5 850

　贷：其他业务收入　5 000

应交税费——应交增值税（销项税额）　850

借：营业税金及附加　250

　贷：应交税费——应交消费税　250

七、金银首饰、钻石及其饰品消费税的会计核算

（1）纳税人金银首饰、钻石及其饰品零售业务的消费税核算方法与其他应税消费品销售行为基本相同。企业采用以旧换新方式销售金银首饰的，其应交纳的消费税也按同样的规定进行会计处理

（2）金银首饰、钻石及其饰品

① 取手续费方式销售金银首饰、钻石及其饰品的，在销售实现时会计处理如下：

借：其他业务收入——代购代销收入

　贷：应交税费——应交消费税

或者

借：银行存款等

　贷：其他业务收入——代购代销收入

应交税费——应交增值税（销项税额）

借：营业税金及附加

　贷：应交税费——应交消费税

② 纳税人以其他方式代销金银首饰、钻石及其饰品的，其交纳消费税的核算方法与其他应税消费品销售行为基本相同。

③ 纳税人因受托加工或翻新改制金银首饰、钻石及其饰品，按规定应交纳的消费税，应于企业向委托方交货时，作会计处理如下：

借：营业税金及附加

　贷：应交税费——应交消费税

任务二　消费税纳税申报的操作

一、消费税纳税时间和地点

1. 消费税纳税义务发生的时间

消费税的纳税义务发生时间根据具体情况分别确定。

（1）纳税人销售应税消费品的，按不同的销售结算方式分别为：

第一，采取赊销和分期收款结算方式的，为书面合同约定的收款日期的当天，书面合同没有约定收款日期或者无书面合同的，为发出应税消费品的当天。

第二，采取预收货款结算方式的，为发出应税消费品的当天。

第三，采取托收承付和委托银行收款方式的，为发出应税消费品并办妥托收手续的当天。

第四，采取其他结算方式的，为收讫销售款或者取得索取销售款凭据的当天。

（2）纳税人自产自用应税消费品的，为移送使用的当天。

（3）纳税人委托加工应税消费品的，为纳税人提货的当天。

（4）纳税人进口应税消费品的，为报关进口的当天。

2. 消费税的纳税地点

依据《消费税暂行条例》及其《实施细则》规定，消费税的具体纳税地点为：

（1）纳税人销售的应税消费品，以及自产自用的应税消费品，除国务院财政、税务主管部门另有规定外，应当向纳税人机构所在地或者居住地的主管税务机关申报纳税。

（2）纳税人到外县（市）销售或者委托外县（市）代销自产应税消费品的，于应税消费品销售后，向机构所在地或者居住地主管税务机关申报纳税。

（3）纳税人的总机构与分支机构不在同一县（市）的，应当分别向各自机构所在地的主管税务机关申报纳税；经财政部、国家税务总局或者其授权的财政、税务机关批准，可以由总机构汇总向总机构所在地的主管税务机关申报纳税。

（4）委托加工的应税消费品，除受托方为个人外，由受托方向机构所在地或者居住地的主管税务机关解缴消费税税款。

（5）委托个人加工的应税消费品，由委托方向其机构所在地或者居住地主管税务机关申报纳税。

（6）进口的应税消费品，由进口人或者其代理人向报关地海关申报纳税。

二、消费税的纳税期限和征收方式

1. 消费税的纳税期限

消费税的纳税期限分别为1日、3日、5日、10日、15日、1个月或者1个季度。纳税人的具体纳税期限，由主管税务机关根据纳税人应纳税额的大小分别核定；不能按照固定期限纳税的，可以按次纳税。

纳税人以1个月或者1个季度为一期纳税的，自期满之日起15日内申报纳税；以1日、3日、5日、10日或者15日为1个纳税期的，自期满之日起5日内预缴税款，于次月1日起15日内申报纳税并结清上月应纳税款。

纳税人进口应税消费品时，应当自海关填发税款交纳书之日起15日内交纳税款。

2. 消费税的征收方式

（1）自行申报

纳税人生产销售、自产自用应税消费品时，一般由纳税人按税务机关规定的期限到所在地主管税务机关自行申报纳税。

（2）代收代缴

委托加工的应税消费品在加工完成提取货物时，由受托方代收代缴消费税。

三、消费税的申报

消费税纳税人应按照有关规定及时办理纳税申报，并针对不同税目分别填写相应的纳税申报表。具体分类如下：

（一）烟类消费税纳税申报表

1．烟类消费品纳税申报表主表及其填表说明

表 3-1　烟类应税消费品消费税纳税申报表样表

税款所属期：　　年　　月　　日至　　年　　月　　日

纳税人名称（公章）：

纳税人识别号：

填表日期：　　年　　月　　日

单位：卷烟万支、雪茄烟支、烟丝千克；金额单位：元（列至角分）

项目 应税消费品名称	适用税率		销售数量	销售额	应纳税额
	定额税率	比例税率			
卷烟	30元/万支	45%			
卷烟	30元/万支	30%			
雪茄烟	—	25%			
烟丝	—	30%			
合计	—	—	—	—	

本期准予扣除税额：	声　明 此纳税申报表是根据国家税收法律的规定填报的，我确定它是真实的、可靠的、完整的。 经办人（签章）： 财务负责人（签章）： 联系电话：
本期减（免）税额：	
期初未缴税额：	
本期交纳前期应纳税额：	（如果你已委托代理人申报，请填写） 授权声明 为代理一切税务事宜，现授权________（地址）________为本纳税人的代理申报人，任何与本申报表有关的往来文件，都可寄与此人。 授权人签章：
本期预缴税额：	
本期应补（退）税额：	
期末未缴税额：	

以下由税务机关填写

受理人（签章）：　　受理日期：　　年　　月　　日　　受理税务机关（章）：

填表说明：

（1）本表仅限烟类消费税纳税人使用。

（2）本表“销售数量”为《中华人民共和国消费税暂行条例》、《中华人民共和国消费税暂行条例实施细则》及其他法规、规章规定的当期应申报交纳消费税的烟类应税消费品销售（不含出口免税）数量。

（3）本表“销售额”为《中华人民共和国消费税暂行条例》、《中华人民共和国消费税暂行条例实施细则》及其他法规、规章规定的当期应申报交纳消费税的烟类应税消费品销售（不含出口免税）收入。

（4）根据《中华人民共和国消费税暂行条例》和《财政部国家税务总局关于调整烟类产品消费税政策的通知》（财税［2001］91号）的规定，本表“应纳税额”计算公式如下：

① 卷烟

应纳税额 = 销售数量 × 定额税率 + 销售额 × 比例税率

② 雪茄烟、烟丝

应纳税额 = 销售额 × 比例税率

（5）本表“本期准予扣除税额”按表3-2的本期准予扣除税款合计金额填写。

（6）本表“本期减（免）税额”不含出口退（免）税额。

（7）本表“期初未缴税额”填写本期期初累计应交未缴的消费税额，多缴为负数。其数值等于上期“期末未缴税额”。

（8）本表“本期交纳前期应纳税额”填写本期实际交纳入库的前期消费税额。

（9）本表“本期预缴税额”填写纳税申报前已预先交纳入库的本期消费税额。

（10）本表“本期应补（退）税额”计算公式如下，多缴为负数：

本期应补（退）税额 = 应纳税额（合计栏金额）－本期准予扣除税额－本期减（免）税额－本期预缴税额

（11）本表“期末未缴税额”计算公式如下，多缴为负数：

期末未缴税额 = 期初未缴税额 + 本期应补（退）税额－本期交纳前期应纳税额

（12）本表为A4竖式，所有数字小数点后保留两位。一式二份，一份纳税人留存，一份税务机关留存。

2. 烟类消费税纳税申报表附表及其填制说明

（1）本期准予扣除税额计算表及其填制说明

表3-2 本期准予扣除税额计算表样表

税款所属期：　　年　　月　　日至　　年　　月　　日

纳税人名称（公章）：

纳税人识别号：|　|　|　|　|　|　|　|　|　|　|　|　|　|　|　|　|　|　|　|　|

填表日期：　　年　　月　　日

金额单位：元（列至角分）

一、当期准予扣除的委托加工烟丝已纳税款计算
1. 期初库存委托加工烟丝已纳税款：

续 表

2. 当期收回委托加工烟丝已纳税款：
3. 期末库存委托加工烟丝已纳税款：
4. 当期准予扣除的委托加工烟丝已纳税款：
二、当期准予扣除的外购烟丝已纳税款计算
1. 期初库存外购烟丝买价：
2. 当期购进烟丝买价：
3. 期末库存外购烟丝买价：
4. 当期准予扣除的外购烟丝已纳税款：
三、本期准予扣除税款合计：

填表说明如下。

① 本表作为《烟类应税消费品消费税纳税申报表》的附报资料，由外购或委托加工收回烟丝后连续生产卷烟的纳税人填报。

② 根据《国家税务总局关于用外购和委托加工收回的应税消费品连续生产应税消费品征收消费税问题的通知》（国税发［1995］94号）的规定，本表“当期准予扣除的委托加工烟丝已纳税款”计算公式如下：

当期准予扣除的委托加工烟丝已纳税款＝期初库存委托加工烟丝已纳税款＋当期收回委托加工烟丝已纳税款－期末库存委托加工烟丝已纳税款

③ 根据《国家税务总局关于用外购和委托加工收回的应税消费品连续生产应税消费品征收消费税问题的通知》（国税发［1995］94号）的规定，本表“当期准予扣除的外购烟丝已纳税款”计算公式如下：

当期准予扣除的外购烟丝已纳税款＝（期初库存外购烟丝买价＋当期购进烟丝买价－期末库存外购烟丝买价）×外购烟丝适用税率（30%）

④ 本表“本期准予扣除税款合计”为本期外购及委托加工收回烟丝后连续生产卷烟准予扣除烟丝已纳税款的合计数，应与《烟类应税消费品消费税纳税申报表》中对应项目一致。

⑤ 本表为A4竖式，所有数字小数点后保留两位。一式二份，一份纳税人留存，一份税务机关留存。

（2）本期代收代缴税额计算表及其填制说明

表3-3 本期代收代缴税额计算表样表

纳税人名称（公章）：

纳税人识别号：| | | | | | | | | | | | | | | | | | | | |

填表日期： 年 月 日

金额单位：元（列至角分）

项目 \ 应税消费品名称		卷 烟	卷 烟	雪茄烟	烟 丝	合 计
适用税率	定额税率	30元/万支	30元/万支	—	—	—
	比例税率	45%	30%	25%	30%	—
受托加工数量						—
同类产品销售价格						—
材料成本						—
加工费						—
组成计税价格						—
本期代收代缴税款						

填表说明如下。

① 本表作为《烟类应税消费品消费税纳税申报表》的附报资料，由烟类应税消费品受托加工方填报。

② 本表“受托加工数量”的计量单位：卷烟为万支，雪茄烟为支，烟丝为千克。

③ 本表“同类产品销售价格”为受托方同类产品销售价格。

④ 根据《中华人民共和国消费税暂行条例》的规定，本表“组成计税价格”的计算公式如下：

组成计税价格 =（材料成本 + 加工费）÷（1 - 消费税税率）

⑤ 根据《中华人民共和国消费税暂行条例》的规定，本表“本期代收代缴税款”的计算公式如下：

a. 当受托方有同类产品销售价格时

本期代收代缴税款 = 同类产品销售价格 × 受托加工数量 × 适用税率 + 受托加工数量 × 适用税率

b. 当受托方没有同类产品销售价格时

本期代收代缴税款 = 组成计税价格 × 适用税率 + 受托加工数量 × 适用税率

⑥ 本表为A4竖式，所有数字小数点后保留两位。一式二份，一份纳税人留存，一份税务机关留存。

（3）卷烟销售明细表及其填制说明

表3-4 卷烟销售明细表样表

税款所属期： 年 月 日至 年 月 日

纳税人名称（公章）：

纳税人识别号：| | | | | | | | | | | | | | | | | | | | |

填表日期： 年 月 日

单位：万支、元、元/条（200 支）

卷烟牌号	烟支包装规格	产　量	销　量	消费税计税价格	销售额	备　注
合计	—			—	—	—

填表说明如下。

① 本表为年报，作为《烟类应税消费品消费税纳税申报表》的附报资料，由卷烟消费税纳税人于年度终了后填写，次年 1 月份办理消费税纳税申报时报送。同时报送本表的 EXCEL 格式电子文件。

② 本表“消费税计税价格”为计算交纳消费税的卷烟价格。已核定消费税计税价格的卷烟，实际销售价格高于核定消费税计税价格的，填写实际销售价格；实际销售价格低于核定消费税计税价格的，填写核定消费税计税价格。同时，在备注栏中填写核定消费税计税价格的文号。未核定消费税计税价格的，以及出口、委托加工收回后直接销售的卷烟，填写实际销售价格。在同一所属期内该栏数值发生变化的，应分行填写，并在备注栏中标注变动日期。

③ 已核定消费税计税价格但已停产卷烟、新牌号新规格卷烟、交易价格变动牌号卷烟、出口卷烟、委托加工收回后直接销售卷烟分别在备注栏中注明“停产”、“新牌号”、“价格变动”、“出口”、“委托加工收回后直接销售”字样。新牌号新规格卷烟需同时在备注栏中注明投放市场的月份。委托加工收回后直接销售卷烟需同时注明受托加工方企业名称。

④ 本表“销售额”按照以下公式计算填写：

销售额 = 销量 × 消费税计税价格

⑤ 本表为 A4 横式，所有数字小数点后保留两位。一式二份，一份纳税人留存，一份税务机关留存。

（二）酒及酒精类消费税纳税申报表

表 3-5　酒及酒精类消费税纳税申报表样表

税款所属期：　　年　　月　　日至　　年　　月　　日

纳税人名称（公章）：

纳税人识别号：| | | | | | | | | | | | | | | | | | | | |

填表日期：　　年　　月　　日

单位：元（列至角分）

项目 应税消费品名称	适用税率		销售数量	销售额	应纳税额
	定额税率	比例税率			
粮食白酒	0.5元/斤	20%			
薯类白酒	0.5元/斤	20%			
啤酒	250元/吨	—			
啤酒	220元/吨	—			
黄酒	240元/吨	—			
其他酒	—	10%			
酒精	—	5%			
合计	—	—	—	—	

本期准予扣除税额：	声明 此纳税申报表是根据国家税收法律的规定填报的，我确定它是真实的、可靠的、完整的。 经办人（签章）： 财务负责人（签章）： 联系电话：
本期减（免）税额：	
期初未缴税额：	
本期交纳前期应纳税额：	（如果你已委托代理人申报，请填写） 授权声明 为代理一切税务事宜，现授权＿＿＿＿＿＿（地址）＿＿＿＿＿＿为本纳税人的代理申报人，任何与本申报表有关的往来文件，都可寄与此人。 授权人签章：
本期预缴税额：	
本期应补（退）税额：	
期末未缴税额：	

以下由税务机关填写

受理人（签章）： 受理日期： 年 月 日 受理税务机关（章）：

注：本表填制说明和附表及其填制说明与烟类基本相同，从略。

（三）成品油消费税纳税申报表

表3-6 成品油消费税纳税申报表样表

税款所属期： 年 月 日至 年 月 日

纳税人名称（公章）：

纳税人识别号：

填表日期： 年 月 日

计量单位：升；金额单位：元（列至角分）

项目 应税消费品名称	适用税率（元/升）	销售数量	销售额	应纳税额
汽油	0.20			
柴油	0.10			
石脑油	0.20			
溶剂油	0.20			
润滑油	0.20			
燃料油	0.10			
航空煤油	0.10			
合计	—	—	—	

本期准予扣除税额：	声　明 此纳税申报表是根据国家税收法律的规定填报的，我确定它是真实的、可靠的、完整的。 经办人（签章）： 财务负责人（签章）： 联系电话：
本期减（免）税额：	
期初未缴税额：	
本期交纳前期应纳税额：	（如果你已委托代理人申报，请填写） 授权声明 为代理一切税务事宜，现授权__________ __________（地址）__________为本纳税人的代理申报人，任何与本申报表有关的往来文件，都可寄与此人。 授权人签章：
本期预缴税额：	
本期应补（退）税额：	
期末未缴税额：	

以下由税务机关填写

受理人（签章）：　　受理日期：　　年　　月　　日　　受理税务机关（章）：

注：本表填制说明和附表及其填制说明与烟类基本相同，从略。

（四）小汽车消费税纳税申报表

表 3-7　小汽车消费税纳税申报表样表

税款所属期：　　年　　月　　日至　　年　　月　　日

纳税人名称（公章）：

纳税人识别号：

填表日期：　　年　　月　　日

单位：辆、元（列至角分）

应税消费品名称 \ 项目		适用税率	销售数量	销售额	应纳税额
乘用车	气缸容量≤1.5 升	3%			
	1.5 升<气缸容量≤2.0 升	5%			
	2.0 升<气缸容量≤2.5 升	9%			
	2.5 升<气缸容量≤3.0 升	12%			
	3.0 升<气缸容量≤4.0 升	15%			
	气缸容量>4.0 升	20%			
中轻型商用客车		5%			
合计		—	—	—	

<table>
<tr><td>本期准予扣除税额：</td><td rowspan="4">声　明
此纳税申报表是根据国家税收法律的规定填报的，我确定它是真实的、可靠的、完整的。
经办人（签章）：
财务负责人（签章）：
联系电话：</td></tr>
<tr><td>本期减（免）税额：</td></tr>
<tr><td>期初未缴税额：</td></tr>
<tr><td>本期交纳前期应纳税额：</td></tr>
<tr><td>本期预缴税额：</td><td rowspan="3">（如果你已委托代理人申报，请填写）
授权声明
为代理一切税务事宜，现授权＿＿＿＿＿＿＿＿＿＿（地址）＿＿＿＿＿＿＿＿＿＿为本纳税人的代理申报人，任何与本申报表有关的往来文件，都可寄与此人。
授权人签章：</td></tr>
<tr><td>本期应补（退）税额：</td></tr>
<tr><td>期末未缴税额：</td></tr>
</table>

以下由税务机关填写

受理人（签章）：　　受理日期：　年　月　日　　受理税务机关（章）：

注：本表填制说明和附表及其填制说明与烟类基本相同，从略。

（五）其他应税消费品消费税纳税申报表

表 3-8　其他应税消费品消费税纳税申报表样表

税款所属期：　年　月　日至　年　月　日

纳税人名称（公章）：

纳税人识别号：| | | | | | | | | | | | | | | | | | | | |

填表日期：　年　月　日

金额单位：元（列至角分）

<table>
<tr><th>项目
应税
消费品名称</th><th>适用税率</th><th>销售数量</th><th>销售额</th><th>应纳税额</th></tr>
<tr><td></td><td></td><td></td><td></td><td></td></tr>
<tr><td></td><td></td><td></td><td></td><td></td></tr>
<tr><td></td><td></td><td></td><td></td><td></td></tr>
<tr><td></td><td></td><td></td><td></td><td></td></tr>
<tr><td></td><td></td><td></td><td></td><td></td></tr>
<tr><td></td><td></td><td></td><td></td><td></td></tr>
<tr><td></td><td></td><td></td><td></td><td></td></tr>
<tr><td>合计</td><td>—</td><td>—</td><td>—</td><td></td></tr>
<tr><td colspan="2">本期准予扣除税额：</td><td colspan="3" rowspan="3">声　明
此纳税申报表是根据国家税收法律的规定填报的，我确定它是真实的、可靠的、完整的。
经办人（签章）：
财务负责人（签章）：
联系电话：</td></tr>
<tr><td colspan="2">本期减（免）税额：</td></tr>
<tr><td colspan="2">期初未缴税额：</td></tr>
<tr><td colspan="2">本期交纳前期应纳税额：</td><td colspan="3" rowspan="4">（如果你已委托代理人申报，请填写）
授权声明
为代理一切税务事宜，现授权__________（地址）__________为本纳税人的代理申报人，任何与本申报表有关的往来文件，都可寄与此人。
授权人签章：</td></tr>
<tr><td colspan="2">本期预缴税额：</td></tr>
<tr><td colspan="2">本期应补（退）税额：</td></tr>
<tr><td colspan="2">期末未缴税额：</td></tr>
</table>

以下由税务机关填写

受理人（签章）：　　受理日期：　年　月　日　　受理税务机关（章）：

注：本表填制说明和附表及其填制说明与烟类基本相同，从略。

任务三　消费税交纳的会计核算与申报技能实训

一、基本知识认知训练

（一）单项选择题

1. 以下不是采用从量定额征收方法的应税消费品是（　　）。

A. 啤酒　　B. 黄酒　　C. 成品油　　D. 酒精

2. 以下应税消费品采用复合计税征收方法的是（　　）。

A. 成品油　　B. 乘用车　　C. 白酒　　D. 化妆品

3. 以下不属于价外费用的选项是（　　）。

A. 卖方向买方收取的手续费

B. 卖方向买方收取的包装物租金

C. 卖方向买方收取的运输装卸费

D. 同时符合以下条件的代垫运输费用：① 承运部门的运输费用发票开具给购买方的；② 纳税人将该项发票转交给购买方的

4. 下列选项不属于应税消费品的是（　　）。

A. 高尔夫球杆　　B. 护肤品

C. 红酒　　D. 木质一次性筷子

5. 某商场2010年5月份零售一批化妆品，价款为23 400元，另收取包装费、运输装卸费5 850元，请计算该商场本月的销售额为（　　）。

A. 23 400元　　B. 20 000元　　C. 28 400元　　D. 25 000元

6. 委托方发出原木的原材料成本为20 000元，委托加工成实木地板，加工方收取的加工费为5 000元，代垫的辅助材料费为300元，受托方当月销售的同类实木地板的市场价格为35 000元，以上价格均不含增值税。那么，该委托加工的实木地板的计税价格为（　　）。

A. 20 000元　　B. 25 000元　　C. 25 300元　　D. 35 000元

7. 某外贸公司2010年4月从国外进口70艘游艇，该批摩托车的关税完税价格为30万元/辆，关税税率为20%，消费税税率为10%。那么，进口环节应该交纳的消费税税款为(　　)。

A. 2 800 000元　　B. 28 000 000元　　C. 2 520 000元　　D. 233 000元

（二）多项选择题

1. 下列选项中属于我国消费税特点的有（　　）。

A. 征收项目具有选择性　　B. 征收方法具有多样性

C. 税收调节具有特殊性　　D. 税负具有转嫁性

2. 以下应税消费品采用复合计税征收方法的是（　　）。

A. 成品油　　B. 卷烟　　C. 白酒　　D. 化妆品

3. 销售数量是指纳税人生产、加工和进口应税消费品的数量，具体规定为（　　）。

A. 销售应税消费品的，为应税消费品的销售数量

B. 自产自用应税消费品的，为应税消费品的移送使用数量

C. 委托加工应税消费品的，为纳税人收回的应税消费品数量

D. 进口的应税消费品为海关核定的应税消费品进口征税数量

4. 委托加工应税消费品的业务不包括（　　）。

A. 由委托方提供原料和主要材料，受托方只收取加工费和代垫部分辅助材料加工的应税消费品

B. 由受托方提供原材料，并收取加工费和代垫部分辅助材料加工的应税消费品

C. 受托方先将原料卖给委托方，然后再接受加工的应税消费品

D. 由受托方以委托方名义购进原材料生产的应税消费品

5. 下列选项中属于委托加工业务中“加工费”的外延的有（　　）。

A. 原材料的成本　　B. 受托方收取的加工费

C. 受托方同类应税消费品的售价　　D. 受托方代垫的辅料费

6. 下列有关卷烟的纳税环节和征税方法叙述正确的有（　　）。

A. 生产环节是卷烟的纳税环节

B. 零售环节是卷烟的纳税环节

C. 批发环节的税率是5%，采用从价定律的方法计税

D. 生产环节采用复合计税的方法计征消费税

7. 符合税法关于连续生产的应税消费品，按当期生产领用数量计算，准予扣除外购的应税消费品已纳的消费税税款的业务有（　　）。

A. 用外购已税珠宝玉石生产的贵重首饰及珠宝玉石

B. 用外购已税汽车轮胎（内胎和外胎）生产的汽车

C. 用外购已税烟丝生产的卷烟

D. 用外购已税润滑油为原料生产的应税消费品

8. 纳税人销售的应税消费品，其纳税义务发生的时间为（　　）。

A. 纳税人采取预收货款结算方式的，为发出应税消费品的当天

B. 纳税人采取托收承付结算方式销售的应税消费品，为发出应税消费品并办妥托收手续的当天

C. 纳税人采取其他结算方式的，为收讫销售款或者取得索取销售款凭证的当天

D. 纳税人采取其他结算方式的，为收讫销售款或者取得索取销售款凭证的当天

（三）判断题

1. 卷烟的征税环节不具有单一性。（　　）

2. 啤酒和成品油的计税单位都是升。（　　）

3. 用于连续生产应税消费品的自产应税消费品，不交纳消费税，而是在将来销售时交纳消费税。（　　）

4. 和增值税一样，计算消费税时应税消费品的全国平均成本利润率也是10%。（　　）

5. 委托业务加工结束委托方提取货物时，由受托方代收代缴税款，委托方收回后直接销售时不再交纳消费税，但是如有增值要交纳增值税。（　　）

6. 白酒同包装物销售的，无论包装物是否单独计价，也无论会计如何核算，均应并入白酒的销售额计征消费税。（　　）

7. 金银首饰消费税改变纳税环节后，用已税珠宝玉石生产的镶嵌首饰，在计税时可以扣除已纳的消费税税款。（　　）

8. 消费税的征收方法是自行申报。（　　）

二、基本技能训练

（一）计算练习题

1. A卷烟厂2010年3月1日购进一批烟丝，取得增值税专用发票，注明价款为10万元，继续深加工成甲类卷烟。本月期初库存同种烟丝的价款为6万元，期末库存同种烟丝的价款为9万元。3月25日将生产的甲类卷烟销售给内部销售部门C，销售金额为20万元，共30万支。3月30日C销售部门将该批甲类卷烟全部销售给D烟草公司，售价30万元（以上价格均不含增值税）。

要求：（1）求A卷烟厂本月生产环节实际交纳的消费税税额。

（2）求A卷烟厂本月批发环节应该交纳的消费税税额。

2. 某合资企业2010年12月份将委托加工的1 000套化妆品，当月即收回作为优秀员工年终奖励，支出原材料16万元，辅料费1万元，加工费4万元，该加工企业当月同类化妆品销售的市场价格是每套280元。计算该企业12月份应该支付的消费税税额，并指出纳税环节和交纳方式。

（二）核算技能题

1. 某汽车制造厂2010年7月份销售中轻型商用客车100辆，不含税售价为200 000元/辆，价外收取有关费用18 000元/辆。中轻型商用客车的消费税税率为5%。根据以上资料计算应纳的消费税，并作出相应的会计处理。

2. 某公司2010年2月将其生产的账面成本为5 000元，正常市场不含税售价为7 000元的高尔夫球具领用出库，作为样品提供给客户。高尔夫球具适用的消费税税率为10%。根据以上资料计算应纳的增值税和消费税，并作出相应的会计处理。

3. 某企业2010年1月对外销售一批鞭炮、焰火，开出增值税专用发票，发票上注明销售额1 000 000元。销货价税款已收妥存入银行。鞭炮、焰火的消费税税率为15%。根据以上资料计算应纳的增值税和消费税，并作出相应的会计处理。

三、综合仿真训练

（一）烟类应税消费品生产企业纳税业务实训

1. 资料

企业概况

（1）企业名称：江山市长健卷烟厂。

（2）企业性质：国有企业（增值税一般纳税人）。

（3）法定代表人：李青远。

（4）企业地址及电话：××省江山市长寿路201号　　56692404。

（5）开户银行及账号：工商银行江山分理处　　2009200405403707876*。

（6）纳税人识别号：188600001661603。

基本业务

2010 年 3 月该企业发生以下业务：

（1）3 月 1 日，库存材料明细账反映外购烟叶期初余额数量 18 吨，单价 2 500 元/吨，借方余额 45 000 元；外购 A 烟丝期初余额数量 5 吨，单价 8 000 元/吨，借方余额 40 000 元；委托加工收回 B 烟丝期初余额数量 10 吨，单价 6 240 元/吨，借方余额 62 400 元。

（2）3 月 3 日购买 40 吨烟叶，单价为 3 150 元/吨，取得增值税专用发票注明的价款为 126 000 元，增值税 21 420 元。款项已付。

（3）3 月 9 日，将 3 月 3 日购进的烟叶中的 35 吨发往乙烟厂，委托乙烟厂加工 B 烟丝，收到的专用发票注明支付加工费 80 000 元，税款 13 600 元。乙烟厂无同类烟丝销售价格。

（4）3 月 15 日，本烟厂收回 B 烟丝后，一半入库，一半出售给其内部销售部门，于 20 日取得收入，开出增值税发票注明价款 170 000 元，增值税税款 28 900 元。

（5）3 月 20 日，本烟厂外购烟丝 16 吨，单价为 10 125 元/吨，取得增值税专用发票注明价款 162 000 元，税款 27 540 元。

（6）3 月 28 日，销售甲类卷烟 500 箱，每箱不含税售价 13 000 元，款项已存银行。

（7）3 月 30 日，库存材料明细账所附“烟叶消费税台账”反映外购烟叶期末余额数量 25 吨，单价 2 430 元/吨，借方余额 60 750 元；外购 A 烟丝期末余额数量 8 吨，单价 6 026. 25 元/吨，借方余额 48 210 元；委托加工收回 B 烟丝期末余额数量 8 吨，单价 5 887. 5 元/吨，借方余额 47 100 元。

注：该企业采用月末一次加权平均法，上述单价是指买价或委托加工时计税单价，不含运费等其他计入材料成本的费用。

2. 实训要求

（1）计算该企业应纳消费税税额。

（2）进行消费税涉税业务的会计处理。

（3）填制消费税纳税申报表。

（二）成品油生产企业纳税业务实训

1. 实训资料

企业概况

（1）企业名称：长江市石油化工厂。

（2）企业性质：国有企业（增值税一般纳税人）。

（3）法定代表人：金瑞昌。

（4）企业地址及电话：× ×省长江市迪新路 80 号　57386930。

（5）开户银行及账号：工商银行京东市汇丰分行　050420044558070362 2*。

（6）纳税人识别号：140205551189657。

基本业务

2010 年 10 月发生以下业务：

（1）购进原油 260 吨，每吨 700 元，取得增值税专用发票上注明货款 182 000 元，税款 30 940 元。货款已付。

（2）外购一批辅助材料，取得增值税专用发票上注明价款 25 000 元，税金 4 250 元。货款未付。

(3) 外购一批石脑油，共计 50 吨，支付价款 339 325 元，取得增值税专用发票。货款已付。

(4) 销售甲种汽油 80 吨，单价 6 925 元，货款合计为 554 000 元，增值税为 94 180 元，款项全部收到，存入银行。

(5) 将自产甲种汽油 2 吨用于生产发电。

(6) 将购进的 30 吨石脑油用于生产一种溶剂油 28 吨，每吨售价 10 256 元，开出增值税专用发票，货款尚未收到。

2. 实训要求

(1) 计算该企业应纳增值税和消费税税额。

(2) 进行消费税涉税业务的会计处理：填制记账凭证，登记“应交税费”相关明细账。

(3) 填制消费税纳税申报表。

(4) 填制增值税和消费税缴款书。

项目四　营业税交纳实务与操作

任务一　对营业税的核算知识的认知

一、营业税会计科目的设置

纳税人按照税法相关规定应该交纳的营业税，在“应交税费”科目下设置“应交营业税”明细科目核算，“应交营业税”明细科目的贷方发生额，核算企业应交的营业税；借方发生额，核算企业实际交纳的营业税；期末贷方余额，反映企业尚未交纳的营业税；期末借方余额，反映多交的营业税。

二、提供应税劳务应交营业税的会计处理

纳税人提供应税劳务应当交纳的营业税，无论是主营业务活动还是其他经营活动，均通过“营业税金及附加”科目核算。

例 4-1　A 建筑安装公司 2010 年 9 月份承揽一项安装工程，总承包价款为 820 000 元，其中支付给 B 建筑安装公司分包工程款 100 000 元。计算 A 公司应交纳的营业税税额，并进行会计处理。

应纳税额 =（820 000 − 100 000）×3% =21 600（元）

确认收入时：

借：银行存款	820 000	
贷：主营业务收入		720 000
应付账款——B 公司		100 000

计提营业税时：

借：营业税金及附加	21 600	
贷：应交税费——应交营业税		21 600

三、转让无形资产应交营业税的会计处理

1. 无形资产所有权的转让

企业出售无形资产，应按实际收到的金额，借记“银行存款”等科目；按已计提的累计摊销，借记“累计摊销”科目；已计提减值准备的，借记“无形资产减值准备”科目；按应当支付的营业税金，贷记“应交税费——应交营业税”科目；按其账面余额，贷记“无形资产”科目；按上述借贷方差额，借记“营业外支出——处置非流动资产损失”科目或贷记

“营业外收入——处置非流动资产利得”科目。

例 4-2 某有限责任公司 2010 年 6 月将旗下的某项商标转让给另一企业，取得出售收入 800 000 元，该专利权的成本为 200 000 元，已摊销的金额为 160 000 元，已计提的减值准备为 30 000 元。转让款已收。该企业的会计处理如下：

应纳营业税税额 = 800 000 × 5% = 40 000（元）

借：银行存款 800 000

累计摊销 160 000

无形资产减值准备 30 000

贷：无形资产 200 000

应交税费——应交营业税 40 000

营业外收入——处置非流动资产利得 75 000

2. 无形资产使用权的转让

纳税人出租无形资产，取得租金收入时，借记“银行存款”等科目，贷记“其他业务收入”等科目；摊销出租无形资产的成本并发生与转让有关的各种费用支出时，借记“其他业务成本”科目，贷记“累计摊销”等科目；应当交纳的营业税金，借记“营业税金及附加”科目，贷记“应交税费——应交营业税”科目。

例 4-3 某企业 2010 年 4 月份转让一项专利技术的使用权，取得收入 100 000 元，款项已通过现金收讫。该企业的会计处理如下：

应纳营业税税额 = 100 000 × 5% = 5 000（元）

取得专利技术使用权转让收入时：

借：库存现金 100 000

贷：其他业务收入 100 000

计算应交的营业税时：

借：营业税金及附加 5 000

贷：应交税费——应交营业税 5 000

四、销售不动产应交营业税的会计处理

1. 房地产企业销售不动产应交营业税的会计处理

房地产企业销售房屋不动产是其主营业务，因此，其应交纳的营业税，应记入“营业税金及附加”科目。即实现收入时，借记“银行存款”等科目，贷记“主营业务收入”科目；计算应交的营业税时，借记“营业税金及附加”科目，贷记“应交税费——应交营业税”科目。

例 4-4 某房地产开发公司 2010 年 9 月销售两栋商品楼，售价 24 000 000 元，有关业务的会计处理如下：

应纳营业税税额 = 24 000 000 × 5% = 1 200 000（元）

取得收入时：

借：银行存款 24 000 000

贷：主营业务收入 24 000 000

计算应交的营业税时：

借：营业税金及附加　1 200 000

　贷：应交税费——应交营业税　1 200 000

2. 非房地产企业销售不动产交营业税的会计处理

非房地产企业销售不动产交营业税时，应通过"固定资产清理"科目核算。

例 4-5　某娱乐公司 2010 年 6 月将其闲置的一栋办公楼以 1 800 万元的价格转让给大发酒店，款项已收，并以银行存款支付清理费 3 万元。该厂房账面价值为 500 万元，已计提折旧 300 万元，该企业有关会计处理如下：

将厂房转入清理时：

借：固定资产清理　8 000 000

累计折旧　3 000 000

　贷：固定资产　5 000 000

收到转让款时：

借：银行存款　18 000 000

　贷：固定资产清理　18 000 000

支付清理费时：

借：固定资产清理　30 000

　贷：银行存款　30 000

计算应交的营业税时：

应纳营业税税额 = 18 000 000 × 5% = 900 000（元）

借：固定资产清理　900 000

　贷：应交税费——应交营业税　900 000

结转净收益时：

借：固定资产清理　9 070 000

　贷：营业外收入——处置非流动资产收益　9 070 000

任务二　营业税纳税申报的操作

一、营业税纳税时间和地点

1. 营业税的纳税义务发生的时间

营业税的纳税义务发生的时间为纳税人收讫营业收入款项或者取得索取营业收入款项凭据的当天。对一些具体项目进一步明确如下：

（1）转让土地使用权或者销售不动产，采用预收款方式的，其纳税义务发生时间为收到预收款的当天。

（2）单位或者个人自己新建建筑物后销售，其自建行为的纳税义务发生时间为其销售自建建筑物并收讫营业款或者取得索取营业款凭据的当天。

(3) 将不动产无偿赠与他人，其纳税义务发生时间为不动产所有权转移的当天。

(4) 会员费、席位费和资格保证金纳税义务发生时间为会员组织收记会员费、席位费、资格保证金和其他类似费用款项或者取得索取这些款项凭据的当天。

(5) 建筑业纳税义务发生时间比较复杂，因此可划分以下几种具体情况：

第一，实行合同完成后一次性结算价款办法的工程项目，其纳税义务发生时间为施工单位与发包单位进行工程合同价款结算的当天；

第二，实行旬末或月中预支、月终结算、竣工后清算办法的工程项目，其纳税义务发生时间为月份终了与发包单位进行已完工程价款结算的当天；

第三，实行按工程形象进度划分不同阶段结算价款办法的工程项目，其纳税义务发生时间为各月份终了与发包单位进行已完工程价款结算的当天；

第四，实行其他结算方式的工程项目，其纳税义务发生时间为与发包单位结算工程价款的当天；

第五，采取预收款方式的，其纳税义务发生时间为收到预收款的当天。

(6) 金融机构的逾期贷款纳税义务发生时间为纳税人取得利息收入权利的当天。

(7) 纳税人提供租赁业劳务，采取预收款方式的，其纳税义务发生时间为收到预收款的当天。

2. 营业税的纳税义务发生的地点

营业税的纳税地点原则上采取属地征收的方法，也就是纳税人在经营行为发生地交纳应纳税款。具体有以下几种情况：

(1) 纳税人提供应税劳务，应当向其机构所在地或者居住地的主管税务机关申报纳税。但是，纳税人提供的建筑业劳务以及国务院财政、税务主管部门规定的其他应税劳务，应当向应税劳务发生地的主管税务机关申报纳税。

(2) 纳税人转让无形资产应当向其机构所在地或者居住地的主管税务机关申报纳税。但是，纳税人转让、出租土地使用权，应当向土地所在地的主管税务机关申报纳税。

(3) 纳税人销售、出租不动产应当向不动产所在地的主管税务机关申报纳税。

扣交义务人应当向其机构所在地或者居住地的主管税务机关申报交纳其扣交的税款。

二、营业税的纳税期限

营业税的纳税期限分为 5 日、10 日、15 日、1 个月或者 1 个季度。纳税人的具体纳税期限，由主管税务机关根据纳税人应纳税额的大小分别核定；不能按照固定期限纳税的，可以按次纳税。

纳税人以 1 个月或者 1 个季度为一个纳税期的，自期满之日起 15 日内申报纳税；以 5 日、10 日或者 15 日为一个纳税期的，自期满之日起 5 日内预缴税款，于次月 1 日起 15 日内申报纳税并结清上月应纳税款。

扣交义务人解缴税款的期限，依照前两款的规定执行。

银行、财务公司、信托投资公司、信用社、外国企业常驻代表机构的纳税期限为 1 个季度。

三、营业税的纳税申报

一般纳税人的纳税申报

营业税纳税义务人应按有关规定及时办理纳税申报，并如实填写“营业税纳税申报表，具体格式见表4-1。

营业税纳税申报表填表说明如下：

（1）根据《中华人民共和国税收征收管理法》及其实施细则、《中华人民共和国营业税暂行条例》的有关规定，制定本表。

（2）本表适用于除经主管税务机关核准实行简易申报方式以外的所有营业税纳税人（以下简称纳税人）。

（3）本表“纳税人识别号”栏，填写税务机关为纳税人确定的识别号，即税务登记证号码。

（4）本表“纳税人名称”栏，填写纳税人单位名称全称，并加盖公章，不得填写简称。

（5）本表“税款所属期”填写纳税人申报的营业税应纳税额的所属时间，应填写具体的起止年、月、日。

（6）本表“填表日期”填写纳税人填写本表的具体日期。

（7）本表“娱乐业”行应区分不同的娱乐业税率填报申报事项。

（8）本表“代扣代缴项日”行应填报纳税人本期按照现行规定发生代扣代缴行为所应中报的事项，分不同税率填报。

（9）本表所有栏次数据均不包括本期纳税人经税务机关、财政、审计部门检查以及纳税人自查发生的相关数据。

（10）本表第2栏“应税收入”填写纳税人本期因提供营业税应税劳务、转让无形资产或者销售不动产所取得的全部价款和价外费用（包括免税收入），分营业税税目填报，该栏数据为各相应税目营业税纳税申报表中“应税收入”栏的“合计”数。纳税人提供营业税应税劳务、转让无形资产或者销售不动产发生退款或因财务会计核算办法改变冲减营业额时，不在本栏次调减，在第11栏“前期多缴税额”栏内直接调减税额。

（11）本表第3栏“应税减除项目金额”应填写纳税人本期提供营业税应税劳务、转让无形资产或者销售不动产所取得的应税收入中按规定可扣除的项目金额，分营业税税目填报，该栏数据为相应税目营业税纳税申报表中“应税减除项目金额”栏（或“应税减除项目金额”栏中“小计”项）的“合计”数。

（12）本表第5栏“免税收入”应填写纳税人本期提供营业税应税劳务、转让无形资产或者销售不动产所取得的应税收入中不需税务机关审批可直接免缴税款的应税收入或已经税务机关批准的免税项目应税收入，按营业税税目填报，该栏数据为相应税目营业税纳税申报表中“免税收入”栏的“合计”数。

（13）本表第10栏“期初欠缴税额”填写截至本期（不含本期），纳税人经过纳税申报或报告、批准延期交纳、税务机关核定等确定应纳税额后，超过法律、行政法规规定或者税务机关依照法律、行政法规规定确定的税款交纳期限未交纳的税款，按营业税税目填报，该栏数据为相应税目营业税纳税申报表中“期初欠缴税额”栏的“合计”数。

（14）本表第11栏“前期多缴税额”填写纳税人截至本期（不含本期）多交纳的营业税税额，按营业税税目填报，该栏数据为相应税目营业税纳税申报表中“前期多缴税额”栏的“合计”数。

（15）本表第13栏“已缴本期应纳税额”填写纳税人已缴的本期应纳营业税税额。该栏数据为相应税目营业税纳税申报表中“已缴本期应纳税额”栏的“合计”数。

（16）本表第14栏“本期已被扣交税额”填写纳税人本期发生纳税义务，按现行税法规定被扣交义务人扣交的营业税税额。该栏数据为相应税目营业税纳税申报表中“本期已被扣交税额”栏的“合计”数。

（17）本表第15栏“本期已缴欠缴税额”填写纳税人本期交纳的前期欠税，包括本期交纳的前期经过纳税申报或报告、批准延期交纳、税务机关核定等确定应纳税额后，超过法律、行政法规规定或者税务机关依照法律、行政法规规定确定的税款交纳期限未交纳的税款。该栏数据为相应税目营业税纳税申报表中“本期已缴欠缴税额”栏的“合计”数。

表4-1 营业税纳税申报表样表

（适用于查账征收的营业税纳税人）

纳税人识别号：

纳税人名称（公章）

税款所属时间：自 年 月 日至 年 月 日 填表日期： 年 月 日 金额单位：元（列至角分）

税目	营业额				税率（%）	本期税款计算			税款交纳								
											本期已缴税额				本期应交税额计算		
	应税收入	应税减除项目金额	应税营业额	免税收入		小计	本期应纳税额	免（减）税额	期初欠缴税额	前期多缴税额	小计	已缴本期应纳税额	本期已被扣交税额	本期已缴欠缴税额	小计	本期期末应交税额	本期期末应交欠缴税额
1	2	3	4 = 2 − 3	5	6	7 = 8 + 9	8 = (4 − 5) × 7	9 = 5 × 7	10	11	12 = 13 + 14 + 15	13	14	15	16 = 17 + 18	17 = 8 − 13 − 114	18 = 10 − 11 − 15
交通运输业																	
建筑业																	
邮电通讯业																	
服务业																	
娱乐业																	
金融保险业																	
文化体育业																	
销售不动产																	
转让无形资产																	

续　表

合计																			
代扣代缴项目																			
总计																			

纳税人或代理人声明：	如纳税人填报，由纳税人填写以下各栏：							
此纳税申报表是根据国家税收法律的规定填报的，我确定它是真实的、可靠的、完整的。	办税人员（签章）		财务负责人（签章）		法定代表人（签章）		联系电话	
	如委托代理人填报，由代理人填写以下各栏：							
	代理人名称		经办人（签章）		联系电话		代理人（公章）	

任务三　营业税交纳的会计核算与申报技能实训

一、基本知识认知训练

（一）单项选择题

1. 下列有关营业税的征税范围，表述正确的是（　　）。

A. 提供的应税劳务、转让的无形资产或销售的不动产

B. 在中华人民共和国境内提供的应税劳务、销售的不动产

C. 在中华人民共和国境内提供的应税劳务、转让的有形资产或销售的不动产

D. 在中华人民共和国境内提供的应税劳务、转让的无形资产或销售的不动产

2. 下列不属于营业税征税业务范围的选项是（　　）。

A. 管道运输劳务　　B. 中介服务　　C. 修配劳务　　D. 金融服务

3. 下列不属于娱乐业营业额的选项是（　　）。

A. 舞厅门票收费　　B. 台位费

C. 演唱会门票　　D. KTV中的饮料收费

4. 甲建筑安装公司承揽一个建筑合同，总工程款3 000万元，将内装修工程分包给乙装修公司，专修部分的工程款为500万元。下面相关表述不正确的是（　　）。

A. 甲建筑安装公司的营业额为2 500万元

B. 甲建筑安装公司代扣代缴乙装修公司的营业税

C. 乙装修公司的营业额为500万元

D. 乙建筑安装公司应交纳的营业税为15万元，并自行申报纳税

5. 下列有关转让无形资产的表述不正确的是（　　）。

A. 转让无形资产是指转让无形资产的所有权或使用权的行为

B. 单位将土地使用权无偿赠与其他单位或者个人，视同发生应税行为

C. 个人将土地使用权无偿赠与其他单位或者个人，视同发生应税行为

D. 以无形资产投资入股，参与接受投资方的利润分配，共同承担投资风险的行为，不征收营业税。只在投资后转让其股权的，征收营业税。

6. 某旅游企业组织旅行团境内旅游，收取的旅游费为13万元，支出的房费为1万元，餐费0.8万元，门票费3万元，交通费2万元，其他旅行团接团费1万元，本企业员工薪酬1万元。那么，该旅游企业的营业额为（　　）。

A. 13万元　　B. 6.2万元　　C. 5.2万元　　D. 4.2万元

7. 下列有关兼营行为的划分不正确的是（　　）。

A. 纳税人兼营的销售货物或提供非应税劳务，与属于营业税征收范围的应税劳务，分别核算，分别就不同项目的营业额（或销售额）按营业税或增值税的有关规定申报纳税

B. 纳税人兼营行为不分别核算或不能准确核算的，其应税劳务与货物或非应税劳务一并征收增值税，不征收营业税

C. 纳税人兼营的应税劳务是否一并征收增值税，由国家税务总局所属征收机关确定

D. 纳税人的经营行为，必须在不同税种征税范围的经营项目总体核算、总体申报纳税

（二）多项选择题

1. 下列选项中属于营业税特点的有（　　）。

A. 一般以营业收入额为计税依据

B. 按行业设计税目税率

C. 计算简便，便于征管

D. 税率档次多，征税对象和计税依据不易确定

2. 下列有关营业税和增值税的征税业务范围的选项中表达正确的有（　　）。

A. 修理劳务是增值税的征税范围，装修是营业税专有的征税范围

B. 销售有形动产是增值税的征税范围，销售不动产是营业税专有的征税范围

C. 销售无形资产应当交纳增值税

D. 美容劳务应该交纳增值税

3. 在中华人民共和国境内提供条例规定的劳务、转让无形资产或者销售不动产，是指（　　）。

A. 提供或者接受税法规定应税劳务的单位或者个人在境内

B. 所转让或者出租土地使用权的土地在境内

C. 所销售或者出租的不动产在境内

D. 所转让的无形资产（不含土地使用权）的接受单位或者个人在境内

4. 下列有关营业税扣交义务人的规定，表达正确的有（　　）。

A. 中华人民共和国境外的单位或者个人在境内提供应税劳务、转让无形资产或者销售不动产，在境内未设经营机构的，以其境内代理人为扣交义务人；在境内没有代理人的，以受让方或者购买方为扣交义务人

B. 建筑安装业务实行分包的，总承包人为扣交纳税人

C. 企业租赁或承包给他人经营的，以企业为扣交纳税人

D. 国务院财政、税务主管部门规定的其他扣交义务人

5. 下列有关具体业务所属税目的表述正确的有（　　）。

A. 融资租赁的经营收入按照服务业征收营业税

B. 风景区的经营收入按照文化体育业征收营业税

C. 歌手演唱会收入按照娱乐业征收营业税

D. 小件寄存收入按照服务业征收营业税

6. 下列业务适用5%的营业税税率的有（　　）。

A. 金融经纪业　　B. 保龄球娱乐项目

C. 管道运输项目　　D. 台球娱乐项目

7. 下列有关营业额的具体规定正确的有（　　）。

A. 旅游企业组织旅游团到中国境外旅游，在境外改由其他旅游企业接团，以全程旅游费减去付给该接团企业的旅游费后的余额为营业额

B. 转贷业务以贷款利息减去借款利息后的余额为营业额

C. 广告代理业的营业额为代理者向委托方收取的全部价款和价外费用为营业额

D. 旅游企业组织旅游团在中国境内旅游的，以收取的旅游费减去替旅游者支付给其他单位的房费、餐费、交通、门票和其他代付费用后的余额为营业额

8. 下列有关营业税起征点的规定表述正确的有（　　）。

A. 按期纳税的，起征点为月营业额1 000～5 000元

B. 起征点和免征额是同一概念

C. 按次纳税的，起征点为每次（日）营业额100元

D. 在规定的幅度内，各省、自治区、直辖市财政厅（局）、税务局应根据实际情况确定本地区适用的起征点，并报财政部、国家税务总局备案

9. 下列有关营业税税收优惠的规定表述正确的有（　　）。

A. 对按政府规定价格出租的公有住房和廉租住房暂免征收营业税；对个人按市场价格出租的居民住房，暂按3%的税率征收营业税

B. 社会团体按财政部门或民政部门规定标准收取的会费，不征收营业税

C. 残疾人员为社会提供劳务的收入是免税收入

D. 纪念馆、博物馆、文化馆、美术馆、展览馆、书画院、图书馆、文物保护单位举办文化活动的门票收入是免税收入。其门票收入，是指销售第一道门票的收入

10. 下列有关混合销售行为的划分中正确的有（　　）。

A. 无论从事何种商品买卖、货物销售，都既要征收营业税，又要征收增值税

B. 从事货物生产、批发或零售的企业、企业性单位及个体经营者的混合销售行为，一律视为销售货物，不征收营业税

C. 从事运输业的单位与个人，发生销售货物并负责运输所销售货物的混合销售行为，征收增值税，不征营业税

D. 纳税人的销售行为是否属于混合销售行为，由国家税务总局所属征收机关确定

（三）判断题

1. 营业税一般以纳税人的利润额为计税依据。（　　）

2. 从事建筑、修缮、装饰工程作业，营业额为工程所用原材料的价款。（　　）

3. 对于经营娱乐业向顾客收取的门票收费、台位费、点歌费应交纳营业税，而其收取的

烟酒和饮料茶水、鲜花、小吃收费应交纳增值税。 ( )

4. 融资租赁和经营性租赁都是租赁业的具体业务，因此，两者都按照服务业交纳营业税。 ( )

5. 电信行业对电报、电传、电话、电话机安装业务的收入交纳营业税，对电信物品销售交纳增值税。 ( )

6. 在歌舞厅经营台球业务，需要对台球收入单独核算，否则整体营业额适用20%税率。 ( )

7. 纳税人有价格明显偏低并无正当理由或者视同发生应税行为而无营业额的，按组成计税价格的方法确定其营业额。 ( )

二、基本技能训练

(一) 计算练习题

1. 某运输公司承揽公路航空联运业务，本月收取联运营业额为320万元，其中支付给其他航空运输公司的运营收入为100万元。请计算该公司当月应交纳的营业税税额。

2. 某商务中心从事多种经营，2010年6月主要业务收入如下：客房收入为350 000元，餐厅收入240 000元，出租写字间月租金收入50 000元，歌舞厅收入60 000元。请计算该商务中心当月应当交纳的营业税税额。

3. 某房地产开发公司2010年3月自建相同的楼盘10栋，每栋成本20 000 000元，销售其中的4栋，每栋的市场成交价格为50 000 000元，其中一栋用于抵偿账款，一栋用于出租，收取月租金800 000元。请计算该房地产开发公司当月应当交纳的营业税税额。

(二) 核算技能题

1. 某市电信局2010年10月发生如下业务：

(1) 取得长途电信收入1 500 000元。

(2) 市内电话收入820 000元。

(3) 电信物品的销售额为100 000元。

根据以上资料计算该电信局本月应纳营业税并作出相应的会计处理。

2. 某集团公司2010年5月主要业务收入如下：装修业务收入为200 000元；销售写字楼收入8 040 000元；将一项非专利技术进行投资，市场公允价值为80 000元；娱乐城中，高尔夫球场营业收入60 000元，单独核算的保龄球馆营业收入为20 000元。根据以上资料计算该集团公司本月应纳营业税并作出相应的会计处理。

三、综合仿真训练

(一) 建筑安装业纳税业务实训

1. 实训资料

企业概况

(1) 企业名称：永泰建筑公司。

(2) 企业性质：有限责任公司。

（3）法定代表人：张力。

（4）企业地址及电话：××省谭山市玉溪路 181 号　　5839959。

（5）开户银行及账号：建设银行玉溪路分理处　　3804200414804902*。

（6）纳税人识别号：120323221208752。

基本业务

2010 年 6 月该企业发生以下业务：

（1）将自有一栋楼房转让给华联商贸公司，转让价格 9 500 000 元，款项已通过银行收讫。该厂房账面原值 4 500 000 元，已提折旧 500 000 元，发生清理费用 8 000 元。

（2）将一批运输车辆出租给另一企业使用，取得租金 30 000 元。

（3）取得工程承包收入 39 900 000 元，其中支付给长华工程队分包工程价款 900 000 元。

（4）转让一项专利技术，取得收入 300 000 元。

2. 实训要求

（1）计算该企业应纳营业税税额。

（2）进行营业税涉税业务的会计处理。

（3）填制营业税纳税申报表。

（二）旅游业纳税业务实训

1. 实训资料

企业概况

（1）企业名称：七彩旅游公司。

（2）企业性质：有限责任公司。

（3）法定代表人：赵丹丹。

（4）企业地址及电话：××省五爱市青年路 460 号　　38051286。

（5）开户银行及账号：工商银行洁云路分理处　　35234796521105974*。

（6）纳税人识别号：5820523221204789。

基本业务

该公司 2010 年 10 月发生以下业务：

（1）组团境内旅游收入 120 万元，支付给其他单位食宿费、交通费、门票等代付费用 75 万元。

（2）组团境外旅游收入 30 万元，付给境外接团企业费用 16 万元。

（3）代购火车票、机票、船票取得手续费收入 1 万元。

（4）为游客提供传真、打字、复印、照相服务收入 5 万元。

2. 实训要求

（1）计算该企业应纳营业税税额。

（2）进行营业税涉税业务的会计处理，填制记账凭证，登记“应交税费”相关明细账。

（3）填制营业税纳税申报表。

（4）填制营业税缴款书。

项目五　关税交纳实务与操作

任务一　对关税的核算知识的认知

一、关税会计科目的设置

为了正确核算关税的计提、交纳情况，纳税人应在“应交税费”科目下设置“应交进口关税”和“应交出口关税”两个二级科目。

（一）“应交进口关税”科目

该科目借方发生额，反映企业上缴的进口关税；贷方发生额，反映企业应交纳的进口关税；期末借方余额，反映企业应交纳的进口关税；期末贷方余额，反映企业应交未缴的进口关税。

（二）“应交出口关税”科目

该科目借方发生额，反映企业上缴的出口关税；贷方发生额，反映企业应交纳的出口关税；期末借方余额，反映企业应交纳的出口关税；期末贷方余额，反映企业应交未缴的出口关税。

二、关税的账务处理

（一）进口关税的会计处理

1. 生产企业进口关税的会计处理

工业企业在核算进口关税时，应在“在途物资”科目下设二级明细科目“应交关税”，反映企业进口材料应交纳的关税，并分摊到该批材料的采购成本中。在“应交税费”科目下设“应交关税”明细科目，其贷方记录企业应交纳的进口材料的关税，贷方余额表示应交未缴的关税，其借方反映上缴的关税，借方余额表示多交纳的关税。

生产企业通过外贸企业代理或直接从国外进口原材料和设备，应支付的进口关税可以不通过“应交税费”科目核算，而是将其与进口原料的价款、国外运费和保费、国内费用一并直接计入进口原材料成本，借记“在途物资”、“原材料”、“在建工程——引进设备工程”、“固定资产”科目；贷记“银行存款”、“应付账款”等科目。

例 5-1　某生产工业企业进口 A 材料需 1 000 000 美元，当日的外汇牌价为 1：6.60。应付进口关税 400 000 元，该企业已对外付汇，材料已验收入库。代征增值税税率为 17%。

购入现汇时会计处理如下：

借：银行存款——美元户 6 600 000

贷：银行存款——人民币户 6 600 000

对外付汇，支付进口关税、增值税，计算进口A材料的采购成本时会计处理如下：

A材料采购成本 = 6 600 000 + 400 000 = 7 000 000（元）

应支付增值税 = 7 000 000 × 17% = 1 190 000（元）

借：在途物资——A材料 7 000 000

应交税费——应交增值税（进项税额） 1 190 000

贷：银行存款——美元户 6 600 000

银行存款——人民币户 1 590 000

验收入库时会计处理如下：

借：原材料——A材料 7 000 000

贷：在途物资——A材料 7 000 000

2. 商品流通企业进口税的会计处理

商业企业自营进口业务关税的会计核算需通过“在途物资——进口关税”和“应交税费——应交进口关税”等科目进行。“在途物资——进口关税”反映企业进口商品应交纳的关税，并分摊到该批商品的经营成本中；“应交税费——应交进口关税”反映企业进口商品的关税计提和交纳情况。实际交纳时，借记“应交税费——进口关税”，贷记“银行存款”科目。也可不通过“应交税费——进口关税”科目，而直接借记“库存商品”科目，贷记“银行存款”、“应付账款”等科目。

例5-2 北京某百货公司自营一批进口化妆品，经海关审定，应交进口关税150 000元人民币。企业如数交纳。

海关审定应纳关税时会计处理如下：

借：在途物资——进口关税 150 000

贷：应交税费——应交进口关税 150 000

企业实际交纳关税时会计处理如下：

借：应交税费——应交进口关税 150 000

贷：银行存款 150 000

（二）出口关税的会计处理

1. 工业企业出口关税的会计处理

工业企业出口产品应交纳的出口关税，在实际支付时，借记“营业税金及附加”科目，贷记“银行存款”、“应付账款”等科目，而不需通过“应交税费”科目。

例5-3 某外商投资企业出口一批产品，交纳出口关税50 000元。

交纳关税时的账务处理如下：

借：营业税金及附加 50 000

贷：银行存款 50 000

2. 外贸企业出口关税的会计处理

（1）外贸企业自营出口关税的会计核算。外贸企业核算自营出口业务所计算交纳的关税，在会计核算上是通过设置“营业税金及附加”及“应交税费——出口关税”账户来反映，应交纳的出口关税，借记“营业税金及附加”科目，贷记“应交税费——出口关税”科目；实际交纳时，借记“应交税费——出口关税”科目，贷记“银行存款”科目。也可不通过“应交税费——应交出口关税”账户，在交纳时直接通过“银行存款”账户核算。

例 5-4 某进出口公司出口一批商品，交纳出口关税 27 000 元。

交纳关税时的账务处理如下：

借：营业税金及附加　　27 000

　贷：银行存款　　27 000

（2）代理出口业务关税的核算。商业企业（外贸企业）代理出口业务所交纳的关税，在会计核算上跟代理进口一样，也是通过设置“应交税费”账户来反映，对应账户是“应付账款”、“银行存款”。

例 5-5 浙江某生产企业委托上海某外贸公司代理出口一批商品。我国口岸离岸价格折合成人民币为 420 000 元，出口关税税率为 20%，手续费为 14 000 元。计算应交出口关税并作会计处理。

应交出口关税 $= 420\,000 \div (1+20\%) \times 20\% = 70\,000$（元）

计算应交出口关税时会计处理如下：

借：应收账款——××单位　　70 000

　贷：应交税费——出口关税　　70 000

交纳出口关税时会计处理如下：

借：应交税费——出口关税　　70 000

　贷：银行存款　　70 000

应收手续费时会计处理如下：

借：应收账款——××单位　　14 000

　贷：代购销售收入——手续费　　14 000

收到委托单位付来的税款及手续费时会计处理如下：

借：银行存款　　84 000

　贷：应收账款——××单位　　84 000

任务二　关税纳税申报的操作

一、关税的申报时间

关税的纳税人或他们的代理人应在规定的报关期限内向货物进（出）境地海关申报，经海关对实际货物进行检查后，进口货物自运输工具申报进境之日起 14 日内，出口货物在货物运抵海关监管区后装货的 24 小时以前，由进出口货物的纳税人向货物进（出）境地海关申报（具体格式见表 5-1、表 5-2）。

表 5-1 中华人民共和国海关进口货物报关单

预录入编号： 海关编号：

进口口岸	备案号		进口日期		申报日期
经营单位	运输方式		运输工具名称		提运单号
发货单位	贸易方式		征免性质		征税比例%
许可证号	起运国（地区）		装货港		境内目的地
批准文号	成交方式		运费	保费	杂费
合同协议号	件数	包装种类	毛重（公斤）		净重（公斤）
集装箱号	随附单据				用途
标记唛码及备注					

项号	商品编号	商品名称	规格型号	数量及单位	原产国（地区）	单价	总价	币制	征免

税费征收情况		
录入人员 录入单位	兹声明以上申请无讹并承担法律责任	海关审单批注及放行日期（签章）
报关员		审单 审价
单位地址	申报单位（签章）	征税 统计
邮编 电话	填制日期	查验 放行

表 5-2 中华人民共和国海关出口货物报关单

预录入编号： 海关编号：

出口口岸	备案号		出口日期		申报日期
经营单位	运输方式		运输工具名称		提运单号
发货单位	贸易方式		征免性质		结汇方式
许可证号	运抵国（地区）		指运港		境内货源地
批准文号	成交方式		运费	保费	杂费
合同协议号	件数	包装种类	毛重（公斤）		净重（公斤）
集装箱号	随附单据				生产厂家
标记唛码及备注					

续　表

项号	商品编号	商品名称、规格型号	数量及单位	原产国（地区）	单价	总价	币制	征免
税费征收情况								

录入人员　录入单位	兹声明以上申请无讹并承担法律责任	海关审单批注及放行日期（签章）
报关员		审单　审价
单位地址	申报单位（签章）	征税　统计
邮编　电话	填制日期	查验　放行

二、关税的申报项目

（1）纳税人应当依法如实向海关申报，并按照海关的规定提供有关确定完税价格、进行商品归类、确定原产地以及采取反倾销、反补贴或者保障措施等所需的资料；必要时，海关可以要求纳税人补充申报。

（2）纳税人应当按照《税则》规定的目录条文和归类总规划、类注、章注、子目注释以及其他归类注释，对其申报的进出口货物进行商品归类，并归入相应的税则号列；海关应当依法审核确定该货物的商品归类。

（3）海关可以要求纳税人提供确定归类所需的有关资料；必要时，海关可以组织化验、检验，并将海关认定的化验、检验结果作为商品归类的依据。

（4）海关为审查申报价格的真实性和准确性，可以查阅、复制与进出口货物有关的合同、发票、账册、结付汇凭证、单据、业务函电、录音录像制品和其他反映买卖双方关系及交易活动的资料。

（5）海关对纳税人申报的价格有怀疑的，应当将怀疑的理由书面告知纳税人，要求其在规定的期限内做出书面说明，并提供有关资料。

（6）海关审查确定进出口货物的完税价格后，纳税人可以以书面形式要求海关就如何确定其进出口货物的完税价格做出书面说明，海关应当向纳税人做出书面说明。

三、关税交纳

海关根据《海关进出口税则》对进（出）口货物进行归类，并依据其完税价格和适用税率计算应交纳的关税和进口环节代征税，并填发税款缴款书（具体格式见表 5-3）。纳税人或他们的代理人应当自海关填发税款缴款书之日起 15 日内，向指定银行交纳税款。如关税交纳期限的最后 1 日是周末或法定节假日，则关税交纳期限顺延至周末或法定节假日过后的第一个工作日。为方便纳税人，经申请且海关同意，进（出）口货物的纳税人可以在设有海关的指运地（启运地）办理海关申报、纳税手续。

纳税人未按期交纳税款的，从滞纳税款之日起，按日加收滞纳税款万分之五的滞纳金。进口货物在完税后方可进入国内市场流通，出口货物完税后方可装船出口。

关税纳税人因不可抗力或者在国家税收政策调整的情形下，不能按期交纳税款的，经海关总署批准，可以延期交纳税款，但最长不得超过6个月。根据有关政策规定，申请缓税的纳税人应于有关货物申报进口前或于申报进口之日起7日内，向主管海关提出书面申请，并递交关税交纳计划和由其开户银行或其上级主管机关出具的纳税担保函件。经海关审核批准后，可在规定期限内纳税，并按月支付10‰的利息。

海关征收关税、滞纳金等，应当按人民币计征。进出口货物的成交价格以及有关费用以外币计价的，以中国人民银行公布的基准汇率折合为人民币计算完税价格；以基准汇率币种以外的外币计价的，按照国家有关规定套算为人民币计算完税价格。使用汇率的日期由海关总署规定。

表5-3　海关进口关税专用缴款书

收入系统：　　　　　　　　　填发日期：　　　年　　月　　日　　　　　　　　　No：

<table>
<tr><td rowspan="3">收款单位</td><td>收入机关</td><td colspan="3"></td><td rowspan="3">收缴单位</td><td>名　称</td><td></td></tr>
<tr><td>科　目</td><td></td><td>预算级次</td><td></td><td>账　号</td><td></td></tr>
<tr><td>收款国库</td><td colspan="3"></td><td>开户银行</td><td></td></tr>
<tr><td>税　号</td><td>货物名称</td><td>数　量</td><td>单　位</td><td colspan="2">完税价格（¥）</td><td>税　率（%）</td><td>税款金额（¥）</td></tr>
<tr><td></td><td></td><td></td><td></td><td colspan="2"></td><td></td><td></td></tr>
<tr><td colspan="6">金额人民币（大写）</td><td colspan="2">合　计（¥）</td></tr>
<tr><td>申请单位编号</td><td></td><td colspan="2">报关单编号</td><td colspan="2"></td><td>填制单位</td><td>收款国库（单位）</td></tr>
<tr><td>合同（批文）号</td><td></td><td colspan="2">运输工具（号）</td><td colspan="2"></td><td rowspan="3">制单人＿＿＿＿
复核人＿＿＿＿</td><td rowspan="3"></td></tr>
<tr><td>缴款期限</td><td>年　月　日</td><td colspan="2">提/装货单号</td><td colspan="2"></td></tr>
<tr><td colspan="6">备　注</td></tr>
</table>

四、关税的强制执行

纳税人同海关发生纳税争议时，可向海关申请复议，但同时应当在规定的期限内按海关核定的税额交纳关税，逾期则构成滞纳，海关有权按规定采取强制执行措施。

纳税人未在关税交纳期限内交纳税款，即构成关税滞纳。为保证海关征收关税决定的有效执行和国家财政收入的及时入库，《海关法》赋予海关对滞纳关税的纳税人强制执行的权利。强制措施主要有两类。

（一）征收关税滞纳金

滞纳金自关税交纳期限届满滞纳之日起，至纳税人交纳关税之日止，按滞纳税款0.5‰的比例按日征收，周末或法定节假日不予扣除。具体计算公式为：

关税滞纳金金额＝滞纳关税税额×滞纳金征收比率×滞纳天数

（二）强制征收

如纳税人自海关填发税款缴款书之日起3个月仍未交纳税款，经海关关长批准，海关可以采取强制扣交、变价抵缴等强制措施。“强制扣交”即海关从纳税人在开户银行或者其他金融机构的存款中直接扣交税款。“变价抵缴”即海关将应税货物依法变卖，以变卖所得抵缴税款。

五、关税退还

关税退还是关税纳税人按海关核定的税额交纳关税后，因某种原因的出现，海关将实际征收多于应当征收的税额（称为溢征关税）退还给原纳税人的一种规定。根据《海关法》的规定，海关多征的税款，海关发现后应当立即退还。

按规定，有下列情形之一的，进出口货物的纳税人可以自交纳税款之日起1年内，书面声明理由，连同原纳税收据向海关申请退税并加算银行同期活期存款利息，逾期不予办理：

（1）因海关误征，多纳税款的。

（2）海关核准免验进口的货物，在完税后，发现有短卸情形，经海关审查认可的。

（3）已征出口关税的货物，因故未将其运出口，申报退关，经海关查验属实的。

对已征出口关税的出口货物和已征进口关税的进口货物，因货物品种或规格原因（非其他原因）原状复运进境或出境的，经海关查验属实的，也应退还已征关税。海关应当自受理退税申请之日起30日内，做出书面答复并通知退税申请人。如果属于其他原因且不能以原状复运进境或出境的，不能退税。

六、关税补征和追征

补征和追征是海关在纳税人按海关核定的税额交纳关税后，发现实际征收税额少于应当征收的税额时，责令纳税人补缴所差税款的规定。根据短征关税原因的不同分为关税的补征和追征。由于纳税人违反海关规定造成短征税款的，称为关税的追征；非因纳税人违反海关规定造成短征税款的，称为关税的补征。

区分关税追征和补征的目的是为了区别不同情况适用不同的征收时效，超过时效规定的期限，海关就丧失了追补关税的权力。

根据《海关法》规定，进出口货物完税后，海关发现少征或者漏征税款的，应当自交纳税款或者货物放行之日起1年内，向纳税人补征；因纳税人违反规定而造成的少征或漏征税款的，海关自纳税人应交纳税款之日起3年内可以追征，并从交纳税款之日起按日加收少征或者漏征税款0.5‰的滞纳金；因特殊情况，追征期可延至10年。骗取退税款的，可无限期追征。

七、关税纳税争议

为保护纳税人合法权益，我国《海关法》和《进出口关税条例》都规定了纳税人对海关确定的进出口货物的征税、减税、补税或者退税等有异议时，有提出申诉的权利。

在纳税人同海关发生纳税争议时，可以向海关申请复议，但同时应当在规定期限内按海关核定的税额交纳关税，逾期则构成滞纳，海关有权按规定采取强制执行措施。

关税纳税争议的内容一般为进出境货物或物品的纳税人对海关在原产地认定、税则归类、税率或汇率适用、完税价格确定、关税减征、免征、追征、补征和退还等征税行为是否合法或适当，是否侵害了纳税人的合法权益。

纳税争议的申诉程序如下。

（一）提出复议申请

纳税人自海关填发税款缴款书之日起30日内，向原征税海关的上一级海关书面申请复议。逾期申请复议的，海关不予受理。

（二）提起行政诉讼

海关应当自收到复议申请之日起60日内做出复议决定，并以复议决定书的形式正式答复纳税人；纳税人对海关复议决定仍然不服的，可以自收到复议决定书之日起15日内，向人民法院提起行政诉讼。

需要说明的是，关税纳税争议的处理程序必须是先提出复议申请，对复议决定不服时才能提起行政诉讼，不能对发生的关税纳税争议直接提起诉讼，即复议是诉讼的前置程序。

任务三　关税交纳的会计核算与申报技能实训

一、基本知识认知训练

（一）单项选择题

1. 2008年3月1日，某公司经批准进口一台符合国家特定免征关税的科研设备用于研发项目，设备进口时经海关审定的关税完税价格折合人民币600万元（关税税率为10%），海关规定的监管年限为5年。2010年5月31日，公司研发项目完成后，将已计提折旧200万元的免税设备出售给国内另一家企业。该公司应补缴关税（　　）万元。

A. 80　　B. 60　　C. 40　　D. 20

2. 某企业海运进口一批货物，海关审定货价折合人民币800万元，起卸前运费折合人民币10万元，该批货物进口关税税率为8%，则应纳关税（　　）万元。

A. 64.8　　B. 64　　C. 52.45　　D. 36

3. 某进出口公司从英国进口一批原材料共800吨，货物以境外口岸离岸价格成交，单价折合人民币为18 000元，买方承担包装费每吨600元，另向卖方支付佣金每吨700元人民币，向自己的采购代理人支付佣金6 000元人民币，已知该原材料运抵中国海关境内输入地起卸前的包装、运输、保险和其他劳务费用为每吨2 100元人民币，关税税率为10%。该批原材料应纳的关税为（　　）万元。

A. 171　　B. 172.1　　C. 171.2　　D. 108

4. 某企业海运进口一批货物，海关审定货价折合人民币6 000万元，运费折合人民币26万元，该批货物进口关税税率为5%，则应纳关税（　　）万元。

A. 205　　B. 251　　C. 251.75　　D. 302.2

5. 海关多征的税款，进出口货物的纳税人可以向海关申请退税并加算（　　）利息。

A. 10‰　　B. 3‰

C. 5‰　　D. 银行同期活期存款

（二）多项选择题

1. 按照关税的有关规定，进出口货物的收发货人或他们的代理人，可以自交纳税款之日起1年内，书面声明理由，申请退还关税。下列各项中，经海关确定可申请退还的有（　　）。

A. 因海关误征，多交纳税款的

B. 海关核准免验进口的货物，在完税后，发现有短卸情形，经海关审查认可的

C. 已征出口关税的货物，因故未将其运出口，申报退关，经海关查验属实的

D. 已征收出口关税的货物，因故发生退货的

2. 以下有关关税交纳的说法中，正确的有（　　）。

A. 关税交纳期限的最后1日是周末或法定节假日，则关税交纳期限顺延至周末或法定节假日过后的第一个工作日

B. 纳税人未按期交纳税款的，从滞纳税款之日起，按日加收滞纳税款千分之五的滞纳金

C. 进口货物在完税后方可进入国内市场流通，出口货物完税后方可装船出口

D. 关税纳税人因不可抗力或者在国家税收政策调整的情形下，不能按期交纳税款的，经海关总署批准，可以延期交纳税款，但最长不得超过12个月

3. 以下有关关税补征和追征的说法中，正确的有（　　）。

A. 进出境货物和物品放行后，海关发现少征或者漏征税款，应当自交纳税款或者货物、物品放行之日起1年内，向纳税义务人补征

B. 进出境货物和物品放行后，海关发现少征或者漏征税款，应当自交纳税款或者货物、物品放行之日起3年内，向纳税义务人补征

C. 因纳税义务人违反规定而造成的少征或者漏征的税款，自纳税义务人应交纳税款之日起1年以内可以追征

D. 因纳税义务人违反规定而造成的少征或者漏征的税款，自纳税义务人应交纳税款之日起3年以内可以追征

4. 进口关税计税方法有（　　）。

A. 从价税　　B. 从量税　　C. 混合税　　D. 滑准税

5. 以下有关关税纳税争议的说法中，正确的有（　　）。

A. 纳税人对海关确定的进出口货物的征税、减税、补税或者退税等有异议时，有提出申诉的权利

B. 在纳税人同海关发生纳税争议时，可以向海关申请复议，但同时应当在规定期限内按海关核定的税额交纳关税，逾期则构成滞纳，海关有权按规定采取强制执行措施

C. 纳税人自海关填发税款缴款书之日起一个月内，向原征税海关的上一级海关书面申请复议

D. 逾期申请复议的，海关不予受理

（三）判断题

1. 某公司进口货物完税价格为人民币100万元，进口关税税率为10%，海关于2002年3

月4日填发税款缴款书，公司应予当年3月18日前交纳关税。（　）

2. 已征出口关税的货物，因故未将其运出口，申报退关，经海关查验属实的，纳税人可以自交纳税款之日起1年内，向海关申请退税并加算银行同期活期存款利息。（　）

3. 纳税人可以对发生的关税纳税争议直接提起诉讼。（　）

4. 纳税义务人因不可抗力或者在国家税收政策调整的情形下，不能按期交纳税款的，经海关总署批准，可以无限期延期交纳税款。（　）

5. 海关征收关税、滞纳金等，应当按人民币计征。（　）

6. 纳税人同海关发生纳税争议时，可向海关申请复议。（　）

7. 纳税人在向海关申请复议后，可以先暂不交纳关税税额。（　）

8. 变价抵缴即海关从纳税人在开户银行或者其他金融机构的存款中直接扣交税款。（　）

9. 强制扣交即海关将应税货物依法变卖，以变卖所得抵缴税款。（　）

10. 进出口货物的成交价格以及有关费用以外币计价的，以报关当日中国人民银行公布的基准汇率折合为人民币计算完税价格。（　）

二、基本技能训练

（一）计算练习题

1. 某外贸企业从钢铁厂购进钢铁废料500吨，直接报关离境出口。钢铁废料出厂价每吨5 000元，离岸价每吨720美元（汇率1∶8.3）。假设出口关税税率为30%，请计算该批钢铁废料应交出口关税税额。

2. 某外贸公司进口小轿车200辆，每辆小轿车到岸价格为80 000元，小轿车关税税率为100%，计算该批小轿车应纳关税税额。

（二）核算技能题

北京宏轩进出口有限公司的纳税人识别号为110103767056112，纳税人计算机代码为06019312，开户行为中国建设银行上地支行，账号为01091060100120105002011。2009年9月20日，该公司报关从英国进口50箱化妆品，以离岸价格为成交价格，成交价格60 000美元，其中包括向境外采购代理人支付的买方佣金2 000美元，卖方佣金1 000美元。另支付运费500美元，保险费1 000美元。外汇折算率为1美元=人民币6.8245元。假设化妆品适用的进口关税税率为10%，增值税税率为17%，消费税税率为30%。

计算北京宏轩进出口有限公司2009年9月进口环节征收的进口关税、增值税和消费税，并作出相应的会计处理。

三、综合仿真训练

（一）实训资料

1. 企业概况

（1）企业名称：上海长江进出口有限公司。

（2）纳税人识别号：110108376714112。

（3）纳税人计算机代码：06183313。

（4）开户行及账号：中国建设银行清林西支行　　010910601001201050015l5。

2. 基本业务

2009 年 8 月 30 日，该公司报关从日本进口 5 辆丰田汽车，成交价格（离岸价格）110 000 美元，其中包括单独计价并经海关审查属实的货物进口后装配调试费用 3 000 美元，向境外采购代理人支付买方佣金 5 000 美元。另支付运费 20 000 美元，保险费 10 000 美元。已知该批汽车的规格为汽油型大马力小轿车，4 座位，汽缸容量为 4 000cc（1cc = 1 毫升），外汇折算汇率 1 美元 = 人民币 6.8265 元。

（二）实训要求

（1）计算该公司 2009 年 8 月 30 日进口环节海关征收的关税、增值税和消费税。

（2）进行关税涉税业务的会计处理：填制记账凭证；登记“在途物资”相关明细账。

（3）填制进口关税缴款书。

项目六　资源税交纳实务与操作

任务一　资源税的核算与申报

一、资源税会计科目的设置

资源税纳税人应设置“应交税费——应交资源税”账户，该账户贷方登记本期应交纳的资源税税额，借方登记实际交纳或允许抵扣的资源税税额，期末贷方余额表示企业应交而未交的资源税税额。“应交税费——应交资源税”的对应科目，主要有“营业税金及附加”、“在建工程”、“生产成本”、“制造费用”等。

二、资源税的账务处理

（一）销售应税矿产品的会计核算

企业对外销售的应税矿产品，按规定计算出应纳资源税税额，借记“营业税金及附加”科目，贷记“应交税费——应交资源税”科目；上缴资源税时，借记“应交税费——应交资源税”科目，贷记“银行存款”科目。

企业未按规定期限交纳资源税，向税务局交纳滞纳金时，借记“营业外支出”科目，贷记“银行存款”科目。

例 6-1　某矿区 9 月份对外销售原煤 6 000 吨，每吨售价为 360 元（不含增值税），增值税税率为 13%（假定该煤矿进项税额为零），该煤矿资源税单位税额为 0.5/吨。计算该煤矿应交纳的资源税。

应交纳的资源税 = 6 000 × 0.5 = 3 000（元）

计提资源税时会计处理如下：

借：营业税金及附加	3 000	
贷：应交税费——应交资源税		3 000

交纳资源税时会计处理如下：

借：应交税费——应交资源税	3 000	
贷：银行存款		3 000

（二）自产自用应税产品的会计核算

企业自产自用应税产品，按规定计算出应纳资源税税额，借记“生产成本”、“制造费用”等科目，贷记“应交税费——应交资源税”科目；上缴时，借记“应交税费——应交资源税”科目，贷记“银行存款”科目。

例 6-2 某煤矿 9 月份移送 8 000 吨原煤用于提炼加工精煤，另移送 200 吨用于职工宿舍取暖，该煤矿资源税单位税额为 0.5 元/吨。计算该煤矿应交纳的资源税。

应交纳的资源税 =（8 000 + 200）× 0.5 = 4 100（元）

计提资源税时会计处理如下：

借：生产成本　4 000

应付职工薪酬　100

　贷：应交税费——应交资源税　4 100

交纳资源税时会计处理如下：

借：应交税费——应交资源税　4 100

　贷：银行存款　4 100

例 6-3 某油田 8 月份交纳资源税 12 000 000 元，9 月份生产原油 320 000 吨，其中：对外销售原油 270 000 吨，企业自办炼油厂耗用 50 000 吨。企业同时生产天然气 108 000 千立方米，向外销售 100 000 千立方米，自办炼油厂耗用 6 000 千立方米，取暖方面使用 2 000 千立方米，该油田原油的单位税额为 30 元/吨，天然气单位税额为 10 元/千立方米，税务机关核定该企业纳税期限为 10 天，每旬按上月税款的 1/3 预缴，月终结算。

预缴时：企业每旬预交资源税额 = 12 000 000 ÷ 3 = 4 000 000（元）

借：应交税费——应交资源税　4 000 000

　贷：银行贷款　4 000 000

当期对外销售原油时：应纳税额 = 270 000 × 30 = 8 100 000（元）

借：营业税金及附加　8 100 000

　贷：应交税费——应交资源税　8 100 000

自办炼油厂消耗原油时：应交税额 = 50 000 × 30 = 1 500 000（元）

借：生产成本　1 500 000

　贷：应交税费——应交资源税　1 500 000

对外销售天然气时：应纳税额 = 100 000 × 10 = 1 000 000（元）

借：营业税金及附加　1 000 000

　贷：应交税费——应交资源税　1 000 000

自产自用天然气时：

炼油厂使用天然气应纳税额 = 6 000 × 10 = 60 000（元）

用于取暖使用天然气应纳税额 = 2 000 × 10 = 20 000（元）

借：生产成本　60 000

制造费用/管理费用　20 000

　贷：应交税费——应交资源税　80 000

收到退税款时：

应收退税款 = 12 000 000 −（8 100 000 + 1 500 000 + 1 000 000 + 80 000）= 1 320 000（元）

借：银行存款　1 320 000

　贷：应交税费——应交资源税　1 320 000

（三）收购未税矿产品的会计核算

企业收购未税矿产品，按实际支付的收购款，借记“材料采购”、“在途物资”等科目，贷记“应交税费——应交资源税”科目。

例 6-4　某联合矿业企业 2010 年 3 月从其他民营铜矿企业收购铜矿石原矿 6 000 吨，总价款为 1 200 000 元，该批铜矿未交纳资源税，按税法规定，联合矿业企业应代扣代缴资源税。假定联合矿业企业所在矿山的铜矿属于 5 等，按规定使用的单位税额为 1.20 元/吨，有色金属矿按规定税额的 70% 征收。

应代扣代缴的资源税为 6 000 × 1.20 × 70% = 5 040（元）。

收购铜矿石原矿并代扣代缴资源税的会计分录如下：

借：在途物资　　1 200 000

　贷：银行存款　　1 200 000

借：在途物资　　5 040

　贷：应交税费——应交资源税　　5 040

（四）外购液体盐加工固体盐的会计核算

企业外购液体盐加工固体盐，在购入液体盐时，按所允许抵扣的资源税，借记“应交税费——应交资源税”科目，按外购价款减去允许抵扣资源税后的金额，借记“原材料”等科目，按应支付的全部价款，贷记“银行存款”、“应付账款”等科目；加工成固体盐后，在销售时，按销售固体盐应交纳的资源税，借记“营业税及附加”等科目，贷记“应交税费——应交资源税”科目；将销售固体盐应交纳的资源税扣除液体盐已纳资源税后的差额交纳，借记“应交税费——应交资源税”科目，贷记“银行存款”科目。

例 6-5　某盐业公司 2010 年 8 月初库存液体盐为零，当月购进液体盐 40 000 吨，价格为 300 元/吨，当月生产耗用液体盐 32 000 吨，对外销售固体盐 36 000 吨（上月的库存固体盐本月销售了一部分）。液体盐的单位税额为 4 元/吨，固体盐的单位税额为 20 元/吨。假定该盐业公司采用的核算方法为实际成本法。

购进液体盐可以抵扣的资源税 = 40 000 × 4 = 160 000（元）

购进液体盐的入账成本为 40 000 × 300 − 160 000 = 11 840 000（元）

购进液体盐的会计分录如下：

借：原材料　　11 840 000

应交税费——应交资源税　　160 000

　贷：银行存款　　12 000 000

销售固体盐应交纳的资源税 = 36 000 × 20 = 720 000（元），会计分录如下：

借：营业税金及附加　　720 000

　贷：应交税费——应交资源税　　720 000

按规定，纳税人以外购的液体盐加工固体盐，其加工固体盐所耗用的液体盐的已纳资源税额准予扣除。

准予扣除的资源税 = 32 000 × 4 = 128 000（元）

9 月实际应交纳的资源税 = 720 000 − 128 000 = 592 000（元）

会计分录如下：

借：应交税费——应交资源税　　592 000

　贷：银行贷款　　592 000

三、资源税的纳税申报

（一）纳税义务发生时间

1. 纳税人销售应税产品，其纳税义务发生的时间为发出应税产品、收讫销售款或取得销售凭据的当天，具体为：

（1）纳税人采取分期收款结算方式的，其纳税义务发生时间，为销售合同规定的收款日期的当天。

（2）纳税人采取预收货款结算方式的，其纳税义务发生时间，为发出应税产品的当天。

（3）纳税人采取其他结算方式的，其纳税义务发生时间，为收讫销售款或者取得索取销售凭据的当天。

2. 纳税人自产自用应税产品的纳税义务发生时间，为移送使用应税产品的当天。

3. 扣交义务人代扣代缴税款的纳税义务发生时间，为支付首笔货款或者开具应支付货款凭据的当天。

（二）纳税地点

1. 凡是交纳资源税的纳税人，都应当向应税产品的开采或者生产所在地主管税务机关交纳税款。

2. 如果纳税人在本省、自治区、直辖市范围内开采或者生产应税产品，其纳税地点需要调整的由所在省、自治区、直辖市税务机关决定。

3. 如果纳税人应纳的资源税属于跨省开采的，其下属生产单位与核算单位不在同一省、自治区、直辖市的，对其开采的矿产品一律在开采地纳税，其应纳税款由独立核算、自负盈亏的单位，按照开采地的实际销售量（或自用量）及适用的单位税额计算划拨。

4. 扣交义务人代扣代缴的资源税，也应当向收购地主管税务机关交纳。

（三）纳税期限

资源税的纳税期限为1日、3日、5日、10日、15日或1个月，纳税人的纳税期限由主管税务机关根据实际情况具体核定。不能按固定期限计算缴税的，可以按次计算交纳。

纳税人以1个月为一期纳税的，自期满之日起10日内申报纳税；以1日、3日、5日、10日或者15日为一期纳税的，自期满之日起5日内预缴税款，于次月1日起10日内申报纳税并结清上月税款。

扣交义务人的解缴税款期限，可依照执行。

（四）资源税纳税申报表

资源税纳税人应按《资源税暂行条例》有关规定及时办理纳税申报，并如实填写资源税纳税申报表，如表6-1所示。

例6-6 河南华中冶金有限公司的纳税人识别号为140116701011668，纳税人计算机代码为07302688，开户行为中国建设银行大同支行，账号为14091060100120105002022。其资源税纳税期限为1个月。2010年8月份销售铜矿石原矿30 000吨，移送入选精矿2 000吨，选矿比为20%，该矿山铜矿属于5等，按规定适用1.2元/吨的单位税额。

河南华中冶金有限公司2010年8月份的资源税纳税申报如下：

1. 计算填列资源税纳税申报表，如表6-1所示

外销铜矿石原矿的应纳税额：

原矿应纳税额 = 课税数量 × 单位税额 = 30 000 × 1. 2 = 36 000（元）

入选精矿的应纳税额：

精矿应纳税额 = 入选精矿数量 ÷ 选矿比 × 单位税额 = 2 000 ÷ 20% × 1. 2 = 12 000（元）

合计资源税的应纳税额：

本月资源税的应纳税额 = 原矿应纳税额 + 精矿应纳税额 = 36 000 + 12 000 = 48 000（元）

表6-1 资源税纳税申报表

填表日期：2010年09月10日

纳税人识别号 | 1 | 4 | 0 | 1 | 1 | 6 | 7 | 0 | 1 | 0 | 1 | 1 | 6 | 6 | 8 | 金额单位：元（列至角分）

纳税人名称：（公章）河南华中冶金有限公司　　税款所属期限：2010年08月01日至2010年08月31日

	产品名称	课税单位	课税数量	单位税额	本期应纳税额	本期已纳税额	本期应补（退）税额	备注
	1	2	3	4	5 = 3 × 4	6	7 = 5 - 6	
应纳税项目	铜矿石原矿	吨	30 000	1. 20	36 000. 00	0. 00	36 000. 00	
	铜矿石精矿	吨	10 000	1. 20	12 000. 00	0. 00	12 000. 00	
	合　计	—	—	—	48 000. 00	0. 00	48 000. 00	
减免税项目								

<table>
<tr><td rowspan="6">纳税人或代理人声明：
此纳税申报表是根据国家税收法律的规定填报的，我确信它是真实的、可靠的、完整的</td><td colspan="6">如纳税人填报，由纳税人填写以下各栏</td></tr>
<tr><td>经办人（签章）</td><td></td><td>会计主管（签章）</td><td></td><td>法定代表人（签章）</td><td></td></tr>
<tr><td colspan="6">如委托代理人填报，由代理人填写以下各栏</td></tr>
<tr><td>代理人名称</td><td colspan="3"></td><td colspan="2" rowspan="3">代理人（公章）</td></tr>
<tr><td>经办人（签章）</td><td colspan="3"></td></tr>
<tr><td>联系电话</td><td colspan="3"></td></tr>
</table>

填表说明：

（1）课税单位填写资源税的课税数量单位，如吨、立方米、千立方米等。

（2）课税数量：纳税人开采或者生产应税产品销售的，以销售数量为课税数量；纳税人开采或者生产应税产品自用的，以自用数量为课税数量。

（3）单位税额应对应不同应税矿产品分别填写。

（4）应纳税额等于课税数量乘以单位税额。

（5）已纳税额为纳税人本期实际已经交纳的本期资源税税款。

（6）应补（退）税额等于本期应纳税额减本期已纳税额。

（7）减免税项目。该部分填写不需要审批的资源税项目。纳税人的减税、免税项目，应当单独核算课税数量。

（8）课税单位填写资源税减免项目的课税单位，如吨、立方米、千立方米等。

（9）课税数量填写资源税减免数量。

（10）单位税额应对应不同应税矿产品分别填写。

（11）本期应纳税额等于课税数量乘以单位税额。

2. 汇算清缴应纳资源税税款

汇算清缴 2010 年 8 月 1 日至 8 月 31 日应纳的资源税款 48 000 元。

任务二　土地增值税的核算与申报

一、土地增值税会计科目的设置

土地增值税纳税人应设置“应交税费——应交土地增值税”账户，该账户贷方登记本期应交纳的土地增值税税额，借方登记实际交纳的土地增值税税额，期末贷方余额表示企业应交而未交的土地增值税税额。“应交税费——土地增值税”的对应科目，主要有“营业税金及附加”、“银行存款”、“固定资产清理”等。

二、土地增值税的账务处理

（一）预缴土地增值税的会计处理

纳税人在项目全部竣工前转让房地产取得的收入，由于涉及成本计算或其他原因，而无法据以计算土地增值税，可以预缴土地增值税。待项目全部竣工、办理结算后，再进行清算，多退少补。预缴土地增值税计算时，其扣除项目金额的计算方法由省、自治区、直辖市地方税务局根据当地情况制定。

预缴土地增值税的会计处理与企业上缴土地增值税相同，借记“应交税费——应交土地增值税”科目，贷记“银行存款”科目。

待房地产营业收入实现时，再按应交的土地增值税，借记“营业税金及附加”科目，贷记“应交税费——应交土地增值税”科目。

（二）主营房地产业务的企业土地增值税的会计处理

主营房地产业务的企业，是指在企业的经营业务中，房地产业务是企业的主要经营业务，其经营收入在企业的经营收入中占有较大比重，并且直接影响企业的经营效益。土地增值税是在转让房地产的流转环节纳税，并且是为了取得当期营业收入而支付的费用，因此，土地增值税应同营业税的会计处理相同，借记“营业税及附加”等科目，贷记“应交税费——应交土地增值税”科目。实际交纳土地增值税时，借记“应交税费——应交土地增值税”科目，贷

地增值税”科目。实际交纳土地增值税时，借记“应交税费——应交土地增值税”科目，贷记“银行存款”等科目。

例 6-7　某企业转让房地产应纳土地增值税税额为 3 200 万元。该企业该做何账务处理？

转让房地产时：

借：营业税金及附加　　32 000 000

　贷：应交税费——应交土地增值税　　32 000 000

实际交纳土地增值税时：

借：应交税费——应交土地增值税　　32 000 000

　贷：银行存款　　32 000 000

（三）兼营房地产业务的企业土地增值税的会计处理

兼营房地产的企业，是指虽然经营房地产业务，但不是以此为主，而是兼营或附带经营房地产业务的企业。

兼营房地产业务的企业，转让房地产取得的收入，计算应由当期营业收入负担的土地增值税时，应同营业税一样，计入“其他业务成本”科目。企业按规定计算出应交土地增值税时，借记“其他业务成本”科目，贷记“应交税费——应交土地增值税”科目。兼营房地产业务的企业如果没有设置“其他业务成本”账户，计算转让房地产应交土地增值税时，应同企业交纳营业税的会计处理一样，记入相关账户，如金融企业记入“其他营业成本”账户、外商投资银行记入“营业税金及附加”等账户。

企业实际交纳土地增值税时，借记“应交税费——应交土地增值税”科目，贷记“银行存款”等科目。

例 6-8　某企业兼营房地产业务，经计算本次转让房地产应交纳的土地增值税税额为 530 000 元。该企业该做何账务处理？

转让房地产时：

借：营业税金及附加　　530 000

　贷：应交税费——应交土地增值税　　530 000

实际交纳土地增值税时：

借：应交税费——应交土地增值税　　530 000

　贷：银行存款　　530 000

（四）转让房地产的会计处理

企业转让国有土地使用权连同地上建筑物及其附着物时，通过“固定资产清理”账户核算。其转让房地产取得的收入，计入“固定资产清理”科目的贷方，应交土地增值税，借记“固定资产清理”科目，贷记“应交税费——应交土地增值税”科目。

企业实际交纳土地增值税时，借记“应交税费——应交土地增值税”科目，贷记“银行存款”等科目。

转让以行政划拨方式取得的国有土地使用权时，如仅转让国有土地使用权，转让时应交土地增值税，借记“其他业务成本”等科目，贷记“应交税费——应交土地增值税收政策”科目；如国有土地使用权连同地上建筑物及其他附着物一并转让，计提应纳土地增值税时，借记

“固定资产清理”科目，贷记“应交税费——应交土地增值税”科目。

三、土地增值税的纳税申报

（一）纳税地点

土地增值税的纳税人应当向房地产所在地主管税务机关办理纳税申报，并在税务机关核定的期限内交纳土地增值税。

房地产所在地是指房地产的坐落地。纳税人转让的房地产坐落在两个或者两个以上地区的，应按房地产所在地分别申报纳税。

在实际工作中，纳税地点的确定又可分为以下两种情况。

1. 纳税人是法人的

当转让的房地产坐落地与其机构所在地或经营所在地一致时，则在办理税务登记的原管辖税务机关申报纳税即可；如果转让的房地产坐落地与其机构所在地或经营所在地不一致时，则应在房地产坐落地所管辖的税务机关申报纳税。

2. 纳税人是自然人的

当转让的房地产坐落地与其居住所在地一致时，则在住所所在地税务机关申报纳税；当转让的房地产坐落地与其居住所在地不一致时，在办理过户手续所在地的税务机关申报纳税。

（二）纳税申报

土地增值税的纳税人应在转让房地产合同签订后的7日内，到房地产所在地主管税务机关办理纳税申报，并向税务机关提交房屋及建筑物产权、土地使用权证书，土地转让、房产买卖合同，房地产评估报告及其他与转让房地产有关的资料。

纳税人在办理土地增值税申报时，首先，应核实国有土地使用权、地上建筑物及其附着物的转让情况；其次，核实计税收入额，法定扣除项目金额、增值额、适用税率、速算扣除系数，计算应交的土地增值税税额，并与“应交税费——应交土地增值税”账户核对相符；最后，根据核实无误的计税资料，填写纳税申报表办理签章手续。

纳税人因经常发生房地产转让而难以在每次转让后申报的，经税务机关审核同意后，可以定期进行纳税申报，具体时间由税务机关根据情况确定。

此外，对于纳税人预售房地产所取得的收入，凡当地税务机关规定预征土地增值税的，纳税人应当到主管税务机关办理纳税申报，并按规定比例预交，待办理决算后，多退少补；凡当地税务机关规定不预征土地增值税的，也应在取得收入时先到税务机关登记或备案。

（三）土地增值税纳税申报表

1995年5月17日，国家税务总局制定并下发了土地增值税纳税申报表。此表包括适用于从事房地产开发纳税人的土地增值税项目登记表（略）和土地增值税纳税申报表（一）（表6-2），及适用于非从事房地产开发的纳税人的土地增值税纳税申报表（二）（略）。国家税务总局同时规定，纳税人必须按照税法的有关规定，向房地产所在地主管税务机关如实申报转让房地产所取得的收入、扣除项目金额以及应纳土地增值税税额，并按期交纳税款。

例6-9 北京阳光房地产开发有限公司地处北京市朝阳区，其纳税人识别号为

110108725383988，纳税人计算机代码为06302660，开户行为中国建设银行塔院支行，账号为0109106010012010500219б。其土地增值税纳税期限1个月。2009年2月起开始在朝阳区建造金鼎大厦。2010年8月转让房地产取得人民币收入109 820 000元。取得土地使用权支付11 000 000元；房地产开发成本32 000 000元，其中土地征用及拆迁补偿费2 500 000元，前期工程费3 000 000元，建筑安装工程费17 000 000元，基础设施费4 000 000元，公共配套设施费1 000 000元，开发间接费4 500 000元；向银行借款50 000 000元，1年期，利率4%，向非银行金融机构借款5 000 000元，1年期，支付利息400 000元，均能按转让房地产项目分摊利息；其他房地产开发费用（包括印花税）3 000 000元。除利息外允许扣除的其他房地产开发费用，为按取得土地使用权所支付的金额与房地产开发成本计算的金额之和的5%。

北京阳光房地产开发有限公司2010年8月份的土地增值税纳税申报如下：

1. 计算填列土地增值税纳税申报表，如表6-2所示。

转让房地产收入＝109 820 000元

转让房地产的扣除项目金额：

取得土地使用权所支付的金额为11 000 000元

房地产开发成本＝2 500 000＋3 000 000＋17 000 000＋4 000 000＋1 000 000＋4 500 000
＝32 000 000（元）

房地产开发费用＝利息支出＋允许扣除的其他房地产开发费用
＝利息支出＋（取得土地使用权所支付的金额＋房地产开发成本）×5%
＝(50 000 000＋5 000 000)×4%＋(11 000 000＋32 000 000)×5%
＝2 200 000＋2 150 000＝4 350 000（元）

与转让房地产有关的税金＝营业税＋城市维护建设税＋教育附加费
＝109 820 000×5%＋109 820 000×5%×7%＋109 820 000×5%×3%
＝5 491 000＋384 370＋164 730＝6 040 100（元）

财政部规定从事房地产开发企业的加计扣除数＝（取得土地使用权所支付的金额＋房地产开发成本）×20%
＝(11 000 000＋32 000 000)×20%
＝8 600 000（元）

扣除项目金额合计＝11 000 000＋32 000 000＋4 350 000＋6 040 100＋8 600 000＝61 990 100（元）

转让房地产的增值额＝109 820 000－61 990 100＝47 829 900（元）

增值额与扣除项目金额之比＝47 829 900÷61 990 100＝77.16%

应交土地增值税税额＝47 829 900×40%－61 990 100×5%＝16 032 455（元）

表6-2　土地增值税纳税申报表（一）

（从事房地产开发的纳税人适用）

填表日期：　2010年09月07日　　　　金额单位：元（列至角分）

面积单位：平方米

纳税人识别号	1	1	0	1	0	8	7	2	5	3	8	3	9	8	8

纳税人名称	北京阳光房地产开发有限公司	税款所属时期：	2010 年 08 月 01 日至 08 月 31 日
项目		行次	金额
一、转让房地产收入总额 1 = 2 + 3		1	109 820 000.00
其中	货币收入	2	109 820 000.00
	实物收入及其他收入	3	0.00
二、扣除项目金额合计 4 = 5 + 6 + 13 + 16 + 20		4	61 990 100.00
1. 取得土地使用权所支付的金额		5	11 000 000.00
2. 房地产开发成本 6 = 7 + 8 + 9 + 10 + 11 + 12		6	32 000 000.00
其中	土地征用及拆迁补偿费	7	2 500 000.00
	前期工程费	8	3 000 000.00
	建筑安装工程费	9	17 000 000.00
	基础设施费	10	4 000 000.00
	公共配套设施费	11	1 000 000.00
	开发间接费用	12	4 500 000.00
3. 房地产开发费用 13 = 14 + 15		13	4 350 000.00
其中	利息支出	14	2 200 000.00
	其他房地产开发费用	15	2 150 000.00
4. 与转让房地产有关的税金等 16 = 17 + 18 + 19		16	6 040 100.00
其中	营业税	17	5 491 000.00
	城市维护建设税	18	384 370.00
	教育费附加	19	164 730.00
5. 财政部规定的其他扣除项目		20	8 600 000.00
三、增值额 21 = 1 − 4		21	47 829 900.00
四、增值额与扣除项目金额之比（%）22 = 21 ÷ 4		22	77.16
五、适用税率（%）		23	40
六、速算扣除系数（%）		24	5
七、应交土地增值税税额 25 = 21 × 23 − 4 × 24		25	16 032 455.00
八、已缴土地增值税税额		26	0.00
九、应补（退）土地增值税税额 27 = 25 − 26		27	16 032 455.00

授权代理人	（如果你已委托代理申报人，请填写下列资料）为代理一切税务事宜，现授权________（地址）________为本纳税人的代理申报人，任何与本报表有关的来往文件都可寄与此人。授权人签字：________	声明	我声明：此纳税申报表是根据《中华人民共和国土地增值税暂行条例》及其《实施细则》的规定填报的。我确信它是真实的、可靠的、完整的。声明人签字：________

纳税人签章		法人代表签章		经办人员（代理申报人）签章		备注	

填表说明：

（1）（适用范围）

土地增值税纳税申报表（一）适用于从事房地产开发并转让的土地增值税纳税人。其转让已经完成开发的房地产并取得转让收入，或者是预征正在开发的房地产并取得预售收入的，应按照税法和本表要求，根据税务机关确定的申报时间，定期向主管税务机关填报土地增值税纳税申报表（一），进行纳税申报。

（2）土地增值税纳税申报表（一）主要项目填表说明

土地增值税纳税申报表（一）各主要项目应根据土地增值税的基本计税单位作为填报对象。纳税人如果在规定的申报期内转让2个或2个以上计税单位的房地产，对每个计税单位应分别填写一份申报表。

纳税人如果既从事标准住宅开发，又进行其他房地产开发的，应分别填报土地增值税纳税申报表（一）。

① 本表第1栏"转让房地产收入总额"，按纳税人在转让房地产开发项目所取得的全部收入额填写。

② 本表第2栏"货币收入"，按纳税人转让房地产开发项目所取得的货币形态的收入额填写。

③ 本表第3栏"实物收入及其他收入"，按纳税人转让房地产开发项目所取得的实物形态收入和无形资产等其他形式的收入额填写。

④ 本表第5栏"取得土地使用权所支付的金额"，按纳税人为取得该房地产开发项目所需要的土地使用权而实际支付（补交）的土地出让金（地价款）及按国家统一规定交纳的有关费用的数额填写。

⑤ 本表第7～12栏，应根据《中华人民共和国土地增值税暂行条例实施细则》（以下简称《土地增值税暂行条例实施细则》）规定的从事房地产开发所实际发生的各项开发成本的具体数额填写。要注意，如果有些房地产开发成本是属于整个房地产项目的，而该项目同时包含了两个或两个以上的计税单位，要对该成本在各计税项目之间按一定比例进行分摊。

⑥ 本表第14栏"利息支出"，按纳税人进行房地产实际开发实际发生的利息支出中符合《土地增值税暂行条例实施细则》第7条"（3）"规定的数额填写。如果不单独计算利息支出的，则本栏数额填写为"0"。

⑦ 本表第15栏"其他房地产开发费用"，应根据《土地增值税暂行条例实施细则》第7条"（3）"的规定填写。

⑧ 本表第17～19栏，按纳税人转让房地产时所实际交纳的税金数额填写。

⑨ 本表第20栏"财政部规定的其他扣除项目"，是根据《土地增值税暂行条例》和《土地增值税暂行条例实施细则》等有关规定所确定的财政部规定的扣除项目的合计数。

⑩ 本表第23栏"适用税率"，应根据《土地增值税暂行条例》规定的四级超率累进税率，按所使用的最高一级税率填写；如果纳税人建造普通标准住宅出售，增值额未超过扣除项目金额20%的，本栏填写"0"。

⑪ 本表第24栏"速算扣除系数"，应根据《土地增值税暂行条例实施细则》第10条的规定找出速算扣除系数来填写。

⑫ 本表第26栏"已缴土地增值税额"，按纳税人已经交纳的土地增值税的数额填写。

2. 汇算清缴应纳土地增值税税款

汇算清缴2010年8月1日至8月31日应纳的土地增值税税款16 032 455元。

任务三 城镇土地使用税的核算与申报

一、城镇土地使用税会计科目的设置

核算城镇土地使用税，应设置“应交税费——应交土地使用税”科目。该账户贷方登记本期应交纳的城镇土地使用税税额，借方登记实际交纳的城镇土地使用税税额，本科目期末贷方余额反映应交而未交的城镇土地使用税。“应交税费——城镇土地使用税”的对应科目，主要有“管理费用”、“银行存款”等。

二、城镇土地使用税的账务处理

分期计提城镇土地使用税时应借记“管理费用”科目，贷记本科目；交纳城镇土地使用税时应借记本科目，贷记“银行存款”科目。

例 6-10 某企业占用土地 40 000 平方米，其中企业自办的托幼机构占用土地 2 000 平方米，当地政府核定应交土地使用税税额每平方米 2 元。试计算该企业年度应纳税额，并作会计处理。

年应纳税额 =（40 000 − 2 000）×2 = 76 000（元）

计提城镇土地使用税时，会计分录如下：

借：管理费用——土地使用税　　76 000

　贷：应交税费——应交土地使用税　　76 000

交纳城镇土地使用税时，会计分录如下：

借：应交税费——应交土地使用税　　76 000

　贷：银行存款　　76 000

三、城镇土地使用税的纳税申报

（一）纳税义务发生时间

（1）纳税人购置新建商品房，自房屋交付使用次月起纳税。

（2）纳税人购置存量房地产，自房产证签发次月起纳税。

（3）纳税人出租、出借房产，自出租、出借次月起纳税。

（4）房地产开发企业自用、出租、出借本企业建造的商品房，自出租、出借次月起纳税。

（5）纳税人新征用的耕地，自批准征用之日起满一年时开始纳税。

（6）纳税人新征用的非耕地，自批准征用次月起纳税。

（7）自 2009 年 1 月 1 日起，纳税人因土地的权利发生变化而依法终止城镇土地使用税纳税义务的，其应纳税款的计算应截止到土地权利发生变化的当月末。

纳税人新征用的土地，必须于批准新征用之日起 30 日内申报登记。纳税人如有住址变更、土地使用权属转换等情况，从转移之日起，按规定期限办理申报变更登记。

（二）纳税地点

城镇土地使用税的纳税地点为土地所在地，由土地所在地的税务机关负责征收。土地管理机关应当向土地所在地的税务机关提供土地使用权属资料。

纳税人使用的土地不属于同一省（自治区、直辖市）管辖范围的，应由纳税人分别向土地所在地的税务机关交纳土地使用税；在同一省（自治区、直辖市）管辖范围内，纳税人跨地区使用的土地，由各省、自治区、直辖市地方税务局确定其纳税地点。

（三）纳税期限

城镇土地使用税实行按年计算、分期交纳的征收方法。具体纳税期限由各省、自治区、直辖市地方人民政府确定。各省、自治区、直辖市税务机关结合当地情况，一般分别确定按月、季或半年等不同的期限交纳。

（四）城镇土地使用税纳税申报表

城镇土地使用税纳税人应按《城镇土地使用税暂行条例》有关规定及时办理纳税申报，并如实填写城镇土地使用税纳税申报表（如表6-3所示）。

例6-11　北京天和有限公司坐落于北京市海淀区学院路，其纳税人识别号为110108178379566，纳税人计算机代码为06304200，开户行为中国建设银行清河支行，账号为01091060100120105006012。该公司生产经营用地面积20 000平方米，其中幼儿园占地1 000平方米，公司绿化占地3 000平方米，该土地为一级土地，城镇土地使用税的单位税额为每平方米7元。2010年1月1日又受让面积6 000平方米的土地使用权，该土地为二级土地，城镇土地使用税的单位税额为每平方米5元。企业按年计算、按半年预缴城镇土地使用税。

北京天和有限公司2010年1～6月的城镇土地使用税纳税申报如下。

1. 计算填列城镇土地使用税纳税申报表（如表6-3所示）

公司所使用的土地20 000平方米中，幼儿园占地1 000平方米可免税，但公司绿化占地不免税。

应纳城镇土地使用税税额 = 实际占用的土地面积 × 适用税额

= (20 000 − 1 000) × 7 ÷ 2 + 6 000 × 5 ÷ 2 = 81 500（元）

表6-3　城镇土地使用税纳税申报表

填表日期：2010年07月06日

纳税人识别号

1	1	0	1	0	8	1	7	8	3	7	9	5	6	6

金额单位：元（列至角分）

面积单位：平方米

纳税人名称			北京天和有限公司			税款所属时期				2010年01月01日至06月30日				
房产坐落地点			北京市海淀区学院路											
坐落地点	上期占地面积	本期增减	本期实际占地面积	法定免税面积	应税面积	土地等级		适用税额		全年应缴税额	交纳次数	本期		
						Ⅰ	Ⅱ	Ⅰ	Ⅱ			应纳税额	已纳税额	应补（退）税额
1	2	3	4 = 2 + 3	5	6 = 4 − 5	7	8	9	10	11 = 6 × 9 或10	12	13 = 11 ÷ 12	14	15 = 13 − 14

续 表

海淀	20 000		20 000	1 000	19 000	Ⅰ		7		133 000.00	2	66 500.00	0.00	66 500.00
海淀		6 000	6 000	0	6 000		Ⅱ		5	30 000.00	2	15 000.00	0.00	15 000.00
合计	20 000	6 000	26 000	1 000	25 000	—	—	—	—	163 000.00	2	81 500.00	0.00	81 500.00

<table>
<tr><td colspan="2">如纳税人填报，由纳税人填写以下各栏</td><td colspan="4">如委托代理人填报，由代理人填写以下各栏</td><td>备 注</td></tr>
<tr><td rowspan="3">会计主管

（签章）</td><td rowspan="3">纳税人

（公章）</td><td>代理人名称</td><td></td><td colspan="2" rowspan="2">代理人
（公章）</td><td rowspan="3"></td></tr>
<tr><td>代理人地址</td><td></td></tr>
<tr><td>经办人姓名</td><td></td><td>电 话</td><td></td></tr>
<tr><td colspan="7">以下由税务机关填写</td></tr>
<tr><td colspan="2">收到申报表日期</td><td colspan="2"></td><td>接收人</td><td colspan="2"></td></tr>
</table>

填表说明：

（1）本表适用于中国境内城镇土地使用税纳税人填报。

（2）纳税人识别号是纳税人在办理税务登记证时由主管税务机关确定的税务登记号码填列。

（3）“坐落地点”指企业实际占用的土地所在地，土地管理部门已核发土地证的，应根据土地证填写。

（4）土地等级按照纳税人占用的土地所在地、县、市人民政府划分的土地等级填列。

（5）“上期占地面积”是指企业上一个纳税期限实际占用的土地面积。

（6）“本期增减”是指企业本纳税期限和上一个纳税期限相比的增减数，增加填正数，减少填负数。

（7）“本期实际占地面积” = “上期占地面积” + “本期增减数”。

（8）“法定免税面积”是指依据税法税收优惠政策享受法定免缴土地使用税优惠的土地面积数。

（9）“应税面积”是指企业享受优惠政策后计征土地使用税的面积。

（10）“土地等级”填写根据城镇土地使用税税率表及当地政府的规定适用的级别。

（11）“适用税额”填写根据城镇土地使用税税率表及当地政府的规定适用的税额。

（12）“全年应交税额”是指企业根据应税面积和土地使用税额计算出的本年度应纳税额。

（13）“交纳次数”根据实际情况由当地政府确定的年交纳次数。

（14）“应纳税额”根据当年应纳税额和由当地政府确定的年交纳次数相除得到本期应纳税额。

（15）“已纳税额”填写企业当年已经交纳的城镇土地使用税的税额。

（16）“应补（退）税额”填写本期应纳税额减本期已纳税额之差。

（17）本表一式三联，第一联由纳税人保存，第二联由主管税务机关留存，第三联由税务机关做税收会计原始凭证。

2. 汇算清缴应纳城镇土地使用税税款

汇算清缴 2010 年 1 月 1 日至 6 月 30 日应纳的城镇土地使用税款 81 500 元。

任务四　耕地占用税的核算

一、耕地占用税会计科目的设置

由于耕地占用税是在实际占用耕地之前一次性交纳的，不存在与征税机关清算和结算的问题，因此纳税人按规定交纳的耕地占用税，可以不通过“应交税金”科目核算。纳税人为购建固定资产而交纳的耕地占用税，作为固定资产价值的组成部分，记入“在建工程”科目。

二、耕地占用税的账务处理

纳税人征用耕地获得批准后，按规定缴清耕地占用税，应借记“在建工程”科目，贷记“银行存款”科目。工程竣工后汇算清缴时，如果预缴的税款少于应交的税款时，应借记“在建工程”科目，贷记“银行存款”科目；如果有多缴的预缴税款退回时，应借记“银行存款”科目，贷记“在建工程”科目。

企业多缴的税款，在收到退税时，分为以下两种情况进行会计处理：

（1）工程尚未完工，企业在收到退税款时，应借记“银行存款”科目，贷记“在建工程”科目。

（2）工程已完工并已投入使用，则企业在收到退税款时，应借记“银行存款”科目，贷记“在建工程”科目；同时，借记“在建工程”科目，贷记“固定资产”科目。

如因结算差错等原因，需补交耕地占用税，分为以下两种情况进行会计处理：

（1）工程尚未完工，或已完工尚未投入生产经营的，应借记“在建工程”科目，贷记“银行存款”科目。

（2）工程已完工并投入生产经营的，应借记“在建工程”科目，贷记“银行存款”科目；同时，由于工程完工并投入生产经营，在建工程成本已形成固定资产价值，因此，还应转入“固定资产”科目，借记“固定资产”科目，贷记“在建工程”科目。

企业在交纳滞纳金时，分为以下两种情况进行会计处理：

（1）工程尚未完工，企业在交纳滞纳金时，应借记“递延资产”科目，贷记“银行存款”科目。

（2）工程已完工并投入生产经营的，则企业在交纳滞纳金时，应借记“以前年度损益调整”科目，贷记“银行存款”科目。

例 6-12　某企业经批准在市郊占用耕地 48 000 平方米，其中用于建设用地 45 000 平方米，其余土地用于托儿所、职工医院建设。企业用银行存款交纳耕地占用税（该企业所在地区适用税额为 12 元/平方米）。托儿所、职工医院用地免税。

应纳耕地占用税税额 = 45 000 × 12 = 540 000（元）

会计分录如下：

借：在建工程　　540 000

贷：银行存款　　540 000

三、耕地占用税的纳税申报

耕地占用税按“先交纳后用地”的原则一次性征收，即纳税人在经土地管理部门批准占用耕地之日起30日内，将批件及时抄送所在地的统计征收机关，由征收机关通知纳税人在规定时间内到指定地点交纳税款或办理免税手续；土地管理部门凭征收机关开具的耕地占用税完税凭证或免税证明批准用地。耕地占用税纳税申报样式表如表6-4所示。

表6-4　耕地占用税纳税申报表

填表日期：　年　月　日

纳税人识别号：　　金额单位：元（列至角分）

面积单位：平方米

<table>
<tr><td>纳税人全称</td><td colspan="2"></td><td>经济类型</td><td colspan="2"></td></tr>
<tr><td>纳税人地址</td><td colspan="2"></td><td>邮政编码</td><td colspan="2"></td></tr>
<tr><td>经办人姓名</td><td colspan="2"></td><td>联系电话</td><td colspan="2"></td></tr>
<tr><td>开户银行</td><td colspan="2"></td><td>银行账号</td><td colspan="2"></td></tr>
<tr><td>占地位置</td><td colspan="5"></td></tr>
<tr><td>批准占地文号</td><td colspan="2"></td><td>占地用途</td><td colspan="2"></td></tr>
<tr><td>批准占地面积</td><td colspan="2"></td><td>批准占地日期</td><td colspan="2"></td></tr>
<tr><td>实际占地面积</td><td colspan="2"></td><td>实际占地日期</td><td colspan="2"></td></tr>
<tr><td>占地类型</td><td>计税面积</td><td>单位税额</td><td>计征税额</td><td>减免税额</td><td>应纳税额</td></tr>
<tr><td></td><td></td><td></td><td></td><td></td><td></td></tr>
<tr><td></td><td></td><td></td><td></td><td></td><td></td></tr>
<tr><td></td><td></td><td></td><td></td><td></td><td></td></tr>
<tr><td></td><td></td><td></td><td></td><td></td><td></td></tr>
<tr><td>小计</td><td></td><td></td><td></td><td></td><td></td></tr>
<tr><td>应纳合计</td><td colspan="5"></td></tr>
<tr><td colspan="3">如纳税人填报，由纳税人填写以下各栏</td><td colspan="3">如委托税务代理机构填报，由税务代理机构填写以下各栏</td></tr>
<tr><td rowspan="2">会计主管
（签章）</td><td colspan="2" rowspan="2">经办人
（签章）</td><td>税务代理机构名称</td><td></td><td rowspan="2">税务代理机构
（公章）</td></tr>
<tr><td>税务代理机构地址</td><td></td></tr>
<tr><td rowspan="3">申报声明</td><td colspan="2" rowspan="3">此申报表是根据国家税收法律规定填报的，我确信它是真实的、可靠的。
声明人：
（法定代表人签字或盖章）（公章）</td><td>代理人
（签章）</td><td>联系电话</td><td></td></tr>
<tr><td colspan="3">以下由税务机关填写</td></tr>
<tr><td>收到申报表日期</td><td></td><td>接收人</td></tr>
</table>

纳税人在规定期限内未申报纳税的，从滞纳税款之日起，按日加收应纳税款5‰的滞纳金。

纳税人按有关规定向土地管理部门退还耕地的，已纳税款不予退还。

凡被占用并已征收了耕地占用税的耕地，经核实确属农业税计税面积，其计税常年产量和计征税额应予以扣除。

任务五　资源税综合技能实训

一、基本知识认知训练

（一）单项选择题

1. 扣交义务人代扣代缴的资源税，应当向（　　）主管税务机关交纳。

A. 开采地　　B. 生产所在地　　C. 销售地　　D. 收购地

2. 某油田2010年5月份生产原油20 000吨，其中已销售16 000吨，自用1 000吨（非用于加热、修井），另有500吨待销售。该油田适用的单位税额为每吨8元，当月应纳的资源税税额为（　　）。

A. 16 000元　　B. 13 600元　　C. 12 000元　　D. 12 800元

3. 某煤矿2011年1月份生产销售煤炭10万吨，天然气5 000万立方米。已知该煤矿适用的单位税额为1.5元/吨，煤矿临近的某石油管理局天然气使用的单位税额为8元/千立方米，问煤矿3月份应纳的资源税税额为（　　）。

A. 25万元　　B. 40万元　　C. 55万元　　D. 215万元

4. 资源税采用从量定额税率，即（　　）。

A. 比例税率　　B. 累进税率　　C. 单一税率　　D. 固定税额

5. 资源税纳税人自产自用应税产品的纳税义务发生时间为（　　）。

A. 应税产品开采的当天　　B. 应税产品全部使用完毕的当天

C. 应税产品投入使用的当天　　D. 移送使用应税产品的当天

6. 资源税纳税人不定期开采矿产品的，其纳税期限按（　　）核定。

A. 1个月　　B. 15天　　C. 次　　D. 10天

7. 某铜矿山某月销售铜矿石原矿20 000吨，移送入选精矿4 000吨，选矿比为20%，该矿山铜矿属于5等，按规定单位税额为1.2元/吨，则该矿山本月应纳税额为（　　）。

A. 24 000元　　B. 72 000元　　C. 4 800元　　D. 24 960元

8. 某锰矿开采企业2010年8月计划开采锰矿石6 000吨，实际开采6 200吨，计划销售5 500吨，实际销售5 800吨，则当月资源税应税数量为（　　）。

A. 5 500吨　　B. 5 800吨　　C. 6 000吨　　D. 6 200吨

9. 资源税代扣代缴义务人代扣代缴的税款，其纳税义务发生时间是（　　）。

A. 收到货物的当天　　B. 出售所收购货物的当天

C. 主管税务机关确定的时间　　D. 支付货款的当天

10. 某油田2002年11月生产原油7 500吨，当月销售7 200吨，生产的原油中有4吨赠送给关系单位，还有296吨待销售，该油田单位税额为每吨8元，该油田当月应纳资源税为（　　）。

A. 57 640 元　　B. 57 632 元　　C. 60 000 元　　D. 60 040 元

11. 某油田 2011 年 5 月份生产原油 5 000 吨，其中已销售 4 000 吨，自用 500 吨（未用于加热、修井)，该油田适用的单位税额为每吨 8 元，其 3 月份应纳的资源税税额为(　　)。

A. 4 000 元　　B. 32 000 元　　C. 36 000 元　　D. 40 000 元

12. 某油田 2010 年 10 月份生产原油 10 万吨，其中已销售 8 万吨，当期收回 5 万吨原油的价款，自用原油 0.5 万吨（主要用于冬季加热、修井)，其余的未销售。该油田适用的单位税额为 8 元/吨，则该油田 2 月份应纳资源税税额为（　　)。

A. 64 万元　　B. 68 万元　　C. 80 万元　　D. 76 万元

13. 我国现行城镇土地使用税的税率形式为（　　)

A. 比例税率　　B. 累进税率　　C. 定额税率　　D. 复合税率

14. 根据《土地增值税暂行条例》规定，纳税人应于（　　)。

A. 向有关部门办理过户、登记手续之日前 7 日内

B. 向有关部门办理过户、登记手续之日起 7 日内

C. 签订房地产转让合同之日起 7 日内或在税务机关核定期限内

D. 签订房地产转让合同之日起 30 日内

15. 土地增值税由（　　）征收。

A. 房地产管理部门　　B. 纳税人所在地主管税务机关

C. 房地产坐落地主管税务机关　　D. 纳税人经营地税务机关

16. 纳税人申报交纳土地增值税时，须向主管税务机关提供（　　)。

A. 工商执照原件　　B. 税务登记证原件

C. 所得税完税凭证　　D. 土地使用权证书

17. 某企业转让一幢已经使用的写字楼，原价为 600 万元，已提折旧 380 万元，经房地产评估机构评估，该楼重置成本价为 800 万元，成新度折扣率为五成，转让时交纳各种税金共 30 万元，则评估价格为（　　)。

A. 430 万元　　B. 400 万元　　C. 200 万元　　D. 230 万元

18. 某生产企业 2010 年转让一栋 20 世纪 90 年代末建造的办公室，取得转让收入 780 万元，交纳相关税费共计 65 万元。该办公室原造价 220 万元，如果按现行市场价的材料、人工费计算，建造同样的办公室需 800 万元，该办公室经评估还有四成新。该企业转让办公室应交纳的土地增值税为（　　)。

A. 25.5 万元　　B. 14.5 万元　　C. 22.5 万元　　D. 16.5 万元

19. 2009 年 1 月某房地产开发公司转让新建普通标准住宅，取得转让收入 4 000 万元，转让环节税款合计 220 万元，已经全部缴清。已知该公司取得土地使用权而支付的地价款和有关费用为 1 600 万元，投入的房地产开发成本为 900 万元，利息支出 210 万元（能够按房地产项目计算分摊并提供金融机构证明，但其中有 30 万元属于超过贷款期限的利息)。该单位所在地省政府规定的其他房地产开发费用的计算扣除比例为 5‰。此转让行为应交纳土地增值税（　　)。

A. 0 万元　　B. 133.5 万元　　C. 142.5 万元　　D. 292.5 万元

20. 在同一省、自治区、直辖市管辖范围内，纳税人跨区域使用土地，其纳税地点是(　　)。

A. 在纳税人注册地纳税

B. 在土地所在地纳税

C. 纳税人选择纳税地点

D. 由省、自治区、直辖市地方税务局确定

21. 下列关于城镇使用税说法不正确的是（　　）。

A. 纳税人因土地的权利发生重大变化而依法终止城镇土地使用税纳税义务的，其应纳税款的计算截止到土地权利发生变化的次月末

B. 纳税人新征用的非耕地，自批准征用次月起交纳土地使用税

C. 以出让或转让方式有偿取得土地使用权的，应由受让方从合同约定交付土地时间的次月起交纳城镇土地使用税；合同未约定交付土地时间的，由受让方从合同签订的次月起交纳城镇土地使用税

D. 纳税人新征用的耕地，自批准征用之日起满一年时开始交纳城镇土地使用税

22. 某生产企业坐落在某县城，经有权部门核定2010年占用土地面积共计26 500平方米，其中幼儿园占地1 000平方米、子弟学校占地3 500平方米、绿化占地2 000平方米，该地每平方米征收城镇土地使用税4元。该企业2010年应交纳城镇土地使用税（　　）。

A. 80 000元　　B. 106 000元　　C. 82 000元　　D. 85 000元

23. 甲企业与乙企业按2∶1的占用比例共用一块土地，该土地面积3 000平方米，该土地所属地区城镇土地使用税每平方米年税额3元，该地区规定城镇土地使用税每年5月、10月两次交纳，甲公司上半年交纳的城镇十地使用税（　　）。

A. 1 125元　　B. 1 500元　　C. 9 000元　　D. 4 500元

24. 获准占用耕地的单位或者个人应当在收到土地管理部门的通知之日起（　　）内交纳耕地占用税。

A. 7日　　B. 15日　　C. 30日　　D. 60日

25. 耕地占用税由（　　）负责征收。

A. 国家税务总局　　B. 省级税务机关

C. 地方税务机关　　D. 地方人民政府

26. 纳税人在规定期限内未申报纳税的，从滞纳税款之日起，按日加收应纳税款（　　）的滞纳金。

A. 7‰　　B. 5‰　　C. 0.5‰　　D. 3‰

27. 耕地占用税通过（　　）科目核算。

A. 管理费用　　B. 在建工程　　C. 应交税费　　D. 固定资产

28. 工程已完工并投入生产经营，则企业在交纳滞纳金时，应借记（　　）科目，贷记“银行存款”科目。

A. 以前年度损益调整　　B. 在建工程

C. 应交税费　　D. 固定资产

（二）多项选择题

1. 下列选项中，符合资源税暂行条例规定的有（　　）。

A. 纳税人应向应税产品的销售地主管税务机关申报纳税

B. 收购未税矿产品的单位，应依据收购的数量和资源税暂行条例的规定代扣代缴资源税

C. 纳税人采取分期收款结算方式的，其纳税义务发生时间为销售合同规定的收款日期当天

D. 纳税人开采或生产不同税目的应税产品，不能准确提供不同产品课税数量的，从高适用税额

2. 按照现行资源税的规定，下列说法正确的有（　　）。

A. 纳税人跨省开采资源税应税产品，一律在开采地纳税

B. 扣交义务人代扣代缴的资源税，应当向核算地主管税务机关交纳

C. 扣交义务人代扣代缴税款，其纳税义务发生时间为支付货款的当天

D. 资源税的各种应税产品的实际产量计征资源税

3. 按照资源税的有关规定，关于资源税纳税义务发生时间的表述中，正确的有（　　）。

A. 分期收款销售方式的，为收到货款的当天

B. 代扣代缴税款的，为支付货款的当天

C. 预收货款销售的，为收到货款的当天

D. 自产自用应税产品，为移送使用的当天

4. 根据土地增值税规定，下列表述正确的有（　　）。

A. 纳税人以预售方式转让房地产的，税务机关可以预征土地增值税

B. 纳税人难以在每次转让后申报应纳税额的，可以选择定期申报方式

C. 土地增值税采用超额累进税率

D. 集体土地转让是违法行为，应该征收土地增值税

5. 土地增值税的纳税人纳税申报时，向税务机关提交的资料有（　　）。

A. 房屋及建筑物产权、土地使用权证书

B. 土地转让、房产买卖合同

C. 房地产评估报告

D. 其他与转让房地产有关的资料

6. 下列关于城镇土地使用税的纳税义务发生时间正确的有（　　）。

A. 纳税人购置新建商品房，自房屋交付使用之次月

B. 纳税人购置存量房，自房屋交付使用之次月起

C. 以出让或转让方式有偿取得土地使用权的，应由受让方从合同约定交付土地时间的次月起交纳城镇土地使用税

D. 纳税人新征用的非耕地，自批准征用次月起

7. 城镇土地使用税的交纳期限可为（　　）。

A. 按月交纳　　B. 按季交纳　　C. 按年交纳　　D. 一次性交纳

8. 下列关于城镇土地使用税的规定正确的是（　　）。

A. 城镇土地使用税的纳税地点为土地所在地，由土地所在地的税务机关负责征收

B. 土地管理机关应当向土地所在地的税务机关提供土地使用权属资料

C. 纳税人使用的土地不属于同一省（自治区、直辖市）管辖范围的，应由纳税人分别向土地所在地的税务机关交纳土地使用税

D. 在同一省（自治区、直辖市）管辖范围内，纳税人跨地区使用的土地，由各省、自治区、直辖市地方税务局确定其纳税地点

9. 下列关于耕地占用税的规定正确的是（　　）。

A. 耕地占用税实行地区差别幅度定额税率

B. 人均耕地面积越少，耕地占用税单位税额越高

C. 耕地占用税由地方税务机关负责征收

D. 获准占用耕地的单位或者个人应当在收到土地管理部门的通知之日起 10 日内交纳耕地占用税

10. 下列关于耕地占用税账务处理表述正确的是（　　）。

A. 工程尚未完工，企业在收到退税款时，应借记“银行存款”科目，贷记“在建工程”科目

B. 工程已完工并已投入使用，则企业在收到退税款时，应借记“银行存款”科目，贷记“在建工程”科目；同时，借记“在建工程”科目，贷记“固定资产”科目

C. 工程尚未完工，或已完工尚未投入生产经营的，应借记“在建工程”科目，贷记“银行存款”科目

D. 工程已完工并投入生产经营的，应借记“在建工程”科目，贷记“银行存款”科目；同时，借记“固定资产”科目，贷记“在建工程”科目

（三）判断题

1. 资源税纳税人销售应税产品，其纳税义务发生的时间为发出应税产品、收讫销售款或取得销售凭据的次日。（　　）

2. 资源税扣交义务人代扣代缴税款的纳税义务发生时间，为支付首笔货款或者开具应支付货款凭据的当天。（　　）

3. 凡是交纳资源税的纳税人，都应当向应税产品的开采或者生产所在地主管税务机关交纳税款。（　　）

4. 土地增值税纳税人因经常发生房地产转让而难以在每次转让后申报的，经税务机关审核同意后，可以定期进行纳税申报，具体时间由税务机关根据情况确定。（　　）

5. 土地增值税的纳税人应在转让房地产合同签订后的 15 日内，到房地产所在地主管税务机关办理纳税申报。（　　）

6. 城镇土地使用税纳税人新征用的土地，必须于批准新征用次日起 30 日内申报登记。（　　）

7. 土地管理机关应当向土地所在地的税务机关提供土地使用权属资料。（　　）

8. 耕地占用税按“先交纳后用地”的原则一次性征收。（　　）

9. 纳税人按有关规定向土地管理部门退还耕地的，已纳耕地占用税税款准予退还。（　　）

10. 企业为购建固定资产而交纳的耕地占用税，作为固定资产价值的组成部分，记入“固定资产”科目。（　　）

二、基本技能训练

（一）计算练习题

1. 某冶金联合企业矿山，2010 年 5 月份开采铁矿石 8 000 吨，销售 3 000 吨，适用的单位税额为每吨 14 元，计算该矿当月应纳的资源税税额。

2. 某矿区 2011 年 1 月份销售锰矿石原矿 30 000 吨，移送入选精矿 6 000 吨，选矿比为 20%，该矿山锰矿按规定适用 12 元/吨的单位税额，计算该矿山本月应交纳的资源税税额。

3. 2011 年，某房地产开发公司销售其新建一幢商品房，取得销售收入 1.5 亿元，已知该公司支付与商品房相关的土地使用权费及开发成本合计为 5 200 万元，该公司没有按房地产项目计算分摊银行借款利息，该商品房所在地的省政府规定计征土地增值税时房地产开发费用扣除比例为 10%，销售商品房交纳有关税金 870 万元。计算该公司销售商品房应交纳的土地增值税。

4. 某学校占用耕地 35 000 平方米，其中 5 000 平方米为校办工厂用地，其余 30 000 平方米为教学楼、操场、宿舍等用地。当地适用率为 5 元/平方米。按耕地占用税政策规定，校办工厂用地不能免征耕地占用税。计算该企业应交纳的耕地占用税。

（二）核算技能题

1. 某油田 2011 年销售原油 70 万吨，油田自用 5 万吨，另有 2 万吨在采油过程中用于加热和修理油井。已知该油田适用的税额为每吨 15 元，计算该油田当年应纳资源税税额，并作出相应的会计处理。

2. 某房地产开发公司 2011 年 2 月份出售某处花园别墅取得的收入为 24 000 万元。其有关支出如下：支付地价款 2 000 万元；房地产开发成本 7 000 万元；财务费用中的利息支出为 240 万元（可按项目计算分摊并提供金融机构证明）；交纳的有关税费为 840 万元；该公司所在地政府规定的其他房地产开发费用计算扣除比例为 5%。试计算其应纳土地增值税税额，并作出相应的会计处理。

3. 某商业企业 2011 年占地面积为 28 000 平方米，其中坐落在一级地段的商场占地面积为 20 000 平方米，坐落在四级地段的商品库房占地面积为 8 000 平方米，计算该单位年应纳城镇土地使用税税额（该市城镇土地使用税税额标准为：1 级地段 5 元/平方米，4 级地段 1 元/平方米），并作出相应的会计处理。

三、综合仿真训练

（一）资源税业务实训

1. 实训资料

企业概况

（1）企业名称：阳光盐业公司。

（2）纳税人识别号：456681245654213656l。

基本业务

该盐场2011年2月发生如下经济业务：

（1）购进液体盐50 000吨，每吨购进价为220万元，当月全部耗用。

（2）销售当月生产的固体盐30 000吨。

（3）销售海盐原盐20 000吨。

（4）用海盐原盐40 000吨加工成精盐出售。

（5）该盐场按月交纳资源税，经税务机关核定固体盐单位税额30元/吨，外购液体盐单位税额6元/吨。

2. 实训要求

（1）计算该企业应交纳的资源税税额。

（2）进行资源税涉税业务的会计处理，填制记账凭证，登记“应交税费”相关明细账。

（3）填制资源税纳税申报表。

（二）土地增值税业务实训

1. 实训资料

企业概况

（1）企业名称：北京金昌房地产开发有限公司。

（2）纳税人识别号：31596104677917445。

（3）纳税人计算机代码：06302011。

（4）开户行及账号：中国建设银行塔院支行　　180100167105003789。

（5）公司地址：北京市海淀区健翔路。

基本业务

2010年7月起开始在海淀区南京路附近建造商业大厦。2010年10月转让房地产取得货币收入150 600 000元。取得土地使用权支付13 500 000元；房地产开发成本36 685 400元，其中土地征用及拆迁补偿费579 400元，前期工程费4 500 000元，建筑安装工程费23 000 000元，基础设施费3 350 000元，公共配套设施费1 500 000元，开发间接费用3 756 000元；向银行借款65 000 000元，1年期，利率6%，向非银行金融机构借款3 500 000元，1年期，支付利息220 000元，不能按转让房地产项目分摊利息；其他房地产开发费用（包括印花税）3 000 000元。房地产开发费用按取得土地使用权所支付的金额和房地产开发成本计算的金额之和的10%计算扣除。

2. 实训要求

（1）计算该企业2010年10月份应交纳的土地增值税税额。

（2）进行土地增值税涉税业务的会计处理。

（3）填制土地增值税纳税申报表。

（三）城镇土地使用税涉税业务的实训

1. 实训资料

企业概况

（1）企业名称：北京长天有限公司。

（2）企业地址：北京市海淀区学院路。

（3）纳税人识别号：11789812434355。

（4）纳税人计算机代码：06301236。

（5）开户银行及账号：中国建设银行上地支行　　0103812010548759950。

基本业务

该公司生产经营用地面积56 000平方米，其公司绿化占地4 000平方米，该土地为一级土地，城镇土地使用税的单位税额为7元/平方米。2009年1月1日又受让面积8 800平方米的土地使用权，该土地为一级土地，城镇土地使用税的单位税额为7元/平方米。企业按年计算、按半年预缴城镇土地使用税。

2. 实训要求

（1）计算该公司2009年1月至6月的应纳城镇土地使用税税额。

（2）进行城镇土地使用税涉税业务的会计处理。

（3）填制城镇土地使用税纳税申报表。

项目七　财产税交纳实务与操作

任务一　房产税的核算与申报

一、房产税的计算

（一）房产税计算的基本公式

房产税应纳税额的计算分为从价计征应交税额的计算和从租计征应交税额的计算

1. 从价计征的，其应交房产税的计算公式为：

$$年应纳税额 = 应税房产原值 \times (1 - 扣除比例) \times 1.2\%$$

2. 从租计征的，其应交房产税的计算公式为：

$$年应纳税额 = 年租金收入 \times 12\%$$

（二）房产税的计算案例

例 7-1　晨光公司 2010 年经营用房产原值为 5 000 万元，当地政府规定的扣除比例为 30%，试计算该公司 2010 年应交纳的房产税税额。

年应纳税额 = 5 000 × (1 − 30%) × 1.2% = 42（万元）

例 7-2　东方公司有一处房产原值 1 000 万元，2010 年 7 月 1 日用于投资联营（收取固定收入，不承担联营风险），投资期 5 年。已知该企业当年取得固定收入 50 万元，当地政府规定的扣除比例为 20%。试计算该公司当年就此项房产应交纳的房产税税额。

以房产联营投资，不担风险，只收取固定收入，应从租计征房产税。由于该公司是下半年才对外投资的，所以上半年仍从价计征房产税，具体计算公式如下：

2010 年房产税应纳税额 = 1 000 × (1 − 20%) × 1.2% ÷ 2 + 50 × 12% = 4.8 + 6 = 10.8（万元）

例 7-3　美晨公司拥有一栋房产，原值为 3 000 万元，全部对外出租，每年收取租金收入 200 万元，当地政府规定的扣除比例为 20%，试分析应从价计征还是从租计征。

一般来说租金是市场公允价格的体现，除特殊情况外，“租金优先”：

房产税应纳税额 = 200 × 12% = 24（万元）

二、房产税的账务处理

企业经营自用的房屋，按规定计算应交的房产税，借记“管理费用”账户，贷记“应交税费——应交房产税”账户；交纳的房产税，借记“应交税费——应交房产税”账户，贷记“银行存款”等账户。

企业出租的房屋，按规定计算应交的房产税，借记“营业税金及附加”账户，贷记“应交税费——应交房产税”账户；交纳的房产税，借记“应交税费——应交房产税”账户，贷记“银行存款”等账户。

三、房产税的纳税申报

房产税实行按年征收，分期交纳。纳税期限由省、自治区、直辖市人民政府规定。各地一般规定按季或按半年征收一次。

纳税义务人应根据税法要求，将现有住房的坐落地点、结构、面积、原值、出租收入等情况，据实向当地税务机关办理纳税申报，并按规定纳税。如纳税人住址发生变更、产权发生转移，以及出现新建、改建、拆除房屋等情况，而引起房产原值发生变化或租金收入发生变化的，都需按规定及时向税务机关办理变更登记，以便税务机关及时掌握纳税人的房产变动情况。

（一）房产税纳税申报表基本格式（见表7-1）

表7-1 房产税纳税申报表

填表日期： 年 月 日

纳税人识别号 □□□□□□□□□□□□□□□ 金额单位：元（列至角分）

纳税人名称							税款所属时期										
房产坐落地点							建筑面积（平方米）						房屋结构				
上期申报房产原值	本期增减	本期实际房产原值	其中 从价计税的房产原值	其中 从租计税的房产原值	其中 税法规定的免税房产原值	扣除率%	以房产余值计征房产税 房产余值	以房产余值计征房产税 适用税率1.2%	以房产余值计征房产税 应纳税额	以租金收入计征房产税 租金收入	以租金收入计征房产税 适用税率12%	以租金收入计征房产税 应纳税额	全年应纳税额	交纳次数	本期 应纳税额	本期 已纳税额	应补（退）税额
1	2	3=1+2	4=3-5-6	5=3-4-6	6	7	8=4-4×7	9	10=8×9	11	12	13=11×12	14=10+13	15	16=14÷15	17	18=16-17
合计																	

如纳税人填报，由纳税人填写以下各栏		如委托代理人填报，由代理人填写以下各栏		
会计主管（签章）	纳税人（公章）	代理人名称		代理人（公章）
		代理人地址		
		经办人姓名		电话
以下由税务机关填写				
收到申报表日期		接收人		

（二）房产税纳税申报表填制说明

第1栏“上期申报房产原值”是指企业上一个纳税期限拥有房屋的账面价值。

第2栏“本期增减”是指企业本纳税期限和上一个纳税期限相比的增减数，增加填正数，减少填负数。

第3栏“本期实际房产原值”是指企业上一个纳税期限房产原值加上本期增减数，即本期房产账面价值。

第4栏“从价计税的房产原值”是指企业自用房屋的账面价值。

第5栏“从租计税的房产原值”是指企业出租房屋的账面价值。

第6栏“税法规定的免税房产原值”是指税法税收优惠政策享受法定免征房产税优惠的房产原值。

第7栏“扣除率（%）”是指当地政府规定的房屋扣除比率。

第8栏“房产余值”是指企业自用房屋的账面价值减掉根据当地政府规定的房屋扣除比率计算的扣除额后剩余的房产价值。

第9栏“适用税率1.2%”是指自用房屋适用的应纳房产税的税率。

第10栏“应纳税额”是指从价计征的房产根据房产余值和适用税率1.2%相乘计算出的应纳税额。

第11栏“租金收入”是指企业从租计征出租房屋取得的租金收入。

第12栏“适用税率12%”是指出租房屋适用的应纳房产税的税率。

第13栏“应纳税额”是指从租计征的房产根据租金收入和适用税率12%相乘计算出的应纳税额。

第14栏“全年应纳税额”填写从价计征和从租计征应纳税额的合计数。

第15栏“交纳次数”根据实际情况由当地政府确定的年交纳房产税的次数。

第16栏“应纳税额”是指根据全年应纳税额和应纳次数计算出的本次应纳税额。

第17栏“已纳税额”是指企业当年已经交纳的房产税的税额。

第18栏“应补（退）税额”是指本期应纳税额减本期已纳税额后应补或退的税额。

任务二 契税的核算

一、契税的计算

（一）契税的计税依据

契税的计税依据，是指土地使用权、房屋所有权发生转移，权属承受人应支付的价格。具体分为以下几种情况：

（1）国有土地使用权出让、土地使用权出售、房屋买卖，以成交价格为计税依据；

（2）土地使用权赠与、房屋赠与，由征收机关参照土地使用权出售、房屋买卖的市场价格核定；

(3) 土地使用权交换、房屋交换，以所交换的土地使用权、房屋的价格的差额为计税依据。

(二) 契税应纳税额计算公式

应纳税额 = 计税依据 × 税率

例 7-4 明华房地产开发公司承受国有土地使用权，成交价格 18 000 万元，并将其出售给另一外资企业，成交价为 21 000 万元。以一项价值 6 000 万元的土地换入一处价值 8 000 万元的厂房，支付 2 000 万元差价款，该地区契税适用税率为 4%。该企业当年应申报交纳的契税为多少?

契税是针对土地使用权、房屋所有权的权属承受人应交纳的税款，所以承受 18 000 万元国有土地使用权，需交纳契税，而以 21 000 万元为成交价格出售给另一外资企业是不需要交纳契税的。

对于土地使用权交换、房屋交换是以所交换的土地使用权、房屋的价格的差额为计税依据。

该企业应该交纳的契税税额 = [18 000 + (8 000 - 6 000)] × 4% = 800 (万元)

二、契税的账务处理

(一) 企业购买房屋、建筑物等固定资产以及获得土地使用权时按规定计算应交的契税，在实际交纳契税时，借记“在建工程”、“固定资产”、“无形资产”等账户，贷记“银行存款”账户。

例 7-5 某中外合资企业 2009 年 1 月从当地政府手中取得某块土地使用权，支付土地使用权出让费 1 200 000 元，省政府规定契税的税率为 3%。计算企业应当交纳的契税并作会计处理。

契税应纳税额 = 1 200 000 × 3% = 36 000 (元)

计算应纳契税时，会计处理如下:

借: 无形资产——土地使用权　　36 000

　贷: 银行存款　　36 000

例 7-6 某企业 2009 年购入一幢办公楼，价值 6 800 000 元，当地政府规定契税税率为 3%，企业按规定申报交纳契税，计算企业应当交纳的契税并作会计处理。

契税应纳税额 = 6 800 000 × 3% = 204 000 (元)

企业计算应纳契税时，账务处理如下:

借: 固定资产　　204 000

　贷: 银行存款　　204 000

(二) 若土地使用权为无偿取得，则一般不将该土地使用权作为无形资产入账，企业交纳的契税，可作为当期费用入账。

例 7-7 某福利工厂 2009 年 6 月 28 日收到当地政府无偿划入的一块土地，该企业申报交纳契税，契税征收机关参照同类土地市价，确定该土地使用权价格为 800 000 元，当地政府规定契税税率为 5%，计算企业应当交纳的契税并作会计处理。

应纳税额 = 800 000 × 5% = 40 000（元）

计算应纳契税时，账务处理如下：

借：管理费用　　40 000

　贷：银行存款　　40 000

例 7-8　某房地产开发企业 2009 年 12 月 12 日购入一块国有土地，按规定交纳土地出让费 12 000 000 元，用于房地产开发。企业按规定申报交纳契税，当地政府规定契税税率为 5%，计算企业应当交纳的契税并作会计处理。

应纳税额 = 12 000 000 × 5% = 600 000（元）

计算应纳契税时，账务处理如下：

借：开发成本　　600 000

　贷：银行存款　　600 000

三、契税的纳税申报

纳税人应当自纳税义务发生之日起 10 日内，填写《契税纳税申报表》（如表 7-2 所示），向土地、房屋所在地的契税征收机关办理纳税申报，并在契税征收机关规定期限内交纳税款，索取完税凭证。

表 7-2　契税纳税申报表

填表日期：　年　月　日　　　　金额单位：元（列至角分）

面积单位：平方米

承受方	名　称		识别号	
	地　址		联系电话	
转让方	名　称		识别号	
	地　址		联系电话	
土地、房屋权属转移	合同签订时间			
	土地、房屋地址			
	权属转移类别			
	权属转移面积	平方米		
	成交价格	元		
适用税率				
计征税额	元			
减免税额	元			
应纳税额	元			
纳税人员签章		经办人员签章		
（以下部分由征收机关负责填写）				
征收机关收到日期		接收人		审核日期
审核记录				
审核人员签章		征收机关签章		

（本表 A4 竖式，一式两份：第一联为纳税人保存；第二联由主管征收机关留存。）

填表说明：

（1）承受方及转让方名称：承受方、转让方是单位的，应按照人事部门批准或者工商部门注册登记的全称填写；承受方、转让方是个人的，则填写本人姓名。

(2) 承受方、转让方识别号：承受方、转让方是单位的，填写税务登记号；没有税务登记号的，填写组织机构代码。承受方、转让方是个人的，填写个人身份证号或护照号。

(3) 合同签订时间：指承受方签订土地、房屋转移合同的当日，或其取得其他具有土地、房屋转移合同性质凭证的当日。

(4) 权属转移类别：指（土地）出让、买卖、赠与、交换、作价入股等行为。

(5) 成交价格：土地、房屋权属转移合同确定的价格（包括承受者应交付的货币、实物、无形资产或者其他经济利益，折算成人民币金额）填写。计税价格，是指由征收机关按照《中华人民共和国契税暂行条例》第四条确定的成交价格、差价或者核定价格。

(6) 计征税额＝计税价格×税率，应纳税额＝计征税额－减免税额。

任务三　车船税的核算

一、车船税的计算

(一) 车船税计算的基本公式

载客汽车和摩托车的应纳税额＝辆数×适用年税额

载货汽车、三轮汽车、低速货车的应纳税额＝自重吨位数×适用年税额

船舶的应纳税额＝净吨位数×适用年税额

拖船和非机动驳船的应纳税额＝净吨位数×适用年税额×50%

(二) 车船税的计算案例

例 7-9　某商场 2010 年拥有汽车如下：本田和奥迪载客汽车各一辆；载货汽车自重为 6 吨的三辆；2010 年 7 月份又购入中华轿车一辆，并于当月购买“交强险”，计算当年应纳车船税税额。(当地政府规定载客汽车税额为 480 元/辆，载货汽车自重为 50 元/吨。)

(1) 载客汽车为 3 辆（其中一辆为 7 月份购入）应纳税额＝2×480＋1×480×6÷12＝1 200（元）

(2) 载货汽车应纳税额＝6×50×3＝900（元）

(3) 2010 年当年应纳车船税税额＝1 200＋900＝2 100（元）

二、车船税的账务处理

企业按规定计算应交的车船税，借记“管理费用”账户，贷记“应交税费——应交车船税”账户；交纳的车船税，借记“应交税费——应交车船税”账户，贷记“银行存款”等账户。

例 7-10　以例 7-8 资料，计算应纳车船税时，账务处理如下：

借：管理费用　　2 100

　贷：应交税费——应交车船税　　2 100

交纳车船税时账务处理如下：

借：应交税费——应交车船税　2 100

　贷：银行存款　2 100

三、车船税的纳税申报

（一）车船税的纳税义务发生时间

纳税义务发生时间为车船管理部门核发的车船登记证书或者行驶证书所记载日期的当月。

纳税人未按照规定到车船管理部门办理应税车船登记手续的，以车船购置发票所载开具时间的当月作为车船税的纳税义务发生时间。对未办理车船登记手续且无法提供车船购置发票的，由主管地方税务机关核定纳税义务发生时间。

由扣交义务人代收代缴机动车车船税的，纳税人应当在购买机动车交通事故责任强制保险的同时交纳车船税。

（二）车船税的纳税期限

车船税按年申报交纳。具体申报纳税期限由省、自治区、直辖市人民政府确定。

扣交义务人解缴税款的具体期限，由各省、自治区、直辖市地方税务机关依照法律、行政法规的规定确定。

（三）车船税的纳税地点

车船税的纳税地点，由省、自治区、直辖市人民政府根据当地实际情况确定。跨省、自治区、直辖市使用的车船，纳税地点为车船的登记地。

（四）车船税纳税申报表填制方法

1. 车船税纳税申报表基本格式（见表7-3）

表7-3　车船使用税纳税申报表

纳税人识别号 □□□□□□□□□□□□□□□　填表日期　年　月　日　单位：元（列至角分）

纳税人名称						税款所属时期		
车船类别	计税标准	数量	单位税额	全年应纳税额	年交纳次数	本期		
						应纳税额	已纳税额	应补（退）税额
1	2	3	4	5 = 3 × 4	6	7 = 5 ÷ 6	8	9 = 7 − 8
合计								
车船使用税税收交款书号								
如纳税人填报，由纳税人填写以下各栏			如委托代理人填报，由代理人填写以下各栏					备　注

续 表

<table>
<tr><td rowspan="3">会计主管
（签章）</td><td rowspan="3">纳税人
（公章）</td><td>代理人名称</td><td></td><td rowspan="2" colspan="2">代理人
（公章）</td><td rowspan="3"></td></tr>
<tr><td>代理人地址</td><td></td></tr>
<tr><td>经办人姓名</td><td></td><td>电话</td><td></td></tr>
<tr><td colspan="7">以下由税务机关填写</td></tr>
<tr><td>收到申报表日期</td><td colspan="2"></td><td>接收人</td><td colspan="3"></td></tr>
</table>

2. 车船税纳税申报表填制说明

第1栏“车船类别”指企业拥有车辆或船舶所属的税目。

第2栏“计税标准”是指拥有车辆或船舶的计税标准，比如辆数、自重吨位、净吨位。

第3栏“数量”是指拥有车辆或船舶的辆数、自重吨位数、净吨位数。

第4栏“单位税额”是指按相应的“车船税税目税率表”及当地政府规定对应的单位税额。

第5栏“全年应纳税额”是指载客汽车和摩托车的应纳税额根据辆数乘以适用年税额；或者载货汽车、三轮汽车、低速货车的应纳税额根据自重吨位数乘以适用年税额；或者船舶的应纳税额根据净吨位数乘以适用年税额；或者拖船和非机动驳船的应纳税额根据净吨位数乘以适用年税额再减半计算出来的税额。

第6栏“年交纳次数”根据实际情况由当地政府确定的年交纳次数。

第7栏“应纳税额”填写企业全年应纳税额根据交纳次数不同，应交纳的本期车船税税款。

第8栏“已纳税额”填写本年度已交纳的车船税税额。

第9栏“应补（退）税额”填写本期应纳税额减本期已纳税额。

任务四　财产税综合技能实训

一、单项选择题

1. 我国房产税的征税范围不包括（　　）

A. 城市　　B. 县城　　C. 农村　　D. 建制镇

2. 纳税人自行新建的房屋用于生产的，应从（　　）起交纳房产税。

A. 验收完成之次月起　　B. 生产经营之月

C. 建成之次月　　D. 生产经营之次月

3. 房产税从价计征是按房产原值减除（　　）后的余值计算的。

A. 10%～20%　　B. 5%～20%　　C. 10%～30%　　D. 5%～30%

4. 某企业2010年将原值50万元的房屋出租，取得租金收入5万元，当地政府规定房产原值扣除率为20%，则应纳房产税为（　　）。

A. 0.96万元　　B. 0.48万元　　C. 0.6万元　　D. 1.08万元

5. 以划拨方式取得土地使用权的，后经批准改为出让方式取得土地使用权的，由房地产转让者以（　　）为依据补交契税。

A. 补交的土地使用权出让费用或土地收益

B. 转让房地产的评估价格

C. 双方协议的价格

D. 土地市场价

6. 甲乙双方交换房屋权属，甲的房屋价值12.5万元，乙的房屋价值20.5万元，已知契税的税率为3%，下列回答正确的是（　　）。

A. 甲是纳税人，应纳契税0.615万元

B. 甲是纳税人，应纳契税0.24万元

C. 甲是纳税人，应纳契税0.375万元

D. 甲是纳税人，应纳契税0.99万元

7. 契税纳税人应当自纳税义务发生之日起（　　）日内，向土地、房屋所在地的契税征收机关办理纳税申报，并在契税征收机关核定的期限内交纳税款。

A. 5　　B. 10　　C. 15　　D. 30

8. 下列车船需交纳车船税的是（　　）

A. 拖拉机　　B. 警用车船　　C. 捕捞渔船　　D. 三轮汽车

9. A企业与李某签订了为期一年的租赁合同，将企业的一辆货车租赁给李某，当年A企业未交纳该货车的车船税。此时车船税的纳税人应为（　　）。

A. A企业　　B. 李某代A企业交纳

C. 李某　　D. 税务机关指定A企业或者李某

10. 下列车辆中不应交纳车船税的有（　　）。

A. 摩托车　　B. 挂车　　C. 机动船　　D. 自行车

二、多项选择题

1. 下列属于征收范围内的房产税纳税义务人的有（　　）。

A. 房屋产权所有人　　B. 房屋使用人

C. 房屋承典人　　D. 房屋代管人

2. 下列不交房产税的有（　　）。

A. 仓库　　B. 围墙　　C. 水塔　　D. 室外游泳池

3. 下列各项属于房产税免税范围的有（　　）。

A. 个人自用住房　　B. 某中学出租用房　C. 宗教寺庙　　D. 政府办公大楼

4. 下列关于房产投资的房产税的说法正确的是（　　）。

A. 以房产投资成立的有限公司，投资方按房产余值为计税依据计征房产税

B. 房产联营投资，不承担经营风险，只收取固定收入，投资方按房产余值为计税依据计征房产税

C. 以房产联营投资，共同承担风险的，被投资方按房产余值为计税依据计征房产税

D. 以房产联营投资，共同承担风险的，投资方不再计征房产税

5. 车船税的计税依据形式包括（ ）。

A. 辆　　B. 马力　　C. 净吨位　　D. 自重吨位

6. 发生下列活动的单位和个人，应交纳契税的有（ ）。

A. 销售不动产的房地产公司　　B. 以房屋权属作投资的某企业集团

C. 房产交换中的支付补价方　　D. 购买商品房的外籍人员

7. 下列行为需要交纳契税的有（ ）。

A. 以土地、房屋权属作投资　　B. 以土地房屋权属抵偿债务

C. 对拆迁居民因拆迁重新购置住房的，对购房成交价相当于拆迁补偿款部分

D. 破产清算期间，非债权人承受破产企业土地、房屋归属权

8. 下列各项不应当征收契税的有（ ）。

A. 以房产抵押　　B. 子女继承房产

C. 以获奖方式承受土地、房屋权属

D. 以预购方式或者预付集资建房款方式承受土地、房屋权属

9. 下列不属于契税征收范围的有（ ）。

A. 获奖方式承受房地产　　B. 农村土地承包经营权转让

C. 房屋投资　　D. 房屋抵押

10. 房产税纳税义务时间表述正确的有（ ）

A. 原有房产用于生产经营，从生产经营当月起交纳房产税

B. 自行新建房产用于生产经营，从建成之次月起交纳房产税

C. 出租房产，自交付出租房产之月起交纳房产税

D. 购置新建商品房，自房屋交付使用之月起交纳房产税

三、判断题

1. 房产税以在征收范围内的房屋产权所有人为纳税人，产权未定的暂不交纳。（ ）

2. 独立于房屋之外的建筑物不交纳房产税。（ ）

3. 对经营自用的房屋，以房产的原值作为计税依据。（ ）

4. 拖船和非机动驳船比照机动船舶计征车船税。（ ）

5. 凡在我国境内行驶的车船，均交纳车船税。（ ）

6. 转让房地产时应交纳营业税、城市维护建设税、印花税和契税等。（ ）

7. 境内承受转移土地、房屋权属的单位和个人为契税的纳税人，但不包括外商投资企业和外国企业。（ ）

8. 继承人承受房屋、土地使用权的，免征契税。（ ）

9. 农民赵某将其在乡上的一套房子出租，取得租金收入 3 000 元。按照房产税从租计征的规定计算，王某应交纳房产税 360 元。

10. 房地产出租的，由承租人交纳房产税。（ ）

四、业务训练题

1. 王某在市区购买一处房产给李某用于居住，取得租金 3 万元，该房产原值 40 万元，房

产税的扣除比例为10%。试计算王某应交纳的房产税。

2. 某企业拥有房产原值1 200万元，2010年6月1日将其中的40%用于对外投资，不承担投资风险，投资期限为3年，当年取得固定利润分红24万元。已知当地政府规定的扣除比例为20%。另外该企业拥有自重吨位为5吨的载重汽车20辆，4吨的挂车10辆，同型号载客汽车2辆，该企业所在地载货汽车年税额为50元/吨，该型号载客汽车年税额为200元/辆。试计算该企业应交纳的房产税和车船税，作出提取和交纳时的账务处理，并填写《房产税纳税申报表》和《车船税纳税申报表》。(见表7-4、表7-5)

3. 王某2010年拥有和使用的房产情况如下：将2009年2月购入并居住的一套房（购入价格40万元）以48万元的价格转让给他人；将一套三居室的住房出租，月租金2 000元，2009年共取得租金2.4万元；将一套已居住两年的二居室的住房（市场价格为20万元）与他人交换一套四居室住房（市场价格45万元），支付差价25万元；参加一项有奖竞赛活动，获得奖励商品房一套（市场价格为15万元）。计算张某在2009年应交纳的契税，进行业务的账务处理，并填写《契税纳税申报表》。(见表7-6)

表7-4　房产税纳税申报表

填表日期：　　年　　月　　日

纳税人识别号 □□□□□□□□□□□□□□□　　金额单位：元（列至角分）

<table>
<tr><td colspan="3">纳税人名称</td><td colspan="4"></td><td colspan="3">税款所属时期</td><td colspan="8"></td></tr>
<tr><td colspan="3">房产坐落地点</td><td colspan="4"></td><td colspan="3">建筑面积（平方米）</td><td colspan="3"></td><td>房屋结构</td><td colspan="4"></td></tr>
<tr><td rowspan="2">上期申报房产原值</td><td rowspan="2">本期增减</td><td rowspan="2">本期实际房产原值</td><td colspan="3">其中</td><td rowspan="2">扣除率（%）</td><td colspan="3">以房产余值计征房产税</td><td colspan="3">以租金收入计征房产税</td><td rowspan="2">全年应纳税额</td><td rowspan="2">交纳次数</td><td colspan="2">本期</td><td rowspan="2">应补（退）税额</td></tr>
<tr><td>从价计税的房产原值</td><td>从租计税的房产原值</td><td>税法规定的免税房产原值</td><td>房产余值</td><td>适用税率1.2%</td><td>应纳税额</td><td>租金收入</td><td>适用税率12%</td><td>应纳税额</td><td>应纳税额</td><td>已纳税额</td></tr>
<tr><td>1</td><td>2</td><td>3 = 1 + 2</td><td>4 = 3 − 5 − 6</td><td>5 = 3 − 4 − 6</td><td>6</td><td>7</td><td>8 = 4 − 4 × 7</td><td>9</td><td>10 = 8 × 9</td><td>11</td><td>12</td><td>13 = 11 × 12</td><td>14 = 10 + 13</td><td>15</td><td>16 = 14 ÷ 15</td><td>17</td><td>18 = 16 − 17</td></tr>
<tr><td></td><td></td><td></td><td></td><td></td><td></td><td></td><td></td><td></td><td></td><td></td><td></td><td></td><td></td><td></td><td></td><td></td><td></td></tr>
<tr><td></td><td></td><td></td><td></td><td></td><td></td><td></td><td></td><td></td><td></td><td></td><td></td><td></td><td></td><td></td><td></td><td></td><td></td></tr>
<tr><td>合计</td><td></td><td></td><td></td><td></td><td></td><td></td><td></td><td></td><td></td><td></td><td></td><td></td><td></td><td></td><td></td><td></td><td></td></tr>
<tr><td colspan="7">如纳税人填报，由纳税人填写以下各栏</td><td colspan="11">如委托代理人填报，由代理人填写以下各栏</td></tr>
<tr><td colspan="4" rowspan="3">会计主管
（签章）</td><td colspan="3" rowspan="3">纳税人
（公章）</td><td colspan="3">代理人名称</td><td colspan="3"></td><td colspan="5" rowspan="2">代理人（公章）</td></tr>
<tr><td colspan="3">代理人地址</td><td colspan="3"></td></tr>
<tr><td colspan="3">经办人姓名</td><td colspan="3"></td><td colspan="5">电话</td></tr>
<tr><td colspan="18">以下由税务机关填写</td></tr>
<tr><td colspan="4">收到申报表日期</td><td colspan="5"></td><td colspan="3">接收人</td><td colspan="6"></td></tr>
</table>

表 7-5　契税纳税申报表

填表日期：　　年　　月　　日　　　　金额单位：元（列至角分）

面积单位：平方米

承受方	名　称		识别号	
	地　址		联系电话	
转让方	名　称		识别号	
	地　址		联系电话	
土地、房屋权属转移	合同签订时间			
	土地、房屋地址			
	权属转移类别			
	权属转移面积			
	成交价格			
适用税率				
计征税额				
减免税额				
应纳税额				
纳税人员签章		经办人员签章		

（以下部分由征收机关负责填写）

征收机关收到日期		接收人		审核日期	
审核记录					
审核人员签章		征收机关签章			

表 7-6　车船使用税纳税申报表

纳税人识别号 □□□□□□□□□□□□□□□　填表日期　　年　月　日　单位：元（列至角分）

纳税人名称					税款所属时期			
车船类别	计税标准	数　量	单位税额	全年应纳税额	年交纳次数	本　期		
						应纳税额	已纳税额	应补（退）税额
1	2	3	4	5 = 3 × 4	6	7 = 5 ÷ 6	8	9 = 7 − 8
合计								
车船使用税税收交款书号								

如纳税人填报，由纳税人填写以下各栏		如委托代理人填报，由代理人填写以下各栏			备注
会计主管（签章）	纳税人（公章）	代理人名称		代理人（公章）	
		代理人地址			
		经办人姓名		电　话	
以下由税务机关填写					
收到申报表日期		接收人			

项目八　特定行为目的税交纳实务与操作

任务一　印花税的核算

一、印花税的计算

（一）印花税计算的基本公式

纳税人的应纳税额，根据应纳税凭证的性质，分别按比例税率或者定额税率计算

1. 印花税从价定率征收的计算

其计算公式是：

应纳税额 = 应税凭证计税金额 × 适用税率

2. 印花税从量定额征收的计算

其计算公式是：

应纳税额 = 应税凭证件数 × 适用税率

（二）印花税的计算案例

例 8-1　美晨公司 2010 年 6 月份开业，当月发生如下交易或事项：领取工商营业执照正副本各一件，税务登记证（国税、地税正副本各一件），房屋产权证 2 件，商标注册证 1 件；公司注册资本为 5 000 000 元；其他营业账簿 6 本；签订财产保险合同 1 份，投保金额为 3 000 000 元，交保险费 50 000 元；签订货物买卖合同 1 份，合同金额为 500 000 元，计算该企业 2010 年 6 月份应交纳的印花税额。

（1）税务登记证无须贴花，其他三个证件均须按每件 5 元贴花

故企业领受权利许可证照应纳税额 =（1 + 1 + 2）× 5 = 20（元）

（2）企业记载资金账簿应纳税额 = 5 000 000 × 0. 5‰ = 2 500（元）

（3）企业其他营业账簿应纳税额 = 6 × 5 = 30（元）

（4）财产保险合同应纳印花税额 = 50 000 × 1‰ = 50（元）

（5）购销合同应纳印花税额 = 500 000 × 0. 3‰ = 150（元）

美晨公司 2010 年 6 月份应交纳的印花税额 = 20 + 2 500 + 30 + 50 + 150 = 2 750（元）

二、印花税的会计处理

印花税属于一次性交纳的税种，不存在与税务机关清算和结算的问题，因此，企业可以不通过“应交税费”账户核算。购买印花税票时，可以直接借记“管理费用”账户，贷记“银

行存款”账户。

例 8-2 例 8-1 中，美晨公司 2010 年 6 月份计算应交印花税的会计处理为：

借：管理费用 2 750

贷：银行存款 2 750

三、印花税纳税申报表填制方法举例

（一）印花税纳税申报表基本格式（见表 8-1）

表 8-1 印花税纳税申报表

填表日期：2010 年 07 月 05 日

纳税人识别号 | 1 | 3 | 0 | 6 | 1 | 1 | 6 | 7 | 4 | 6 | 5 | 1 | 6 | 4 | 3 | 金额单位：元（列至角分）

纳税人名称		美晨公司		税款所属时期			2010 年 06 月			
应税凭证名称	件数	计税金额	适用税率	应纳税额	已纳税额	应补（退）税额	购花贴花情况			
							上期结存	本期购进	本期贴花	本期结存
1	2	3	4	5	6	7=5-6	8	9	10	
购销合同	1	500 000.00	0.3‰	150.00						
财产保险合同		50 000.00	1‰	50.00						
资金账簿	1	5 000 000.00	0.5‰	2 500.00						
其他账簿	6		5 元	30.00						
权利许可证照	4		5 元	20.00						
合计				2 750.00						

如纳税人填报，由纳税人填写以下各栏		如委托代理人填报，由代理人填写以下各栏				备注
会计主管（签章）	纳税人（公章）	代理人名称		代理人（公章）		
		代理人地址				
		经办人姓名		电话		
以下由税务机关填写						
收到申报表日期		接收人				

（二）印花税纳税申报表填制说明

本申报表应按照印花税的不同税目分别填列：

第 1 栏“应税凭证名称”指企业据实申报交纳印花税的，企业所签订的应税合同上所属的应税凭证的种类，即印花税税目。

第 2 栏“件数”是指实行从量定额征收印花税应纳税额的应税凭证件数。

第 3 栏“计税金额”是指从价定率征收应纳税额的计算应税凭证计税金额。

第 4 栏“适用税率”是指按相应的“印花税税目税率表”及当地政府规定对应的比例税率或单位税额。

第5栏"应纳税额"填写本期应纳税额等于件数乘以适用单位税额或计税金额乘以适用税率。

第6栏"已纳税额"填写企业已交纳的本期印花税税款。

第7栏"应补（退）税额"填写本期应纳税额减本期已纳税额。

任务二　城市维护建设税的核算与申报

一、城市维护建设税的计算

城市维护建设税（简称城建税，下同），是对从事工商经营，交纳增值税、消费税、营业税的单位和个人，就其实际交纳的"三税"税额为计税依据而征收的一种税。

（一）城市维护建设税基本计算公式

应纳税额＝实际交纳的增值税、消费税、营业税税额×适用税率

（二）城市维护建设税的税率

城建税实行地区差别比例税率。按照纳税人所在地的不同，税率分别规定为7%、5%、1%。不同地区的纳税人，适用的税率不同。具体适用范围为：

（1）纳税人所在地在城市市区的，税率为7%。

（2）纳税人所在地在县城、建制镇的，税率为5%。

（3）纳税人所在地不在城市市区、县城、建制镇的，税率为1%。

城建税的适用税率，一般按纳税人所在地的适用税率执行，但对下列情况，可按交纳"三税"所在地的规定税率就地交纳城建税。

铁道部应交纳城建税的适用税率，因其计税依据为铁道部实际集中交纳的营业税税额，难以确定适用的地区差别比例税率，所以，财政部作出特案规定，税率统一为5%。

（三）城市维护建设税计算案例

例8-3　晨光公司2010年9月份实际交纳增值税16 000元、消费税9 000元、营业税800元。试计算应纳的城建税。

应纳城市维护建设税＝（16 000＋9 000＋800）×7%＝1 806（元）

例8-4　某化妆品生产企业2010年6月交纳消费税40 000元，增值税30 000元，被查补消费税10 000元，增值税5 000元，并被处以罚款8 000元，加收滞纳金600元。试计算该化妆品生产企业应交纳的城建税。

城建税以实际交纳及查补的"三税"税额为计税依据，不包括违反"三税"规定加收的滞纳金和罚款。该企业地处某镇，适用城建税税率为5%，则应纳城建税：

应交纳的城建税＝（40 000＋30 000＋10 000＋5 000）×5%＝4 250（元）

二、城建税的会计处理

企业按规定计算应交的城建税，借记"营业税金及附加"、"固定资产清理"等账户，贷

记“应交税费——应交城建税”；交纳城建税时，借记“应交税费——应交城建税”，贷记“银行存款”等账户。

例 8-5 接例 8-3，计算应交城建税时：

借：营业税金及附加 1 806

贷：应交税费——应交城建税 1 806

实际交纳城建税时：

借：应交税费——应交城建税 1 806

贷：银行存款 1 806

三、城建税的纳税申报

城建税由地方税务机关征收管理。纳税人应按期申报纳税，并如实填写《城市维护建设税纳税申报表》。

例 8-6 接例 8-3 晨光公司 2010 年 9 月城建税纳税申报表（见表 8-2）

表 8-2 城市维护建设税纳税申报表

纳税人识别号 | 1 | 3 | 0 | 6 | 1 | 1 | 6 | 7 | 4 | 6 | 5 | 1 | 6 | 4 | 3 |

纳税人名称：（公章）

税款所属期限：自 2010 年 09 月 01 日至 2010 年 09 月 30 日

填表日期：2010 年 10 月 03 日 金额单位：元（列至角分）

计税依据（计征依据）		计税金额（计征金额）	税率（征收率）	本期应纳税额	本期已交税额	本期应补（退）税额
		1	2	3 = 1 × 2	4	5 = 3 − 4
城市维护建设税	增值税	16 000. 00	7%	1 120. 00		
	消费税	9 000. 00	7%	630. 00		
	营业税	800. 00	7%	56. 00		
	合计		—	1 806. 00		
教育费附加	增值税		3%			
	消费税		3%			
	营业税		3%			
	合计		—			
	销售收入		4‰			

<table>
<tr><td rowspan="6">纳税人或代理人声明：
此纳税申报表是根据国家税收法律的规定填报的，我确信它是真实的、可靠的、完整的。</td><td colspan="6">如纳税人填报，由纳税人填写以下各栏</td></tr>
<tr><td>经办人（签章）</td><td></td><td>会计主管（签章）</td><td></td><td>法定代表人（签章）</td><td></td></tr>
<tr><td colspan="6">如委托代理人填报，由代理人填写以下各栏</td></tr>
<tr><td>代理人名称</td><td></td><td colspan="4" rowspan="3">代理人（公章）</td></tr>
<tr><td>经办人（签章）</td><td></td></tr>
<tr><td>联系电话</td><td></td></tr>
</table>

任务三　教育费附加的核算

一、教育费附加的计算

教育费附加是以单位和个人交纳的增值税、消费税、营业税税额为计征依据征收的一种附加费。地方教育附加是省政府根据国家有关规定，为实施“科教兴省”战略，增加地方教育的资金投入，促进省教育事业发展，开征的一项政府基金。

（一）教育费附加及地方教育附加的计算公式

教育费附加及地方教育附加的计算公式为：

应纳教育费附加 = 实际交纳的增值税、消费税、营业税 × 教育费附加征收比率

应纳地方教育附加 = 实际交纳的增值税、消费税、营业税 × 地方教育附加征收率

（二）教育费附加及地方教育附加的适用税率

目前保定市教育费附加征收率为3%，地方教育附加征收率1%。

（三）教育费附加及地方教育附加计算案例

例 8-7　接例 8-3，晨光公司 2010 年 9 月份应交教育费附加和地方教育费附加为：

应纳教育费附加 =（16 000 + 9 000 + 800）× 3% = 774（元）

应纳地方教育附加 =（16 000 + 9 000 + 800）× 1% = 258（元）

二、教育费附加的会计处理

企业按规定计算应交纳的教育费附加，借记“营业税金及附加”、“固定资产清理”等账户，贷记“应交税费——应交教育费附加”，和贷记“应交税费——应交地方教育费附加”等账户；交纳教育费附加和地方教育费附加时，借记“应交税费——应交教育费附加”，和“应交税费——应交地方教育费附加”，贷记“银行存款”等账户。

例 8-8　接例 8-3，计算应交城建税时：

借：营业税金及附加	1 032	
贷：应交税费——应交教育费附加		774
应交税费——应交地方教育费附加		258

实际交纳城建税时：

借：应交税费——应交教育费附加	774	
应交税费——应交地方教育费附加	258	
贷：银行存款		1 032

三、教育费附加的纳税申报

由于教育费附加及地方教育附加是由纳税人在交纳“三税”的同时和城建税一同交纳的，

所以，教育费附加及地方教育附加的纳税申报同城建税。

例 8-9 晨光公司 2010 年 9 月教育费附加纳税申报表（见表 8-3）

表 8-3 教育费附加纳税申报表

附加税（费）纳税申报表

纳税人识别号 | 1 | 3 | 0 | 6 | 1 | 1 | 6 | 7 | 4 | 6 | 5 | 1 | 6 | 4 | 3 |

纳税人名称：（公章）晨光公司

税款所属期限：自 2010 年 09 月 01 日至 2010 年 09 月 30 日

填表日期：2010 年 10 月 03 日　　　　金额单位：元（列至角分）

计税依据（计征依据）		计税金额（计征金额）	税率（征收率）	本期应纳税额	本期已交税额	本期应补（退）税额
		1	2	3 = 1 × 2	4	5 = 3 − 4
城市维护建设税	增值税					
	消费税					
	营业税					
	合计					
教育费附加	增值税	16 000.00	3%	480.00		480.00
	消费税	9 000.00	3%	270.00		270.00
	营业税	800.00	3%	24.00		24.00
	合计			774.00		774.00
	销售收入		4‰			
地方教育附加	增值税	16 000.00	1%	160.00		160.00
	消费税	9 000.00	1%	90.00		90.00
	营业税	800.00	1%	8.00		8.00
	合计			258.00		258.00

纳税人或代理人声明：此纳税申报表是根据国家税收法律的规定填报的，我确信它是真实的、可靠的、完整的。	如纳税人填报，由纳税人填写以下各栏					
	经办人（签章）		会计主管（签章）		法定代表人（签章）	
	如委托代理人填报，由代理人填写以下各栏					
	代理人名称				代理人（公章）	

任务四　车辆购置税的核算

一、车辆购置税的计算

车辆购置税是对在中国境内购置应税车辆的单位和个人征收的一种税，其征税对象具体包括汽车、摩托车、电车、挂车、农用运输车，我国车辆购置税实行统一比例税率（指一个税种只涉及一个比例的税率），税率为 10%。

车辆购置税的计税依据是车辆的计税价格，其具体规定如下。

1. 购买自用应税车辆计税依据的确定

纳税人购买自用车辆的计税价格，为购买应税车辆而支付给销售者的全部价款和价外费用，但不包括增值税税款。

例 8-10 刘刚 2010 年 10 月 8 日，从上海某汽车有限公司购买一辆轿车（1.6 升）供自己使用，支付含增值税车价款 150 000 元，另支付代收临时牌照费 200 元，代收保险费 2 500 元，支付购买工具件和零配件价款 2 800 元，车辆装饰费 3 000 元。支付的各项价费款均由北京汽车有限公司开具“机动车销售统一发票”和有关票据。计算车辆购置税税额。

计税价格 =(150 000 +2 800 +3 000) ÷(1 +17%) =133 162. 39（元）

应交纳的车辆购置税税额 =133 162. 39 ×10% ×50% =6 658. 12（元）

2. 进口自用应税车辆计税依据的确定

纳税人进口自用车辆以组成计税价格为计税依据，其计算公式如下：

组成计税价格 = 关税完税价格 + 关税 + 消费税

计税价格 =（关税完税价格 + 关税）÷（1 - 消费税税率）

3. 其他自用应税车辆计税依据的确定

纳税人自产、受赠、获奖或以其他方式取得并自用的应税车辆的计税价格，按购置该型号车辆的价格确认；不能取得购置价格的，则由主管税务机关参照国家税务总局规定相同类型应税车辆的最低计税价格核定。

例 8-11 保定田野汽车制造厂 2010 年 10 月份将自产的一辆汽车（1.8 升）用于本厂办公用，该车的发票注明金额为 80 000 元，并按此金额向主管税务机关申报纳税。经审核，国家税务总局对该车同类型车辆核定的最低计税价格为 90 000 元。计算该车应交纳的车辆购置税税额。

应交纳的车辆购置税税额 =90 000 ×10% =9 000（元）

例 8-12 2009 年 11 月份王强在一次有奖销售活动中，中奖得到一辆微型汽车（1.4 升），举办公司开具的销售发票金额为 120 000 元。张某申报纳税时，经主管税务机关审核，国家税务总局核定该车型的最低计税价格为 150 000 元。计算张某应交纳的车辆购置税税额。

应交纳的车辆购置税税额 = 最低计税价格 × 税率 =150 000 ×10% ×50% =7 500（元）

4. 最低计税价格为计税依据的确定

纳税人购买自用或进口自用应税车辆，申报的计税价格低于同类型应税车辆的最低计税价格，又无正当理由的，按照最低计税价格征收车辆购置税。

二、车辆购置税的纳税申报与账务处理

（一）纳税申报

纳税人应当按照规定依法办理纳税申报，如实填写《车辆购置税纳税申报表》。(见表 8-4)

例 8-13 美晨公司 2010 年 11 月 12 日从国外进口一辆 BMW3181 现代小轿车，汽缸容量为 1.8 升。该公司进口报关时，经海关对有关资料审查，确定关税完税价格为 198 000

元/辆，海关规定课征的关税 217 800 元/辆，海关代征进口增值税为 74 406 元/辆，消费税为 21 880 元/辆。小轿车为该公司自用。试计算该公司应交纳车辆购置税税额，并填写纳税申报表，该公司于 2010 年 11 月 29 日办理纳税申报。纳税申报表填写见表 8-4。

表 8-4　车辆购置税纳税申报表

纳税人识别号：130611674651643　　填报日期：2010 年 11 月 20 日

税款所属日期：2010 年 11 月　　注册类型代码：868369

纳税人名称：美晨公司　　金额单位：元（列至角分）

<table>
<tr><td>纳税人证件名称</td><td colspan="3">组织机构代码证书</td><td colspan="2">证件号码</td><td colspan="2">652301197</td></tr>
<tr><td>联系电话</td><td>2278908</td><td colspan="2">邮政编码</td><td>071051</td><td>地　址</td><td colspan="2">文化东路 29 号</td></tr>
<tr><td colspan="8">车辆基本情况</td></tr>
<tr><td>车辆类别</td><td colspan="7">1. 汽车　2. 摩托车　3. 电车　4. 挂车　5. 农用运输车</td></tr>
<tr><td>生产企业名称</td><td colspan="3">韩国现代汽车制造集团公司</td><td colspan="2">机动车销售统一发票（或有效凭证）价格</td><td colspan="2">437 680.00</td></tr>
<tr><td>厂牌型号</td><td colspan="3">BMW3181</td><td colspan="2">关税完税价格</td><td colspan="2">198 000.00</td></tr>
<tr><td>发动机号码</td><td colspan="3">2589088</td><td colspan="2">关税</td><td colspan="2">217 800.00</td></tr>
<tr><td>车辆识别代号（车架号码）</td><td colspan="3">168888</td><td colspan="2">消费税</td><td colspan="2">21 880.00</td></tr>
<tr><td>购置日期</td><td colspan="3">2010 年 11 月 12 日</td><td colspan="2">减免税条件</td><td colspan="2"></td></tr>
<tr><td>申报计税价格</td><td colspan="2">计税价格</td><td colspan="2">税　率</td><td colspan="2">免税、减税额</td><td>应纳税额</td></tr>
<tr><td>437 680.00</td><td colspan="2">437 680.00</td><td colspan="2">10%</td><td colspan="2"></td><td>43 768.00</td></tr>
<tr><td></td><td colspan="2"></td><td colspan="2"></td><td colspan="2"></td><td></td></tr>
<tr><td colspan="3">申报人声明</td><td colspan="5">授权声明</td></tr>
<tr><td colspan="3">此纳税报表是根据《中华人民共和国车辆购置税暂行条例》的规定填报的，我确信它是真实的、可靠的、完整的。
声明人签字：</td><td colspan="5">如果你委托代理人申报，请填写以下资料：
为代理一切税务事宜，现授权（　　），地址（　　）为本纳税人的代理申报人，任何与本申报表有关的往来文件，都可寄与此人
授权人签字：</td></tr>
<tr><td rowspan="5">纳税人签名或盖章</td><td colspan="7">如委托代理人的，代理人应填写以下各栏</td></tr>
<tr><td colspan="3">代理人名称</td><td colspan="2"></td><td colspan="2" rowspan="4">代理人（签章）</td></tr>
<tr><td colspan="3">地　址</td><td colspan="2"></td></tr>
<tr><td colspan="3">经办人</td><td colspan="2"></td></tr>
<tr><td colspan="3">电　话</td><td colspan="2"></td></tr>
<tr><td colspan="3">接收人：
接收日期：</td><td colspan="5">主管税务机关（签章）</td></tr>
</table>

注：① 组成计税价格 =（198 000 + 217 800 + 21 880）= 437 680（元）

② 应纳税额 = 437 680 × 10% = 43 768（元）

③ 机动车销售统一发票（或有效凭证）价格栏，填写机动车销售统一发票（或有效凭证）上注明的价费合计金额。

④“申报计税价格”栏：境内购置车辆，按机动车销售统一发票注明的价费合计金额 ÷（1 + 17%）填写；进口自用车辆，填写计税价格，计税价格 = 关税完税价格 + 关税 + 消费税；自产、受赠、获奖或者以其他方式取得并自用的车辆，按机动车销售统一发票（或有效凭证）注明的价费合计金额 ÷（1 + 17%）填写。

（二）账务处理

企业交纳的车辆购置税应当作为所购置车辆的成本。由于车辆购置税是一次性交纳，因此，不通过“应交税费”账户核算。企业购置（包括购买、进口、自产、受赠、获奖或者以其他方式取得并自用）应税车辆，按规定交纳的车辆购置税，借记“固定资产”等科目，贷记“银行存款”科目。承例 8-13，美晨公司按规定交纳车辆购置税的财务处理如下：

借：固定资产　　43 768

　贷：银行存款　　43 768

任务五　烟叶税的核算

一、烟叶税的计算

烟叶税是对在我国境内收购烟叶的单位，就其收购烟叶的收购金额征收的一种税，其纳税人，是指在我国境内收购烟叶的单位。烟叶税实行比例税率，税率为 20%。

（一）烟叶税的计税依据

烟叶税的计税依据是纳税人收购烟叶的收购金额。

收购金额是指纳税人支付给烟叶销售者的烟叶收购价款和价外补贴。

按照简化手续、方便征收的原则，对价外补贴统一暂按烟叶收购价款的 10% 计入收购金额征税。收购金额计算公式如下：

$$收购金额 = 收购价款 \times (1 + 10\%)$$

（二）烟叶税应纳税额的计算

烟叶税的应纳税额按照纳税人收购烟叶的收购金额和规定的税率计算。应纳税额的计算公式为：

$$应纳税额 = 烟叶收购金额 \times 税率$$

二、烟叶税的会计处理

企业收购烟叶计算应纳的烟叶税时，借记“在途物资”等账户，贷记“应交税费——应交烟叶税”账户；交纳时，借记“应交税费——应交烟叶税”账户，贷记“银行存款”等账户。

三、烟叶税的纳税申报

（一）烟叶税的纳税期限

烟叶税的纳税义务发生时间为纳税人收购烟叶的当天。收购烟叶的当天，是指纳税人向烟叶销售者付讫收购烟叶款项或者开具收购烟叶凭据的当天。

纳税人应当自纳税义务发生之日起30日内申报纳税。具体纳税期限由主管税务机关核定。

（二）烟叶税的纳税地点

纳税人收购烟叶，应当向烟叶收购地的主管税务机关申报纳税。烟叶收购地的主管税务机关，是指烟叶收购地的县级地方税务局或者其指定的税务分局、所。

（三）烟叶税的征收机关

烟叶税由地方税务机关征收。

地方税务机关要摸清烟叶生产、收购情况，了解纳税人的经营管理特点和财务核算制度，做好税源分析和监管工作。

原烟叶农业特产税由财政部门征收的地方，地方税务机关应主动与财政部门衔接，了解掌握烟叶税税源等有关情况，财政部门应予以积极配合支持。

各级地方税务局要严格依照《中华人民共和国税收征收管理法》及其他有关规定，加强征收管理，完善纳税申报制度（《纳税申报表》式样由各地自定），全面规范烟叶税征收管理工作。

四、烟叶税会计处理及申报案例

例8-14 某烟草公司属于增值税一般纳税人，2008年7月末收购B1F级烟叶20 000斤，烟叶收购价格8.4元/斤（含支付价外补贴10%），总计168 000元，货款已全部支付，8月初商品验收入库。计算该公司应纳的烟叶税并作出相应的会计处理。

1. 应纳烟叶税 = 168 000 × 20% = 33 600（元）

2. 会计处理

（1）收购烟叶时的会计处理

根据《财政部、国家税务总局关于购进烟叶的增值税抵扣政策的通知》（财税［2006］140号）规定，对烟叶税纳税人按规定交纳的烟叶税，准予并入烟叶产品的买价计算增值税的进项税额，并在计算交纳增值税时予以抵扣。即购进烟叶准予抵扣的增值税进项税额，按照《中华人民共和国烟叶税暂行条例》及《财政部国家税务总局印发〈关于烟叶税若干具体问题的规定〉的通知》（财税【2006】64号）规定的烟叶收购金额和烟叶税及法定扣除率（13%）计算。

烟叶准予抵扣的增值税进项税额 =（烟叶收购金额 + 烟叶税）×13%

=（168 000 + 33 600）×13% = 26 208（元）

7月末，烟叶尚未运达企业时，根据有关收购凭证等作出会计处理如下：

借：在途物资　　175 392

应交税费——应交增值税（进项税额）　　26 208

　贷：银行存款　　168 000

应交税费——应交烟叶税　　33 600

8月初，烟叶运达并验收入库时，根据收货单等凭证作会计处理如下：

借：库存商品　　175 392

贷：在途物资 175 392

（2）交纳烟叶税时，作会计处理如下

借：应交税费——应交烟叶税 33 600

贷：银行存款 33 600

（3）纳税申报

该烟草公司应该在收购烟叶之日起30日内填写《烟叶税纳税申报表》（如表8-5所示），向烟叶收购地的主管税务机关申报纳税。

表8-5 烟叶税纳税申报表

纳税人识别号：

纳税人名称（公章）： 金额单位：元（列至角分）

税款所属期：2008年07月01日至2008年07月31日

填表日期：2008年8月8日

烟叶收购金额	税 率	应纳税额	已纳税额	应入库税额
1	2	3=1×2	4	5=3-4
168 000.00	20%	33 600.00	0.00	33 600.00
烟叶购买金额	税 率	应纳税额	已纳税额	应入库税额
合计		33 600.00	0.00	33 600.00
纳税人或代理人声明： 此纳税申报表是根据国家税收法律的规定填报的，我确信它是真实的、可靠的、完整的。	如纳税人填报，由纳税人填写以下各栏：			
	办税人员（签章）： 法定代表人（签章）：		财务负责人（签章）： 联系电话：	
	如委托代理人填报，由代理人填写以下各栏：			
	代理人名称： 代理人（公章）：		经办人（签章）： 联系电话：	

受理人（签章）： 受理日期： 年 月 日 受理税务机关（章）：

任务六 特定行为目的税综合技能实训

一、单项选择题

1. 甲与乙签订一份合同，记载金额共计800万元，其中研究开发费用为300万元，则甲应交纳的印花税为（ ）。

A. 0.15万元 B. 0.24万元 C. 0.25万元 D. 0.4万元

2. 某建筑公司与甲企业签订一份建筑承包合同，合同金额5 000万元。该建筑公司又将其中价值100万元的安装工程承包给乙企业，并签订转包合同。该建筑工程共应交纳印花税(　　)。

A. 1.53万元　　B. 1.80万元　　C. 2.025万元　　D. 1.785万元

3. 城建税的计税依据是（　　）。

A. 应交纳的“三税”税额　　B. 实际交纳的“三税”税额

C. 实际交纳的“三税”及滞纳金　　D. 应交纳的“三税”及罚款

4. 现行教育费附加的征收率为（　　）

A. 1%　　B. 2%　　C. 3%　　D. 4%

5. 城建税的适用税率，一般按（　　）的适用税率执行。

A. 纳税人所在地　　B. 纳税人交纳“三税”所在地

C. 纳税人的生产经营地　　D. 纳税人总机构所在地

6. 在经营地交纳“三税”的，则其城建税应在（　　）交纳。

A. 经营地按当地适用税率计算　　B. 机构所在地按当地适用税率计算

C. 经营地但按机构所在地的适用税率计算

D. 机构所在地但按经营地的适用税率计算

7. 下列说法正确的有（　　）。

A. 只要交纳增值税就会交纳城建税和教育费附加

B. 同时交纳增值税、消费税和营业税的纳税人才能成为城建税的纳税人

C. 只要退还“三税”就退还城建税

D. 城建税的纳税人是交纳增值税、消费税或营业税的单位和个人

8. 在中国境内购置下列车辆应交纳车辆购置税的有（　　）。

A. 火车　　B. 无轨电车　　C. 三轮摩托车　　D. 蓄力车

二、多项选择题

1. 下列属于印花税的纳税人的有（　　）。

A. 购销合同的保证人　　B. 在国外签订合同，在境内生产的企业

C. 购销合同的当事人　　D. 借款合同的双方当事人

2. 城市维护建设税的征收范围包括（　　）

A. 城市　　B. 农村　　C. 县城　　D. 镇

3. 下列各项中，符合城市维护建设税有关规定的有（　　）。

A. 城建税的计税依据是纳税人实际交纳增值税、消费税或营业税的税额

B. 因减免税而发生增值税、消费税或营业税退库的，城建税也同时退库

C. 纳税人因偷漏增值税、消费税或营业税应该补税的，也要补交城建税

D. 纳税人偷漏“三税”而加收的滞纳金和罚款，一律计入城建税的计税依据

4. 下列情况中，不交纳城建税的有（　　）。

A. 外商投资企业交纳的营业税

B. 外商投资企业交纳的消费税滞纳金

C. 某内资企业本月进口货物海关代征的增值税

D. 某服务性内资企业本年直接免征营业税

5. 城市维护建设税是（　　）。

A. 采用幅度比例税率　　B. 一种附加税

C. 税款专款专用的一种税　　D. 对进口货物不征税

6. 下列各项中，符合城市维护建设税有关规定的有（　　）。

A. 海关对进口产品代征的增值税或消费税，征收城市维护建设税

B. 海关对进口产品代征的增值税或消费税，不征收城市维护建设税

C. 出口产品退还增值税或消费税的，不退还已交纳的城市维护建设税

D. 出口产品退还增值税或消费税的，退还已交纳的城市维护建设税

三、判断题

1. 一份购销合同中记载购销金额为120万元，实际执行结果为130万元，签订合同时已按120万元计算交纳印花税，因为修改合同，所以不再补交印花税。（　　）

2. 纳税人享受减免增值税、消费税或营业税照顾的不得同时享受减免城建税和教育费附加照顾。（　　）

3. 海关对进口产品代征的增值税或消费税，不征收城建税和教育费附加。（　　）

4. 城建税的征税范围不包括农村。（　　）

5. 对出口产品退还增值税的，也应退还已纳的城建税。（　　）

6. 纳税人偷漏增值税、消费税或营业税被税务机关按规定处以罚款时，其偷漏的城建税，亦同样处以罚款。（　　）

四、业务训练题

1. 某企业2010年度资料如下：

（1）实收资本比2009年增加100万元。

（2）与银行签订一年借款合同，借款金额300万元，年利率5%。

（3）与乙公司签订受托加工合同，乙公司提供价值80万元的原材料，本企业提供价值15万元的辅助材料并收加工费20万元。

（4）与运输公司签订运输合同1份，合同金额为8万元（含装卸费用0.5万元）。

（5）与某公司签订租赁合同1份，将公司闲置的价值30万元的设备出租，租期1年，租金合计6万元。

计算该企业2010年度应交纳印花税，并填写《印花税纳税申报表》（见表8-6）。

2. 某县城一加工企业2010年1月因进口半成品交纳增值税120万元，销售交纳增值税280万元，本月又出租门面房收到租金40万元，试计算该企业本月应交纳城建税和教育费附加。

3. 某县城一生产企业为增值税一般纳税人。本期进口一批原材料，向海关交纳进口环节增值税10万元；本期在国内销售甲产品交纳增值税30万元和消费税50万元，由于延迟交纳消费税，被加收滞纳金1万元；本期出口一批乙产品，按规定退回增值税5万元。试计算该企

业本期应交纳城建税。

4. 市区某纳税人当月应纳增值税5万元，减免2万元，补交上月漏缴的增值税0.5万元，请计算该纳税人本月应交纳的城建税。

5. 某乡村护肤品生产企业本月交纳增值税15万元，消费税35万元，营业税3万元，补缴上月应纳消费税2万元，当月取得出口退还增值税6万元，交纳进口关税5万元，进口增值税20万元和进口消费税10万元，试计算本月应交的城建税和教育费附加。

6. 某县康乐饮料厂纳税人识别号为286003410025698，2010年4月份实际应交纳增值税10万元，消费税15万元，营业税6万元，被税务机关查补增值税2万元和消费税1万元，并被处以9万元的罚款。试计算该厂8月份应交纳的城建税和教育费附加，并填写《城建税纳税申报表和教育费附加申报表》，(见表8-7)。

7. 华夏股份公司2010年11月12日从国外进口一辆型号为BMW3181现代小轿车，汽缸容量为1 800毫升。该公司进口报关经海关对有关资料审查，确定关税完税价格为198 000元/辆，海关规定课征的关税217 800元/辆，海关代征进口增值税为74 406元/辆，消费税为21 880元/辆。小轿车为该公司自用。试计算该公司应交纳车辆购置税，并填写《车辆购置税纳税申报表》，(见表8-8)。该公司于2006年11月20日办理纳税申报。作计算及交纳税款的账务处理。

表8-6 印花税纳税申报表

填表日期：　　年　　月　　日

纳税人识别号 □□□□□□□□□□□□□□□　　　金额单位：元（列至角分）

纳税人名称					税款所属时期					
应税凭证名称	件数	计税金额	适用税率	应纳税额	已纳税额	应补（退）税额	购花贴花情况			
							上期结存	本期购进	本期贴花	本期结存
1	2	3	4	5	6	7=5-6	8	9	10	
购销合同	1		0.3‰							
财产保险合同			1‰							
资金账簿	1		0.5‰							
其他账簿	6		5元							
权利许可证照	4		5元							
合计										

如纳税人填报，由纳税人填写以下各栏		如委托代理人填报，由代理人填写以下各栏				备注
会计主管	纳税人	代理人名称		代理人（公章）		
		代理人地址				
（签章）	（公章）	经办人姓名		电话		
以下由税务机关填写						
收到申报表日期		接收人				

表 8-7 城市维护建设税及教育费附加纳税申报表

纳税人识别号 □□□□□□□□□□□□□□□

纳税人名称：（公章）

税款所属期限：自　　年　月　日至　　年　月　日

填表日期：　　年　月　日　　　　　　　　　　　　金额单位：元（列至角分）

计税依据（计征依据）		计税金额（计征金额）	税率（征收率）	本期应纳税额	本期已交税额	本期应补（退）税额
		1	2	3 = 1 × 2	4	5 = 3 − 4
城市维护建设税	增值税		7%			
	消费税		7%			
	营业税		7%			
	合计		—			
教育费附加	增值税		3%			
	消费税		3%			
	营业税		3%			
	合计		—			
	销售收入		4‰			
地方教育费附加	增值税		1%			
	消费税		1%			
	营业税		1%			
	合计					

<table>
<tr><td rowspan="6">纳税人或代理人声明：
此纳税申报表是根据国家税收法律的规定填报的，我确信它是真实的、可靠的、完整的。</td><td colspan="6">如纳税人填报，由纳税人填写以下各栏</td></tr>
<tr><td>经办人（签章）</td><td></td><td>会计主管（签章）</td><td></td><td>法定代表人（签章）</td><td></td></tr>
<tr><td colspan="6">如委托代理人填报，由代理人填写以下各栏</td></tr>
<tr><td>代理人名称</td><td colspan="3"></td><td colspan="2" rowspan="3">代理人（公章）</td></tr>
<tr><td>经办人（签章）</td><td colspan="3"></td></tr>
<tr><td>联系电话</td><td colspan="3"></td></tr>
</table>

表 8-8 车辆购置税纳税申报表

纳税人识别号：　　　　　　　　　　填报日期：

税款所属日期：　　年　　月　　　　　　　　注册类型代码：

纳税人名称：　　　　　　　　　　　　金额单位：元（列至角分）

<table>
<tr><td>纳税人证件名称</td><td colspan="2">组织机构代码证书</td><td colspan="2">证件号码</td><td></td></tr>
<tr><td>联系电话</td><td></td><td>邮政编码</td><td></td><td>地　址</td><td></td></tr>
<tr><td colspan="6">车辆基本情况</td></tr>
<tr><td>车辆类别</td><td colspan="5">1. 汽车　2. 摩托车　3. 电车　4. 挂车　5. 农用运输车</td></tr>
<tr><td>生产企业名称</td><td colspan="2"></td><td colspan="2">机动车销售统一发票
（或有效凭证）价格</td><td></td></tr>
<tr><td>厂牌型号</td><td colspan="2"></td><td colspan="2">关税完税价格</td><td></td></tr>
</table>

续 表

<table>
<tr><td>发动机号码</td><td colspan="2"></td><td colspan="2">关 税</td><td></td></tr>
<tr><td>车辆识别代号（车架号码）</td><td colspan="2"></td><td colspan="2">消费税</td><td></td></tr>
<tr><td>购置日期</td><td colspan="2"></td><td colspan="2">减免税条件</td><td></td></tr>
<tr><td>申报计税价格</td><td></td><td colspan="2">税 率</td><td>免税、减税额</td><td>应纳税额</td></tr>
<tr><td></td><td></td><td colspan="2" rowspan="2">10%</td><td rowspan="2"></td><td></td></tr>
<tr><td></td><td></td><td></td></tr>
<tr><td>申报人声明</td><td colspan="5">授权声明</td></tr>
<tr><td>此纳税申报表是根据《中华人民共和国车辆购置税暂行条例》的规定填报的，我确信它是真实的、可靠的、完整的。
声明人签字：</td><td colspan="5">如果你委托代理人申报，请填写以下资料：
为代理一切税务事宜，现授权（ ），地址（ ）为本纳税人的代理申报人，任何与本申报表有关的往来文件，都可寄与此人
授权人签字：</td></tr>
<tr><td rowspan="5">纳税人签名或盖章</td><td colspan="5">如委托代理人的，代理人应填写以下各栏</td></tr>
<tr><td>代理人名称</td><td colspan="2"></td><td colspan="2" rowspan="4">代理人（签章）</td></tr>
<tr><td>地 址</td><td colspan="2"></td></tr>
<tr><td>经办人</td><td colspan="2"></td></tr>
<tr><td>电 话</td><td colspan="2"></td></tr>
<tr><td colspan="3">接收人：
接收日期：</td><td colspan="3">主管税务机关（签章）</td></tr>
</table>

项目九　企业所得税交纳实务与操作

任务一　对企业所得税的核算知识的认知

一、资产负债表债务法核算所得税的一般程序

1. 计算本期应交所得税

本期应交所得税＝应纳税所得额×所得税税率

2. 确定递延所得税

（1）确定资产负债表中除递延所得税资产和递延所得税负债以外的其他资产和负债项目的账面价值。

（2）按照企业会计准则中对于资产和负债计税基础的确定方法，以适用的税收法规为基础，确定资产负债表中有关资产、负债项目的计税基础。

（3）比较资产、负债的账面价值与其计税基础，对于两者之间存在差异的（称为暂时性差异），分析其性质，除准则中规定的特殊情况外，分为应纳税暂时性差异与可抵扣暂时性差异。

（4）确定资产负债表日暂时性差异对所得税的影响金额

期末递延所得税资产/负债（累计数）＝暂时性差异×预计税率

（5）确定计入当期递延所得税资产/负债的金额

当期递延所得税资产＝期末递延所得税资产－期初递延所得税资产

当期递延所得税负债＝期末递延所得税负债－期初递延所得税负债

3. 计算本期所得税费用金额

本期所得税费用＝本期应交所得税＋当期递延所得税负债－当期递延所得税资产

二、计税基础及暂时性差异

1. 计税基础

（1）资产的计税基础

资产的计税基础，是指企业收回资产账面价值的过程中，计算应纳税所得额时按照税法规定可以自应税经济利益中抵扣的金额。

（2）负债的计税基础

负债的计税基础，是指负债的账面价值减去未来期间计算应纳税所得额时按照税法规定可

予抵扣的金额。

所得税会计是以企业资产负债表及其附注为依据，结合相关账簿资料，分析计算各项资产、负债的计税基础，通过比较资产、负债的账面价值与其计税基础之间的差异，进行相应的会计核算。

2. 暂时性差异

暂时性差异，是指资产或负债的账面价值与其计税基础之间的差额；未作为资产和负债确认的项目，按照税法规定可以确定其计税基础的，该计税基础与其账面价值之间的差额也属于暂时性差异。

按照暂时性差异对未来期间应税金额的影响，分为应纳税暂时性差异和可抵扣暂时性差异。

（1）应纳税暂时性差异

应纳税暂时性差异，是指在确定未来收回资产或清偿负债期间的应纳税所得额时，将导致产生应税金额的暂时性差异。

资产的账面价值大于其计税基础或负债的账面价值小于其计税基础时，产生应纳税暂时性差异。

（2）可抵扣暂时性差异

可抵扣暂时性差异，是指在确定未来收回资产或清偿负债期间的应纳税所得额时，将导致产生可抵扣金额的暂时性差异。

资产的账面价值小于其计税基础或负债的账面价值大于其计税基础时，产生可抵扣暂时性差异。

资产负债表日，对于递延所得税资产和递延所得税负债，应当根据税法规定，按照预期收回该资产或清偿该负债期间的适用税率计量。

适用税率发生变化的，应对已确认的递延所得税资产和递延所得税负债进行重新计量，除直接在所有者权益中确认的交易或者事项产生的递延所得税资产和递延所得税负债以外，应当将其影响数计入变化当期的所得税费用。

递延所得税资产和递延所得税负债确认后，相关的应纳税暂时性差异或可抵扣暂时性差异在以后期间转回的，应当调整原已确认的递延所得税资产和递延所得税负债以及相应的所得税费用。

三、会计科目设置

1. 所得税费用

本科目核算企业确认的应从当期利润总额中扣除的所得税费用。本科目可按“当期所得税费用”、“递延所得税费用”进行明细核算。期末，应将本科目的余额转入“本年利润”科目，结转后本科目无余额。

资产负债表日，企业按照税法规定计算确定的当期应交所得税，借记本科目，贷记“应交税费——应交所得税”科目。

资产负债表日，根据递延所得税资产的应有余额大于“递延所得税资产”科目余额的差额，借记“递延所得税资产”科目，贷记本科目（递延所得税费用）、“资本公积——其他资本公积”等科目；递延所得税资产的应有余额小于“递延所得税资产”科目余额的差额作相反的会计分录。企业应予确认的递延所得税负债，应当比照上述原则调整本科目、“递延所得税负债”科目及有关科目。

2. 递延所得税资产

本科目核算企业根据所得税准则确认的可抵扣暂时性差异产生的所得税资产。根据税法规定可用以后年度税前利润弥补的亏损产生的所得税资产，也在本科目核算。本科目应当按照可抵扣暂时性差异等项目进行明细核算。

资产负债表日，企业确认的递延所得税资产，借记“递延所得税资产”科目，贷记“所得税费用——递延所得税费用”科目。资产负债表日递延所得税资产的应有余额大于其账面余额的，应按其差额确认，借记“递延所得税资产”科目，贷记“所得税费用——递延所得税费用”等科目；资产负债表日递延所得税资产的应有余额小于其账面余额的差额作相反的会计分录。

企业合并中取得资产、负债的入账价值与其计税基础不同形成可抵扣暂时性差异的，应于购买日确认递延所得税资产，借记本科目，贷记“商誉”等科目。

与直接计入所有者权益的交易或事项相关的递延所得税资产，借记本科目，贷记“资本公积——其他资本公积”科目。

资产负债表日，预计未来期间很可能无法获得足够的应纳税所得额用以抵扣可抵扣暂时性差异的，按原已确认的递延所得税资产中应减记的金额，借记“所得税费用 —递延所得税费用”、“资本公积——其他资本公积”等科目，贷记本科目。

3. 递延所得税负债

本科目核算企业根据所得税准则确认的应纳税暂时性差异产生的所得税负债。本科目应当按照应纳税暂时性差异项目进行明细核算。

资产负债表日，企业根据所得税准则应予确认的递延所得税负债大于本科目余额的，借记“所得税费用——递延所得税费用”等科目，贷记本科目；应予确认的递延所得税负债小于本科目余额的，作相反的会计分录。

与直接计入所有者权益的交易或事项相关的递延所得税负债，借记“资本公积——其他资本公积”科目，贷记本科目。

企业合并中取得资产、负债的入账价值与其计税基础不同形成应纳税暂时性差异的，应于购买日确认递延所得税负债，同时调整商誉，借记“商誉”等科目，贷记本科目。

四、会计核算

1. 递延所得税资产的核算

例 9-1　甲公司 2009 年 12 月份购入一设备，当月投入使用，原价为 2 000 万元，使用年限为 20 年，会计处理时按双倍余额递减法计提折旧，税法规定允许该设备用直线法计提折旧，净残值为 0。假定 2010 年公司会计利润为 1 500 万元，企业所得税税率为 25%，无其他纳税调整项目。

2010 年会计折旧 = 2 000 × 2/20 = 200（万元）

2010 年税收折旧 = 2 000 × 1/20 = 100（万元）

2010 年年末资产账面价值 = 2 000 − 200 = 1 800（万元）

2010 年年末资产计税基础 = 2 000 − 100 = 1 900（万元）

2010 年应纳税所得额 = 1 500 +（200 − 100）= 1 600（万元）

2010 年应交所得税 = 1 600 × 25% = 400（万元）

资产账面价值小于资产计税基础，则形成递延所得税资产

2010 年递延所得税资产 =（1 900 − 1 800）× 25% = 25（万元）

2010 年所得税费用 = 400 − 25 = 375（万元）

借：所得税费用	3 750 000
递延所得税资产	250 000
贷：应交税费——应交所得税	4 000 000

例 9-2 甲公司 2010 年年末存货账面余额 100 万元，已提存货跌价准备 15 万元。假设甲公司的所得税税率为 25%，对于可抵扣暂时性差异可能产生的未来经济利益，应以很可能取得用来抵扣可抵扣暂时性差异的应纳税所得额为限，确认相应的递延所得税资产。

存货的账面价值 = 100 − 15 = 85（万元）

存货的计税基础 = 100（万元）

可抵扣暂时性差异 = 100 − 85 = 15（万元）

递延所得税资产 = 15 × 25% = 3.75（万元）

在不考虑期初递延所得税资产的情况下，甲公司的账务处理如下：

借：递延所得税资产	37 500
贷：所得税费用	37 500

例 9-3 A 公司 2010 年发生了 2 000 万元广告费支出，发生时已作为销售费用计入当期损益。该公司 2010 年实现销售收入 10 000 万元。假定 2010 年公司会计利润为 1 000 万元，企业所得税税率为 25%，除广告费用支出的会计处理与税务处理存在差异外，不存在其他会计和税收之间的差异。

2010 年广告费用支出在资产负债表中列示的账面价值为零

2010 年广告费用支出计税基础为 500 万元

2010 年应纳税所得额 = 1 000 + 500 = 1 500（万元）

2010 年应交所得税 = 1 500 × 25% = 375（万元）

递延所得税资产 =（500 − 0）× 25% = 125（万元）

所得税费用 = 375 − 125 = 250（万元）

借：所得税费用	2 500 000
递延所得税资产	1 250 000
贷：应交税费——应交所得税	3 750 000

例 9-4 某房地产企业收到客户预付的款项 100 万，若收到预收账款的当期该企业已按税法规定将预收账款计入应纳税所得额，并且税法规定在未来期间可全额扣除，假定 2010 年企业会计利润为 1 000 万元，企业所得税税率为 25%，无其他纳税调整事项。

此项预收账款的账面价值 = 100（万元）

此项预收账款的计税基础 = 100 - 100 = 0（万元）

2010 年应纳税所得额为 = 1 000 + 100 = 1 100（万元）

2010 年应纳税额为 = 1 100 × 25% = 275（万元）

递延所得税资产 = 100 × 25% = 25（万元）

（负债账面价值大于负债的计税基础，则形成递延所得税资产）

2010 年所得税费用 = 275 - 25 = 250（万元）

借：所得税费用　2 500 000

递延所得税资产　250 000

　贷：应交税费——应交所得税　2 750 000

例 9-5　甲企业 2010 年因销售产品承诺提供三年的保修服务，在当年度利润表中确认了 200 万元的销售费用，同时确认为预计负债，当年度未发生任何保修支出。假定按照税法规定，与产品售后服务相关的费用在实际发生时允许税前扣除。假定 2010 年企业会计利润为 800 万元，企业所得税税率为 25%，无其他纳税调整项目。

该负债账面价值 = 200（万元）

该负债计税基础 = 账面价值 - 可从未来经济利益中扣除的金额 = 200 - 200 = 0（万元）

2010 年应纳税所得额为 = 800 + 200 = 1 000（万元）

2010 年应纳税额为 = 1 000 × 25% = 250（万元）

递延所得税资产 = 200 × 25% = 50（万元）

（负债账面价值大于负债的计税基础，则形成递延所得税资产）

2010 年所得税费用 = 250 - 50 = 200（万元）

借：所得税费用　2 000 000

递延所得税资产　500 000

　贷：应交税费——应交所得税　2 500 000

2. 递延所得税负债的核算

例 9-6　甲企业于 2010 年年末购入一台机器设备，成本为 210 000 元，预计使用年限为 6 年，预计净残值为 0。会计上按直线法计提折旧，因该设备符合税法规定的税收优惠条件，计税时可采用年数总和法计列折旧，假定税法规定的使用年限及净残值均与会计相同。假定该企业各会计期间均未对固定资产计提减值准备。则该企业每年因固定资产账面价值与计税基础不同应予确认的递延所得税情况如表 9-1 所示。

表 9-1　甲企业递延所得税情况确认表　　单位：元

	2011 年	2012 年	2013 年	2014 年	2015 年	2016 年
实际成本	210 000	210 000	210 000	210 000	210 000	210 000
累计会计折旧	35 000	70 000	105 000	140 000	175 000	210 000
账面价值	175 000	140 000	105 000	70 000	35 000	0
累计计税折旧	60 000	110 000	150 000	180 000	200 000	210 000

续 表

计税基础	150 000	100 000	60 000	30 000	10 000	0
应纳税暂时性差异	25 000	40 000	45 000	40 000	25 000	0
适用税率	25%	25%	25%	25%	25%	25%
递延所得税收负债余额	6 250	10 000	11 250	10 000	6 250	0

解析：

（1）2011 年资产负债表日，

借：所得税费用　　6 250

　贷：递延所得税负债　　6 250

（2）2012 年资产负债表日，

借：所得税费用　　3 750

　贷：递延所得税负债　　3 750

（3）2013 年资产负债表日，

借：所得税费用　　1 250

　贷：递延所得税负债　　1 250

（4）2014 年资产负债表日，

借：递延所得税负债　　1 250

　贷：所得税费用　　1 250

（5）2015 年资产负债表日，

借：递延所得税负债　　3 750

　贷：所得税费用　　3 750

（6）2016 年资产负债表日，

借：递延所得税负债　　6 250

　贷：所得税费用　　6 250

3. 综合会计核算

例 9-7 甲股份有限公司 2011 年适用的所得税税率为 25%，假定税法规定，保修费在实际发生时可以在应纳税所得额中扣除。“递延所得税资产”2011 年年初余额为 15 万元，其中，存货项目余额 10 万元，产品质量保证形成的预计负债额余额为 5 万元。2011 年发生下列有关经济业务：

（1）2011 年税前会计利润为 1 200 万元。其中取得国债利息收入 50 万元，因发生违法经营被罚款 10 万元，因违反合同支付违约金 30 万元（可在税前扣除）；上述收入或支出已全部用现金结算完毕。

（2）2011 年年末甲公司计提产品质量保证金 80 万元，实际发生修理费用 15 万元，预计负债余额为 85 万元。

（3）本期转回存货跌价准备 12 万元，使存货可抵扣暂时性差异由年初余额 40 万元减少到年末的 28 万元。税法规定，计提的减值准备不得税前扣除。

（4）期末持有的交易性金融资产成本为 300 万元，公允价值为 400 万元。税法规定，资产在持有期间公允价值的变动不计入应纳税所得额。

要求：

（1）计算甲公司2011年应交所得税。

（2）计算甲公司2011年年末递延所得税资产余额、递延所得税负债余额。

（3）计算甲公司2011年度的所得税费用，并作出相关的账务处理。

解析：

（1）2011应交所得税 =（1200 - 50 + 10 + 80 - 12 - 100）×25% = 282（万元）。

（2）计算2011年年末递延所得税资产余额、递延所得税负债余额

递延所得税资产余额 =（85 + 28）×25% = 28.25（万元）

递延所得税资产发生额 = 28.25 - 15 = 13.25（万元）

递延所得税负债发生额 =（400 - 300）×25% = 25（万元）

（3）2011年所得税费用 = 282 - 13.25 + 25 = 293.75（万元）

借：所得税费用	2 937 500	
递延所得税资产	132 500	
贷：应交税费——应交所得税		2 820 000
递延所得税负债		250 000

任务二 企业所得税纳税申报的操作

一、纳税地点、纳税期限、纳税申报及源泉扣交

1. 纳税地点

（1）除税收法律、行政法规另有规定外，居民企业以企业登记注册地为纳税地点；但登记注册地在境外的，以实际管理机构所在地为纳税地点。企业注册登记地，是指企业依照国家有关规定登记注册的住所地。

（2）居民企业在中国境内设立不具有法人资格的营业机构的，应当汇总计算并交纳企业所得税。企业汇总计算并交纳企业所得税时，应当统一核算应纳税所得额，具体办法由国务院财政、税务主管部门另行制定。

（3）非居民企业在中国境内设立机构、场所的，应当就其所设机构、场所取得的来源于中国境内的所得，以及发生在中国境外但与其所设机构、场所有实际联系的所得，以机构、场所所在地为纳税地点。非居民企业在中国境内设立两个或者两个以上机构、场所的，经税务机关审核批准，可以选择由其主要机构、场所汇总交纳企业所得税。

（4）非居民企业在中国境内未设立机构、场所的，或者虽设立机构、场所但取得的所得与其所设机构、场所没有实际联系的，以扣交义务人所在地为纳税地点。

（5）除国务院另有规定外，企业之间不得合并交纳企业所得税。

2. 纳税期限

企业所得税按年计征，分月或者分季预缴，年终汇算清缴，多退少补。

企业所得税的纳税年度，自公历每年1月1日起至12月31日止。企业在一个纳税年度的中间开业，或者由于合并、关闭等原因终止经营活动，使该纳税年度的实际经营期不足12个月的，应当以其实际经营期为一个纳税年度。企业清算时，应当以清算期间作为一个纳税年度。

自年度终了之日起5个月内，向税务机关报送年度企业所得税纳税申报表，并汇算清缴，结清应交应退税款。

企业在年度中间终止经营活动的，应当自实际经营终止之日起60日内，向税务机关办理当期企业所得税汇算清缴。

3. 纳税申报

按月或按季预缴的，应当自月份或者季度终了之日起15日内，向税务机关报送预缴企业所得税纳税申报表，预缴税款。

企业在报送企业所得税纳税申报表时，应当按照规定附送财务会计报告和其他有关资料。

企业应当在办理注销登记前，就其清算所得向税务机关申报并依法交纳企业所得税。

4. 源泉扣交

（1）扣交义务人。

对非居民企业在中国境内未设立机构、场所的，或者虽设立机构、场所但取得的所得与其所设机构、场所没有实际联系的所得应交纳的所得税实行源泉扣交，以支付人为扣交义务人。税款由扣交义务人在每次支付或者到期应支付时，从支付或者到期应支付的款项中扣交。

（2）扣交方法。

扣交义务人交纳税款时，按前述非居民企业计算方法计算税款。

扣交义务人未依法扣交或者无法履行扣交义务的，由企业在所得发生地交纳。企业未依法交纳的，税务机关可以从该企业在中国境内其他收入项目的支付人应付的款项中，追缴该企业的应纳税款。

税务机关在追缴该企业应纳税款时，应当将追缴理由、追缴数额、交纳期限和交纳方式等告知该企业。

扣交义务人每次代扣的税款，应当自代扣之日起7日内缴入国库，并向所在地的税务机关报送扣交企业所得税报告表。

5. 企业所得税纳税申报表的分类

（1）按税款交纳方法，企业所得税纳税申报表有预缴所得税申报表和年终汇算清缴所得税申报表两类。具体按月或按季预缴，由当地主管税务机关根据纳税人应纳税额的大小予以核定。预缴方法一经确定，不得随意改变。

（2）按税款征收方式，企业所得税纳税申报表分为A类和B类。A类适用于实行查账征收方式申报企业所得税的居民纳税人；B类为按照核定征收管理办法（包括核定应税所得率和核定税额征收方式）交纳企业所得税的纳税人。

二、企业预缴所得税申报表（A类）的填写方法

中华人民共和国企业所得税月（季）度预交纳税申报表（A类）的格式与内容见表9-2

表 9-2　中华人民共和国企业所得税月（季）度预交纳税申报表（A 类）

税款所属期间：　　年　　月　　日至　　年　　月　　日

纳税人识别号：□□□□□□□□□□□□□□□□□□□□

纳税人编码：□□□□□□□□□□□□□□□□□

纳税人名称：　　　　　　　　　　　　　　　　　　　　金额单位：元（列至角分）

行次	项　目		本期金额	累计金额
1	一、据实预缴			
2	营业收入			
3	营业成本			
4	实际利润额			
5	税率			
6	应纳所得税额（4 行 ×5 行）			
7	减免所得税额			
8	实际已缴所得税额		—	
9	往期多缴的所得税在本期抵缴额			
10	应补（退）的所得税额（6 行 −7 行 −8 行 −9 行）		—	
11	二、按照上一纳税年度应纳税所得额的平均额预缴			
12	上一纳税年度应纳税所得额		—	
13	本月（季）应纳税所得额（12 行 ÷12 或 12 行 ÷4）			
14	税率		—	—
15	本月（季）应纳所得税额（13 行 ×14 行）			
16	三、按照税务机关确定的其他方法预缴			
17	本月（季）确定预缴的所得税额			
18	总分机构纳税人			
19	总机构	总机构应分摊的所得税额（10 行或 15 行或 17 行 ×25%）		
20	总机构	中央财政集中分配的所得税额（10 行或 15 行或 17 行 ×25%）		
21	总机构	分支机构分摊的所得税额（10 行或 15 行或 17 行 ×50%）		
22	分支机构	分配比例		
23	分支机构	分配的所得税额（21 行 ×22 行）		

谨声明：此纳税申报表是根据《中华人民共和国企业所得税法》、《中华人民共和国企业所得税法实施条例》和国家有关税收规定填报的，是真实的、可靠的、完整的。

法定代表人（签字）：　　　　年　月　日

纳税人公章：	代理申报中介机构公章：	主管税务机关受理专用章：
会计主管：	经办人： 经办人执业证件号码：	受理人：
填表日期：　年　月　日	代理申报日期：　年　月　日	受理日期：　年　月　日

（一）适用范围

本表适用于实行查账征收方式申报企业所得税的居民纳税人及在中国境内设立机构的非居民纳税人在月（季）度预缴企业所得税时使用。

（二）有关项目填报说明

1. 本表表头项目

（1）“税款所属期间”：纳税人填写的“税款所属期间”为公历1月1日至所属月（季）度最后一日。

企业年度中间开业的纳税人填写的“税款所属期间”为当月（季）开始经营之日至所属季度的最后一日，自次月（季）度起按正常情况填报。

（2）“纳税人识别号”：填报税务机关核发的税务登记证号码（15位）。

（3）“纳税人名称”：填报税务登记证中的纳税人全称。

2. 各列的填报

（1）“据实预缴”的纳税人第2行—第9行：填报“本期金额”列，数据为所属月（季）度第一日至最后一日；填报“累计金额”列，数据为纳税人所属年度1月1日至所属季度（或月份）最后一日的累计数。纳税人当期应补（退）所得税额为“累计金额”列第9行“应补（退）所得税额”的数据。

（2）“按照上一纳税年度应纳税所得额平均额预缴”的纳税人第11行至14行及“按照税务机关确定的其他方法预缴”的纳税人第16行：填报表内第11行至第14行、第16行“本期金额”列，数据为所属月（季）度第一日至最后一日。

3. 各行的填报

本表结构分为以下两个部分。

（1）第一部分为第1行至第16行，纳税人根据自身的预缴申报方式分别填报，包括非居民企业设立的分支机构：实行据实预缴的纳税人填报第2至9行；实行按上一年度应纳税所得额的月度或季度平均额预缴的纳税人填报第11至14行；实行经税务机关认可的其他方法预缴的纳税人填报第16行。

（2）第二部分为第17行至第22行，由实行汇总纳税的总机构在填报第一部分的基础上填报第18至20行；分支机构填报第20至22行。

4. 具体项目填报说明

（1）第2行“营业收入”：填报会计制度核算的营业收入，事业单位、社会团体、民办非企业单位按其会计制度核算的收入填报。

（2）第3行“营业成本”：填报会计制度核算的营业成本，事业单位、社会团体、民办非企业单位按其会计制度核算的成本（费用）填报。

（3）第4行“实际利润额”：填报按会计制度核算的利润总额减除以前年度待弥补亏损以及不征税收入、免税收入后的余额。事业单位、社会团体、民办非企业单位比照填报。房地产开发企业本期取得预售收入按规定计算出的预计利润额计入本行。

(4) 第5行“税率（25%）”：按照《企业所得税法》第四条规定的25%税率计算应纳所得税额。

(5) 第6行“应纳所得税额”：填报计算出的当期应纳所得税额。第6行＝第4行×第5行，且第6行≥0。

(6) 第7行“减免所得税额”：填报当期实际享受的减免所得税额，包括享受减免税优惠过渡期的税收优惠、小型微利企业优惠、高新技术企业优惠及经税务机关审批或备案的其他减免税优惠。第7行≤第6行。

(7) 第8行“实际已预缴的所得税额”：填报累计已预缴的企业所得税税额，“本期金额”列不填。

(8) 第9行“应补（退）所得税额”：填报按照税法规定计算的本次应补（退）预缴所得税额。第9行＝第6行－第7行－第8行，且第9行<0时，填0，“本期金额”列不填。

(9) 第11行“上一纳税年度应纳税所得额”：填报上一纳税年度申报的应纳税所得额。本行不包括纳税人的境外所得。

(10) 第12行“本月（季）应纳所得税所得额”：填报纳税人依据上一纳税年度申报的应纳税所得额计算的当期应纳税所得额。

按季预缴企业：第12行＝第11行×1/4

按月预缴企业：第12行＝第11行×1/12

(11) 第13行“税率（25%）”：按照《企业所得税法》第四条规定的25%税率计算应纳所得税额。

(12) 第14行“本月（季）应纳所得税额”：填报计算的本月（季）应纳所得税额。第14行＝第12行×第13行。

(13) 第16行“本月（季）确定预缴的所得税额”：填报依据税务机关认定的应纳税所得额计算出的本月（季）应交纳所得税额。

(14) 第18行“总机构应分摊的所得税额”：填报汇总纳税总机构以本表第一部分（第1～16行）本月或本季预缴所得税额为基数，按总机构应分摊的预缴比例计算出的本期预缴所得税额。

① 据实预缴的汇总纳税企业总机构：第9行×总机构应分摊的预缴比例25%。

② 按上一纳税年度应纳税所得额的月度或季度平均额预缴的汇总纳税企业总机构：第14行×总机构应分摊的预缴比例25%。

③ 经税务机关认可的其他方法预缴的汇总纳税企业总机构：第16行×总机构应分摊的预缴比例25%。

(15) 第19行“中央财政集中分配税款的所得税额”：填报汇总纳税总机构以本表第一部分（第1～16行）本月或本季预缴所得税额为基数，按中央财政集中分配税款的预缴比例计算出的本期预缴所得税额。

① 据实预缴的汇总纳税企业总机构：第9行×中央财政集中分配税款的预缴比例25%。

② 按上一纳税年度应纳税所得额的月度或季度平均额预缴的汇总纳税企业总机构：第14行×中央财政集中分配税款的预缴比例25%。

③ 经税务机关认可的其他方法预缴的汇总纳税企业总机构：第 16 行 × 中央财政集中分配税款的预缴比例 25%。

（16）第 20 行“分支机构分摊的所得税额”：填报汇总纳税总机构以本表第一部分（第 1～16 行）本月或本季预缴所得税额为基数，按分支机构分摊的预缴比例计算出的本期预缴所得税额。

① 据实预缴的汇总纳税企业总机构：

第 9 行 × 分支机构分摊的预缴比例 50%

② 按上一纳税年度应纳税所得额的月度或季度平均额预缴的汇总纳税企业总机构：第 14 行 × 分支机构分摊的预缴比例 50%

③ 经税务机关认可的其他方法预缴的汇总纳税企业总机构：第 16 行 × 分支机构分摊的预缴比例 50%

（分支机构本行填报总机构申报的第 20 行“分支机构分摊的所得税额”）

（17）第 21 行“分配比例”：填报汇总纳税分支机构依据《汇总纳税企业所得税分配表》中确定的分配比例。

（18）第 22 行“分配的所得税额”：填报汇总纳税分支机构依据当期总机构申报表中第 20 行“分支机构分摊的所得税额” × 本表第 21 行“分配比例”的数额。

企业所得税月（季）度纳税申报表（B 类）比较简单，填写不再介绍，企业所得税月（季）度纳税申报表（B 类）见表 9-3。

表 9-3　中华人民共和国企业所得税月（季）度纳税申报表（B 类）

税款所属期间：　　年　　月　　日至　　年　　月　　日

纳税人识别号：□□□□□□□□□□□□□□□□□□

纳税人名称：　　　　　　　　　　　　　　　　　　金额单位：元（列至角分）

项　目			行　次	累计金额
应纳税所得额的计算	按收入总额核定应纳税所得额	收入总额	1	
		税务机关核定的应税所得率（%）	2	
		应纳税所得额（1 行 ×2 行）	3	
	按成本费用核定应纳税所得额	成本费用总额	4	
		税务机关核定的应税所得率（%）	5	
		应纳税所得额（4 行 ÷（1 −5 行）×5 行）	6	
	按经费支出换算应纳税所得额	经费支出总额	7	
		税务机关核定的应税所得率（%）	8	
		换算的收入额［7 行 ÷（1 −8 行）］	9	
		应纳税所得额（8 行 ×9 行）	10	

续　表

应纳所得税额的计算	适用税率（%）	11	
	应纳所得税额（3行×11行或6行×11行或10行×11行）	12	
	减免所得税额	13	
应补（退）所得税额的计算	已预缴所得税额	14	
	应补（退）所得税额（12行－13行－14行）	15	

谨声明：此纳税申报表是根据《中华人民共和国企业所得税法》、《中华人民共和国企业所得税法实施条例》和国家有关税收规定填报的，是真实的、可靠的、完整的。

法定代表人（签字）：　　　　年　月　日

纳税人公章：	代理申报中介机构公章：	主管税务机关受理专用章：
会计主管：	经办人： 经办人执业证件号码：	受理人：
填表日期：　年　月　日	代理申报日期：　年　月　日	受理日期：　年　月　日

国家税务总局监制

三、企业年终汇算清缴所得税申报表（A类）的填写方法

中华人民共和国企业所得税年度纳税申报表（A类）的格式与内容见表9-4。

表9-4　中华人民共和国企业所得税年度纳税申报表（A类）

税数所属期间：　　年　月　日至　　年　月　日

纳税人识别号：

纳税人名称：　　　　　　　　　　　　金额单位：元（列至角分）

类别	行次	项目	金额
利润总额计算	1	一、营业收入（填附表一）	
	2	减：营业成本（填附表二）	
	3	营业税金及附加	
	4	销售费用（填附表二）	
	5	管理费用（填附表二）	
	6	财务费用（填附表二）	
	7	资产减值损失	
	8	加：公允价值变动收益	
	9	投资收益	
	10	二、营业利润	
	11	加：营业外收入（填附表一）	
	12	减：营业外支出（填附表二）	
	13	三、利润总额（10＋11－12）	

续 表

应纳税所得额的计算	14	加：纳税调整增加额（填附表三）	
	15	减：纳税调整减少额（填附表三）	
	16	其中：不征税收入	
	17	免税收入	
	18	减计收入	
	19	减、免税项目所得	
	20	加计扣除	
	21	抵扣应纳税所得额	
	22	加：境外应税所得弥补境内亏损	
	23	纳税调整后所得（13+14-15+22）	
	24	减：弥补以前年度亏损（填附表四）	
	25	应纳税所得额（23-24）	
应纳税额的计算	26	税率（25%）	
	27	应纳所得税额（25×26）	
	28	减：减免所得税额（填附表五）	
	29	减：抵免所得税额（填附表五）	
	30	（实际）应纳税额（27-28-29）	
	31	加：境外所得应纳所得税额（填附表六）	
	32	减：境外所得抵免所得税额（填附表六）	
	33	（境内外）实际应纳所得税额（30+31-32）	
	34	减：本年累计实际已预缴的所得税额	
	35	其中：汇总纳税的总机构分摊预缴的税额	
	36	汇总纳税的总机构财政调库预缴的税额	
	37	汇总纳税的总机构所属分支机构分摊的预缴税额	
	38	合并纳税（母子体制）成员企业就地预缴比例	
	39	合并纳税企业就地预缴的所得税额	
	40	本年应补（退）的所得税额（33-34）	
附列资料	41	以前年度多缴的所得税额在本年抵减额	
	42	以前年度应交未缴在本年入库所得税额	

纳税人公章： 经办人： 申报日期：　年　月　日	代理申报中介机构公章： 经办人及执业证件号码： 代理申报日期：　年　月　日	主管税务机关受理专用章： 受理人： 受理日期：　年　月　日

（一）适用范围

表9-4适用于实行查账征收企业所得税的居民纳税人（以下简称纳税人）填报。

（二）有关项目填报说明

1. 表头项目

（1）“税款所属期间”：正常经营的纳税人，填报公历当年1月1日至12月31日；纳税人年度中间开业的，填报实际生产经营之日的当月1日至同年12月31日；纳税人年度中间发生合并、分立、破产、停业等情况的，填报公历当年1月1日至实际停业或法院裁定并宣告破产之日的当月月末；纳税人年度中间开业且年度中间又发生合并、分立、破产、停业等情况的，填报实际生产经营之日的当月1日至实际停业或法院裁定并宣告破产之日的当月月末。

（2）“纳税人识别号”：填报税务机关统一核发的税务登记证号码。

（3）“纳税人名称”：填报税务登记证所载纳税人的全称。

2. 表体项目

本表是在纳税人会计利润总额的基础上，加减纳税调整额后计算出“纳税调整后所得”（应纳税所得额）。会计与税法的差异（包括收入类、扣除类、资产类等差异）通过纳税调整项目明细表（附表三）集中体现。

本表包括利润总额计算、应纳税所得额计算、应纳税额计算和附列资料四个部分。

（1）“利润总额计算”中的项目，按照国家统一会计制度口径计算填报。实行企业会计准则的纳税人，其数据直接取自损益表；实行其他国家统一会计制度的纳税人，与本表不一致的项目，按照其利润表项目进行分析填报。

利润总额部分的收入、成本、费用明细项同，一般工商企业纳税人，通过附表一（1）《收入明细表》和附表二（1）《成本费用明细表》相应栏次填报。

（2）“应纳税所得额计算”和“应纳税额计算”中的项目，除根据主表逻辑关系计算的外，通过附表相应栏次填报。

（3）“附列资料”填报用于税源统计分析的上一纳税年度税款在本纳税年度抵减或入库金额。

3. 行次说明

（1）第1行“营业收入”：填报纳税人主要经营业务和其他经营业务取得的收入总额。本行根据“主营业务收入”和“其他业务收入”科目的数额计算填报。一般工商企业纳税人，通过附表一（1）《收入明细表》计算填报。

（2）第2行“营业成本”项目：填报纳税人主要经营业务和其他经营业务发生的成本总额。本行根据“主营业务成本”和“其他业务成本”科目的数额计算填报。一般工商企业纳税人，通过附表二（1）《成本费用明细表》计算填报。

（3）第3行“营业税金及附加”：填报纳税人经营活动发生的营业税、消费税、城市维护建设税、资源税、土地增值税和教育费附加等相关税费。本行根据“营业税金及附加”科目的数额计算填报。

（4）第4行“销售费用”：填报纳税人在销售商品和材料、提供劳务的过程中发生的各种费用。本行根据“销售费用”科目的数额计算填报。

（5）第5行“管理费用”：填报纳税人为组织和管理企业生产经营发生的管理费用。本行根据“管理费用”科目的数额计算填报。

(6) 第6行“财务费用”：填报纳税人为筹集生产经营所需资金等发生的筹资费用。本行根据“财务费用”科目的数额计算填报。

(7) 第7行“资产减值损失”：填报纳税人计提各项资产准备发生的减值损失。本行根据“资产减值损失”科目的数额计算填报。

(8) 第8行“公允价值变动收益”：填报纳税人交易性金融资产、交易性金融负债，以及采用公允价值模式计量的投资性房地产、衍生工具、套期保值业务等公允价值变动形成的应计入当期损益的利得或损失。本行根据“公允价值变动损益”科目的数额计算填报。

(9) 第9行“投资收益”：填报纳税人以各种方式对外投资确认所取得的收益或发生的损失。本行根据“投资收益”科目的数额计算填报。

(10) 第10行“营业利润”：填报纳税人当期的营业利润。根据上述项目计算填列。

(11) 第11行“营业外收入”：填报纳税人发生的与其经营活动无直接关系的各项收入。本行根据“营业外收入”科目的数额计算填报。一般工商企业纳税人，通过附表一 (1)《收入明细表》相关项目计算填报。

(12) 第12行“营业外支出”：填报纳税人发生的与其经营活动无直接关系的各项支出。本行根据“营业外支出”科目的数额计算填报。一般工商企业纳税人，通过附表二 (1)《成本费用明细表》相关项目计算填报。

(13) 第13行“利润总额”：填报纳税人当期的利润总额。

(14) 第14行“纳税调整增加额”：填报纳税人会计处理与税收规定不一致，进行纳税调整增加的金额。本行通过附表三《纳税调整项目明细表》“调增金额”列计算填报。

(15) 第15行“纳税调整减少额”：填报纳税人会计处理与税收规定不一致，进行纳税调整减少的金额。本行通过附表三《纳税调整项目明细表》“调减金额”列计算填报。

(16) 第16行“不征税收入”：填报纳税人计入利润总额但属于税收规定不征税的财政拨款、依法收取并纳人财政管理的行政事业性收费、政府性基金，以及国务院规定的其他不征税收入。本行通过附表一 (3)《事业单位、社会团体、民办非企业单位收入明细表》计算填报。

(17) 第17行“免税收入”：填报纳税人计人利润总额但属于税收规定免税的收入或收益，包括国债利息收入；符合条件的居民企业之间的股息、红利等权益性投资收益；从居民企业取得与该机构、场所有实际联系的股息、红利等权益性投资收益；符合条件的非营利组织的收入。本行通过附表五《税收优惠明细表》第1行计算填报。

(18) 第18行“减计收入”：填报纳税人以《资源综合利用企业所得税优惠目录》规定的资源作为主要原材料，生产国家非限制和禁止并符合国家和行业相关标准的产品取得收入10%的数额。本行通过附表五《税收优惠明细表》第6行计算填报。

(19) 第19行“减、免税项目所得”：填报纳税人按照税收规定减征、免征企业所得税的所得额。本行通过附表五《税收优惠明细表》第14行计算填报。

(20) 第20行“加计扣除”：填报纳税人开发新技术、新产品、新工艺发生的研究开发费用，以及安置残疾人员及国家鼓励安置的其他就业人员所支付的工资，符合税收规定条件的准予按照支出额一定比例，在计算应纳税所得额时加计扣除的金额。本行通过附表五《税收优惠明细表》第9行计算填报。

(21) 第21行“抵扣应纳税所得额”：填报创业投资企业采取股权投资方式投资于未上市

的中小高新技术企业2年以上的，可以按照其投资额的70%在股权持有满2年的当年抵扣该创业投资企业的应纳税所得额。当年不足抵扣的，可以在以后纳税年度结转抵扣。本行通过附表五《税收优惠明细表》第39行计算填报。

（22）第22行"境外应税所得弥补境内亏损"：填报纳税人根据税收规定，境外所得可以弥补境内亏损的数额。

（23）第23行"纳税调整后所得"：填报纳税人经过纳税调整计算后的所得额。当本表第23行<0时，即为可结转以后年度弥补的亏损额；如本表第23行>0时，继续计算应纳税所得额。

（24）第24行"弥补以前年度亏损"：填报纳税人按照税收规定可在税前弥补的以前年度亏损的数额。本行通过附表四《企业所得税弥补亏损明细表》第6行第10列填报，但不得超过本表第23行"纳税调整后所得"。

（25）第25行"应纳税所得额"：金额等于本表第23－24行。本行不得为负数。本表第23行或者按照上述行次顺序计算结果本行为负数，本行金额填零。

（26）第26行"税率"：填报税法规定的税率25%。

（27）第27行"应纳所得税额"：金额等于本表第25行乘以第26行所得。

（28）第28行"减免所得税额"：填报纳税人按税收规定实际减免的企业所得税额，包括小型微利企业、国家需要重点扶持的高新技术企业、享受减免税优惠过渡政策的企业，其法定税率与实际执行税率的差额，以及其他享受企业所得税减免税的数额。本行通过附表五《税收优惠明细表》第33行计算填报。

（29）第29行"抵免所得税额"：填报纳税人购置用于环境保护、节能节水、安全生产等专用设备的投资额，其设备投资额的10%可以从企业当年的应纳所得税额中抵免的金额；当年不足抵免的，可以在以后5个纳税年度结转抵免。本行通过附表五《税收优惠明细表》第40行计算填报。

（30）第30行"应纳税额"：金额等于本表第27－28－29行。

（31）第31行"境外所得应纳所得税额"：填报纳税人来源于中国境外的所得。按照企业所得税法及其实施条例，以及相关税收规定计算的应纳所得税额。

（32）第32行"境外所得抵免所得税额"：填报纳税人来源于中国境外所得依照中国境外税收法律以及相关规定应交纳并实际交纳的企业所得税性质的税款，准予抵免的数额：

企业已在境外交纳的所得税额，小于抵免限额的，"境外所得抵免所得税额"按其在境外实际交纳的所得税额填报；大于抵免限额的，按抵免限额填报，超过抵免限额的部分，可以在以后五个年度内，用每年度抵免限额抵免当年应抵税额后的余额进行抵补。

（33）第33行"实际应纳所得税额"：填报纳税人当期的实际应纳所得税额。

（34）第34行"本年累计实际已预缴的所得税额"：填报纳税人按照税收规定本纳税年度已在月（季）度累计预缴的所得税款。

（35）第35行"汇总纳税的总机构分摊预缴的税额"：填报汇总纳税的总机构按照税收规定已在月（季）度在总机构所在地累计预缴的所得税款。

（36）第36行"汇总纳税的总机构财政调库预缴的税额"：填报汇总纳税的总机构按照税收规定已在月（季）度在总机构所在地累计预缴在财政调节专户的所得税款。

（37）第37行“汇总纳税的总机构所属分支机构分摊的预缴税额”：填报汇总纳税的分支机构在月（季）度在分支机构所在地累计分摊预缴的所得税款。

（38）第38行“合并纳税（母子体制）成员企业就地预缴比例”：填报经国务院批准的实行合并纳税（母子体制）的成员企业按照税收规定就地预缴税款的比例。

（39）第39行“合并纳税企业就地预缴的所得税额”：填报合并纳税的成员企业已在月（季）度累计预缴的所得税款。

（40）第40行“本年应补（退）的所得税额”：填报纳税人应补应退的所得税额。

（41）第41行“以前年度多缴的所得税额在本年抵减额”：填报纳税人以前纳税年度多缴的税款尚未办理退税、并在本纳税年度抵缴的所得税额。

（42）第42年“以前年度应交未缴在本年入库所得税额”：填报纳税人以前纳税年度损益调整税款、下一纳税年度第四季度预缴税款和汇算清缴的税款，在本纳税年度入库所得税额。

4. 表内及表间关系

（1）第1行=附表一（1）第2行或附表一（2）第1行或附表一（3）第3行至7行合计。

（2）第2行=附表二（1）第2行或附表二（2）第1行或附表二（3）第14行。

（3）第10行=第1-2-3-4-5-6-7+8+9行。

（4）第11行=附表一（1）第17行或附表一（2）第42行或附表一（3）第9行。

（5）第12行=附表二（1）第16行或附表二（2）第45行。

（6）第13行=第10+11-12行。

（7）第14行=附表三第52行第3列合计。

（8）第15行=附表三第52行第4列合计。

（9）第16行=附表三第14行第4列。

（10）第17行=附表五第1行。

（11）第18行=附表五第6行。

（12）第19行=附表五第14行。

（13）第20行=附表五第9行。

（14）第21行=附表五第39行。

（15）第22行=附表六第7列合计。（当第13+14-15行≥0时，本行=0）

（16）第23行=第13+14-15+22行。（当第13+14-15行<0时，则加22行的最大值）

（17）第24行=附表四第6行第10列。

（18）第25行=第23-24行（当本行<0时，则先调整21行的数据，使其本行≥0；当21行=0时，23-24行≥0）。

（19）第26行填报25%。

（20）第27行=第25×26行。

（21）第28行=附表五第33行。

（22）第29行=附表五第40行。

（23）第30行=第27-28-29行。

(24) 第 31 行 = 附表六第 10 列合计。

(25) 第 32 行 = 附表六第 14 列合计 + 第 16 列合计或附表六第 17 列合计。

(26) 第 33 行 = 第 30 + 31 - 32 行。

(27) 第 40 行 = 第 33 - 34 行。

另外，为明确企业年度纳税申报表中的申报内容，还要填制以下 11 个附表。

企业所得税年度纳税申报表附表一（1）见表 9-5。

表 9-5　企业所得税年度纳税申报表附表一（1）

收入明细表

填报时间：　　年　　月　　日　　　　金额单位：元（列至角分）

行　次	项　　目	金　额
1	一、销售（营业）收入合计（2 + 13）	
2	（一）营业收入合计（3 + 8）	
3	1. 主营业务收入（4 + 5 + 6 + 7）	
4	（1）销售货物	
5	（2）提供劳务	
6	（3）让渡资产使用权	
7	（4）建造合同	
8	2. 其他业务收入（9 + 10 + 11 + 12）	
9	（1）材料销售收入	
10	（2）代购代销手续费收入	
11	（3）包装物出租收入	
12	（4）其他	
13	（二）视同销售收入（14 + 15 + 16）	
14	（1）非货币性交易视同销售收入	
15	（2）货物、财产、劳务视同销售收入	
16	（3）其他视同销售收入	
17	二、营业外收入（18 + 19 + 20 + 21 + 22 + 23 + 24 + 25 + 26）	
18	1. 固定资产盘盈	
19	2. 处置固定资产净收益	
20	3. 非货币性资产交易收益	
21	4. 出售无形资产收益	
22	5. 罚款净收入	
23	6. 债务重组收益	
24	7. 政府补助收入	
25	8. 捐赠收入	
26	9. 其他	

经办人（签章）：　　　　法定代表人（签章）：

企业所得税年度纳税申报表附表一（2）见表9-6。

表9-6　企业所得税年度纳税申报表附表一（2）

金融企业收入明细表

填报时间：　　年　　月　　日　　　　　　　　金额单位：元（列至角分）

行　次	项　目	金　额
1	一、营业收入（2+19+25+35）	
2	（一）银行业务收入（3+10+18）	
3	1. 银行业利息收入（4+5+6+7+8+9）	
4	（1）存放同业	
5	（2）存放中央银行	
6	（3）拆出资金	
7	（4）发放贷款及垫款	
8	（5）买入返售金融资产	
9	（6）其他	
10	2. 银行业手续费及佣金收入（11+12+13+14+15+16+17）	
11	（1）结算与清算手续费	
12	（2）代理业务手续费	
13	（3）信用承诺手续费及佣金	
14	（4）银行卡手续费	
15	（5）顾问和咨询费	
16	（6）托管及其他受托业务佣金	
17	（7）其他	
18	3. 其他业务收入	
19	（二）保险业务收入（20+24）	
20	1. 已赚保费（21-22-23）	
21	保费收入	
22	减：分出保费	
23	提取未到期责任准备金	
24	2. 其他业务收入	
25	（三）证券业务收入（26+33+34）	
26	1. 手续费及佣金收入（27+28+29+30+31+32）	
27	（1）证券承销业务收入	
28	（2）证券经纪业务收入	
29	（3）受托客户资产管理业务收入	
30	（4）代理兑付证券业务收入	
31	（5）代理保管证券业务收入	

续　表

32	（6）其他	
33	2. 利息净收入	
34	3. 其他业务收入	
35	（四）其他金融业务收入（36 +37）	
36	1. 业务收入	
37	2. 其他业务收入	
38	二、视同销售收入（39 +40 +41）	
39	1. 非货币性资产交换	
40	2. 货物、财产、劳务视同销售收入	
41	3. 其他视同销售收入	
42	三、营业外收入（43 +44 +45 +46 +47 +48）	
43	1. 固定资产盘盈	
44	2. 处置固定资产净收益	
45	3. 非货币性资产交易收益	
46	4. 出售无形资产收益	
47	5. 罚款净收入	
48	6. 其他	

经办人（签章）：　　　　　　　　　　　　法定代表人（签章）：

企业所得税年度纳税申报表附表一（3）见表9-7。

表9-7　企业所得税年度纳税申报表附表一（3）

事业单位、社会团体、民办非企业单位收入明细表

填报时间：　　年　　月　　日　　　　　　　　　　　　金额单位：元（列至角分）

行　次	项　目	金　额
1	一、收入总额（2 +3 + … +9）	
2	财政补助收入	
3	上级补助收入	
4	拨入专款	
5	事业收入	
6	经营收入	
7	附属单位缴款	
8	投资收益	
9	其他收入	
10	二、不征税收入总额（11 +12 +13 +14）	
11	财政拨款	
12	行政事业性收费	
13	政府性基金	

续　表

14	其他	
15	三、应纳税收入总额（1－10）	
16	四、应纳税收入总额占全部收入总额比重（15÷1）	

经办人（签章）：　　　　　　　　法定代表人（签章）：

企业所得税年度纳税申报表附表二（1）见表9-8。

表9-8　企业所得税年度纳税申报表附表二（1）

成本费用明细表

填报时间：　　年　　月　　日　　　　　　　　　　　　　　金额单位：元（列至角分）

行　次	项　　目	金　额
1	一、销售（营业）成本合计（2＋7＋12）	
2	（一）主营业务成本（3＋4＋5＋6）	
3	（1）销售货物成本	
4	（2）提供劳务成本	
5	（3）让渡资产使用权成本	
6	（4）建造合同成本	
7	（二）其他业务成本（8＋9＋10＋11）	
8	（1）材料销售成本	
9	（2）代购代销费用	
10	（3）包装物出租成本	
11	（4）其他	
12	（三）视同销售成本（13＋14＋15）	
13	（1）非货币性交易视同销售成本	
14	（2）货物、财产、劳务视同销售成本	
15	（3）其他视同销售成本	
16	二、营业外支出（17＋18＋…＋24）	
17	1. 固定资产盘亏	
18	2. 处置固定资产净损失	
19	3. 出售无形资产损失	
20	4. 债务重组损失	
21	5. 罚款支出	
22	6. 非常损失	
23	7. 捐赠支出	
24	8. 其他	
25	三、期间费用（26＋27＋28）	
26	1. 销售（营业）费用	
27	2. 管理费用	
28	3. 财务费用	

经办人（签章）：　　　　　　　　法定代表人（签章）：

企业所得税年度纳税申报表附表二（2）见表9-9。

表9-9　企业所得税年度纳税申报表附表二（2）

金融企业成本费用明细表

填报时间：　　年　　月　　日　　　　金额单位：元（列至角分）

行　次	项　　目	金　额
1	一、营业成本（2 + 17 + 31 + 38）	
2	（一）银行业务成本（3 + 11 + 15 + 16）	
3	1. 银行利息支出（4 + 5 + … + 10）	
4	（1）同业存放	
5	（2）向中央银行借款	
6	（3）拆入资金	
7	（4）吸收存款	
8	（5）卖出回购金融资产	
9	（6）发行债券	
10	（7）其他	
11	2. 银行手续费及佣金支出（12 + 13 + 14）	
12	（1）手续费支出	
13	（2）佣金支出	
14	（3）其他	
15	3. 业务及管理费	
16	4. 其他业务成本	
17	（二）保险业务支出（18 + 30）	
18	1. 业务支出（19 + 20 − 21 + 22 − 23 + 24 + 25 + 26 + 27 − 28 + 29）	
19	（1）退保金	
20	（2）赔付支出	
21	减：摊回赔付支出	
22	（3）提取保险责任准备金	
23	减：摊回保险责任准备金	
24	（4）保单红利支出	
25	（5）分保费用	
26	（6）手续费及佣金支出	
27	（7）业务及管理费	
28	减：摊回分保费用	
29	（8）其他	
30	2. 其他业务成本	
31	（三）证券业务支出（32 + 36 + 37）	
32	1. 证券手续费支出（33 + 34 + 35）	
33	（1）证券经纪业务支出	
34	（2）佣金	
35	（3）其他	

续 表

36	2. 业务及管理费	
37	3. 其他业务成本	
38	（四）其他金融业务支出（39 +40）	
39	1. 业务支出	
40	2. 其他业务成本	
41	二、视同销售应确认成本（42 +43 +44）	
42	1. 非货币性资产交换成本	
43	2. 货物、财产、劳务视同销售成本	
44	3. 其他视同销售成本	
45	三、营业外支出（46 +47 +48 +49 +50）	
46	1. 固定资产盘亏	
47	2. 处置固定资产净损失	
48	3. 非货币性资产交易损失	
49	4. 出售无形资产损失	
50	5. 其他	

企业所得税年度纳税申报表附表二（3）见表9-10。

表9-10　企业所得税年度纳税申报表附表二（3）

事业单位、社会团体、民办非企业单位支出明细表

填报时间：　　年　　月　　日　　　　　　　　　　金额单位：元（列至角分）

行　次	项　目	金　额
1	一、支出总额（2 +3 +… +10）	
2	拨出经费	
3	上缴上级支出	
4	拨出专款	
5	专款支出	
6	事业支出	
7	经营支出	
8	对附属单位补助	
9	结转自筹基建	
10	其他支出	
11	二、不准扣除的支出总额	
12	（1）税收规定不允许扣除的支出项目金额	
13	（2）按分摊比例计算的支出项目金额	
14	三、准予扣除的支出总额	

经办人（签章）：　　　　　　　　　　法定代表人（签章）：

企业所得税年度纳税申报表附表三见表9-11。

表9-11　企业所得税年度纳税申报表附表三

纳税调整项目明细表

填报时间：　　年　　月　　日　　　　　　　　　　金额单位：元（列至角分）

	行次	项目	账载金额	税收金额	调增金额	调减金额
			1	2	3	4
	1	一、收入类调整项目	*	*		
	2	1. 视同销售收入（填写附表一）	*	*		*
#	3	2. 接受捐赠收入	*			*
	4	3. 不符合税收规定的销售折扣和折让				*
*	5	4. 未按权责发生制原则确认的收入				
*	6	5. 按权益法核算长期股权投资对初始投资成本调整确认收益	*	*	*	
	7	6. 按权益法核算的长期股权投资持有期间的投资损益	*	*		
*	8	7. 特殊重组				
*	9	8. 一般重组				
*	10	9. 公允价值变动净收益（填写附表七）	*	*		
	11	10. 确认为递延收益的政府补助				
	12	11. 境外应税所得（填写附表六）	*	*	*	
	13	12. 不允许扣除的境外投资损失	*	*		*
	14	13. 不征税收入（填附表一［3］）	*	*	*	
	15	14. 免税收入（填附表五）	*	*	*	
	16	15. 减计收入（填附表五）	*	*	*	
	17	16. 减、免税项目所得（填附表五）	*	*	*	
	18	17. 抵扣应纳税所得额（填附表五）	*	*	*	
	19	18. 其他				
	20	二、扣除类调整项目	*	*		
	21	1. 视同销售成本（填写附表二）	*	*	*	
	22	2. 工资薪金支出				
	23	3. 职工福利费支出				
	24	4. 职工教育经费支出				
	25	5. 工会经费支出				
	26	6. 业务招待费支出				*

续 表

27	7. 广告费和业务宣传费支出（填写附表八）	*	*		
28	8. 捐赠支出				*
29	9. 利息支出				
30	10. 住房公积金				*
31	11. 罚金、罚款和被没收财物的损失		*		*
32	12. 税收滞纳金		*		*
33	13. 赞助支出		*		*
34	14. 各类基本社会保障性缴款				
35	15. 补充养老保险、补充医疗保险				
36	16. 与未实现融资收益相关在当期确认的财务费用				
37	17. 与取得收入无关的支出		*		*
38	18. 不征税收入用于支出所形成的费用		*		*
39	19. 加计扣除（填附表五）	*	*	*	
40	20. 其他				
41	三、资产类调整项目	*	*		
42	1. 财产损失				
43	2. 固定资产折旧（填写附表九）	*	*		
44	3. 生产性生物资产折旧（填写附表九）	*	*		
45	4. 长期待摊费用的摊销（填写附表九）	*	*		
46	5. 无形资产摊销（填写附表九）	*	*		
47	6. 投资转让、处置所得（填写附表十一）	*	*		
48	7. 油气勘探投资（填写附表九）				
49	8. 油气开发投资（填写附表九）				
50	9. 其他				
51	四、准备金调整项目（填写附表十）	*	*		
52	五、房地产企业预售收入计算的预计利润	*	*		
53	六、特别纳税调整应税所得	*	*		*
54	七、其他	*	*		
55	合计	*	*		

注：1. 标有 * 的行次为执行新会计准则的企业填列，标有#的行次为除执行新会计准则以外的企业填列。

2. 没有标注的行次，无论执行何种会计核算办法，有差异就填报相应行次，填 * 号不可填列。

3. 有二级附表的项目只填调增、调减金额，账载金额、税收金额不再填写。

经办人（签章）： 法定代表人（签章）：

企业所得税年度纳税申报表附表四见表9-12。

表9-12　企业所得税年度纳税申报表四

企业所得税弥补亏损明细表

填报时间：　　年　　月　　日　　　　金额单位：元（列至角分）

行次	项目	年度	盈利额或亏损额	合并分立企业转入可弥补亏损额	当年可弥补的所得额	以前年度亏损弥补额					本年度实际弥补的以前年度亏损额	可结转以后年度弥补的亏损额
						前四年度	前三年度	前二年度	前一年度	合计		
		1	2	3	4	5	6	7	8	9	10	11
1	第一年											*
2	第二年					*						
3	第三年					*	*					
4	第四年					*	*	*				
5	第五年					*	*	*	*			
6	本年					*	*	*	*	*		
7	可结转以后年度弥补的亏损额合计											

经办人（签章）：　　　　法定代表人（签章）：

企业所得税年度纳税申报表附表五见表9-13。

表9-13　企业所得税年度纳税申报表附表五

税收优惠明细表

填报时间：　　年　　月　　日　　　　金额单位：元（列至角分）

行次	项目	金额
1	一、免税收入（2+3+4+5）	
2	1. 国债利息收入	
3	2. 符合条件的居民企业之间的股息、红利等权益性投资收益	
4	3. 符合条件的非营利组织的收入	
5	4. 其他	
6	二、减计收入（7+8）	
7	1. 企业综合利用资源，生产符合国家产业政策规定的产品所取得的收入	
8	2. 其他	
9	三、加计扣除额合计（10+11+12+13）	
10	1. 开发新技术、新产品、新工艺发生的研究开发费用	
11	2. 安置残疾人员所支付的工资	
12	3. 国家鼓励安置的其他就业人员支付的工资	
13	4. 其他	
14	四、减免所得额合计（15+25+29+30+31+32）	

续　表

15	（一）免税所得（16＋17＋…＋24）	
16	1. 蔬菜、谷物、薯类、油料、豆类、棉花、麻类、糖料、水果、坚果的种植	
17	2. 农作物新品种的选育	
18	3. 中药材的种植	
19	4. 林木的培育和种植	
20	5. 牲畜、家禽的饲养	
21	6. 林产品的采集	
22	7. 灌溉、农产品初加工、兽医、农技推广、农机作业和维修等农、林、牧、渔服务业项目	
23	8. 远洋捕捞	
24	9. 其他	
25	（二）减税所得（26＋27＋28）	
26	1. 花卉、茶以及其他饮料作物和香料作物的种植	
27	2. 海水养殖、内陆养殖	
28	3. 其他	
29	（三）从事国家重点扶持的公共基础设施项目投资经营的所得	
30	（四）从事符合条件的环境保护、节能节水项目的所得	
31	（五）符合条件的技术转让所得	
32	（六）其他	
33	五、减免税合计（34＋35＋36＋37＋38）	
34	1. 符合条件的小型微利企业	
35	2. 国家需要重点扶持的高新技术企业	
36	3. 民族自治地方的企业应交纳的企业所得税中属于地方分享的部分	
37	4. 过渡期税收优惠	
38	5. 其他	
39	六、创业投资企业抵扣的应纳税所得额	
40	七、抵免所得税额合计（41＋42＋43＋44）	
41	1. 企业购置用于环境保护专用设备的投资额抵免的税额	
42	2. 企业购置用于节能节水专用设备的投资额抵免的税额	
43	3. 企业购置用于安全生产专用设备的投资额抵免的税额	
44	4. 其他	
45	企业从业人数（全年平均人数）	
46	资产总额（全年平均数）	
47	所属行业（工业企业其他企业）	

经办人（签章）：　　　　　　　　　　　　法定代表人（签章）：

企业所得税年度纳税申报表附表六见表9-14。

表 9-14　企业所得税年度纳税申报表附表六

境外所得税抵免计算明细表

填报时间：　　年　　月　　日　　　　　　　　金额单位：元（列至角分）

抵免方式	国家或地区	境外所得	境外所得换算含税所得	弥补以前年度亏损	免税所得	弥补亏损前境外应税所得额	可弥补境内亏损	境外应纳税所得额	税率	境外所得应纳税额	境外所得可抵免税额	境外所得税款抵免限额	本年可抵免的境外所得税款	未超过境外所得税款抵免限额的余额	本年可抵免以前年度所得税额	前五年境外所得已缴税款未抵免余额	定率抵免
	1	2	3	4	5	6（3－4－5）	7	8（6－7）	9	10（8×9）	11	12	13	14（12－13）	15	16	17
直接抵免																	
间接抵免				*	*									*	*	*	
				*	*									*	*	*	
				*	*									*	*	*	
				*	*									*	*	*	
		合计															

经办人（签章）：　　　　　　　　法定代表人（签章）：

企业所得税年度纳税申报表附表七见表9-15。

表9-15 企业所得税年度纳税申报表附表七

以公允价值计量资产纳税调整表

填报时间： 年 月 日 金额单位：元（列至角分）

行次	资产种类	期初金额		期末金额		纳税调整额（纳税调减以“-”表示）
		账载金额（公允价值）	计税基础	账载金额（公允价值）	计税基础	
		1	2	3	4	5
1	一、公允价值计量且其变动计入当期损益的金融资产					
2	1. 交易性金融资产					
3	2. 衍生金融工具					
4	3. 其他以公允价值计量的金融资产					
5	二、公允价值计量且其变动计入当期损益的金融负债					
6	1. 交易性金融负债					
7	2. 衍生金融工具					
8	3. 其他以公允价值计量的金融负债					
9	三、投资性房地产					
10	合计					

经办人： 经办人（签章）： 法定代表人（签章）：

企业所得税年度纳税申报表附表八见表9-16。

表9-16 企业所得税年度纳税申报表附表八

广告费和业务宣传费跨年度纳税调整表

填报时间 年 月 日 金额单位：元（列至角分）

行次	项目	金额
1	本年度广告费和业务宣传费支出	
2	其中：不允许扣除的广告费和业务宣传费支出	
3	本年度符合条件的广告费和业务宣传费支出（1－2）	
4	本年计算广告费和业务宣传费扣除限额的销售（营业）收入	
5	税收规定的扣除率	
6	本年广告费和业务宣传费扣除限额（4×5）	
7	本年广告费和业务宣传费支出纳税调整额（3≤6，本行＝2行；3＞6，本行＝1－6）	
8	本年结转以后年度扣除额（3＞6，本行＝3－6；3≤6，本行＝0）	
9	加：以前年度累计结转扣除额	

续　表

10	减：本年扣除的以前年度结转额	
11	累计结转以后年度扣除额（8+9-10）	

经办人（签章）：　　　　　　　　　　法定代表人（签章）：

企业所得税年度纳税申报表附表九见表9-17。

表9-17　企业所得税年度纳税申报表附表九

资产折旧、摊销纳税调整明细表

填报日期：　　年　　月　　日　　　　　　　　　　　　金额单位：元（列至角分）

行　次	资产类别	资产原值		折旧、摊销年限		本期折旧、摊销额		纳税调整额
		账载金额	计税基础	会　计	税　收	会　计	税　收	
		1	2	3	4	5	6	7
1	一、固定资产			*	*			
2	1. 房屋建筑物							
3	2. 飞机、火车、轮船、机器、机械和其他生产设备							
4	3. 与生产经营有关的器具工具家具							
5	4. 飞机、火车、轮船以外的运输工具							
6	5. 电子设备							
7	二、生产性生物资产			*	*			
8	1. 林木类							
9	2. 畜类							
10	三、长期待摊费用			*	*			
11	1. 已足额提取折旧的固定资产的改建支出							
12	2. 租入固定资产的的改建支出							
13	3. 固定资产大修理支出							
14	4. 其他长期待摊费用							
15	四、无形资产							
16	五、油气勘探投资							
17	六、油气开发投资							
18	合计			*	*			

企业所得税年度纳税申报表附表十见表9-18。

表9-18 企业所得税年度纳税申报表附表十

资产减值准备项目调整明细表

填报日期： 年 月 日 金额单位：元（列至角分）

行次	准备金类别	期初余额	本期转回额	本期计提额	期末余额	纳税调整额
		1	2	3	4	5
1	坏（呆）账准备					
2	存货跌价准备					
3	*其中：消耗性生物资产减值准备					
4	*持有至到期投资减值准备					
5	*可供出售金融资产减值		—			
6	#短期投资跌价准备					
7	长期股权投资减值准备					
8	*投资性房地产减值准备					
9	固定资产减值准备					
10	在建工程（工程物资）减值准备					
11	*生产性生物资产减值准备					
12	无形资产减值准备					
13	商誉减值准备					
14	贷款损失准备					
15	矿区权益减值					
16	其他					
17	合计					

注：表中*项目为执行新会计准则企业专用；表中加#项目为执行企业会计制度、小企业会计制度的企业专用。

经办人（签章）： 法定代表人（签章）：

企业所得税年度纳税申报表附表十一见表9-19。

表 9-19　企业所得税年度纳税申报表附表十一

长期股权投资所得（损失）明细表

填报时间：　　年　　月　　日　　　　　　　　　　　　金额单位：元（列至角分）

行次	被投资企业	期初投资额	本年度增（减）投资额	投资成本		股息红利					投资转让所得（损失）					
				初始投资成本	权益法核算对初始投资成本调整产生的收益	会计核算投资收益	会计投资损益	税收确认的股息红利		会计与税收的差异	投资转让净收入	投资转让的会计成本	投资转让的税收成本	会计上确认的转让所得或损失	按税收计算的投资转让所得或损失	会计与税收的差异
								免税收入	全额征税收入							
	1	2	3	4	5	6（7+14）	7	8	9	10（7－8－9）	11	12	13	14（11－12）	15（11－13）	16（14－15）
1																
2																
3																
4																
5																
6																
7																
8																
合计																

投资损失补充资料

行次	项　目	年度	当年度结转金额	已弥补金额	本年度弥补金额	结转以后年度待弥补金额	备注：
1	第一年						
2	第二年						
3	第三年						
4	第四年						
5	第五年						
以前年度结转在本年度税前扣除的股权投资转让损失							

经办人（签章）：　　　　　　法定代表人（签章）：

任务三　企业所得税交纳的会计核算与申报技能实训

一、基本知识认知训练

（一）单项选择题

1. 企业所得税的纳税义务人不包括（　　）。

A. 个人独资企业　　B. 中外合作企业

C. 一人有限公司　　D. 国有企业

2. 根据企业所得税法律制度的规定，国家需要重点扶持的高新技术企业，给予企业所得税税率优惠。优惠税率为（　　）。

A. 10%　　B. 15%　　C. 20%　　D. 5%

3. 下列项目，属于企业所得税收入中不征税收入的是（　　）。

A. 财政拨款

B. 居民企业直接投资于其他居民企业取得的投资收益

C. 符合条件的非营利组织的收入　　D. 国债利息收入

4. 依据企业所得税法的规定，下列各项中按照交易活动发生地确定所得来源地的是(　　)。

A. 销售货物所得　　B. 劳务所得　　C. 动产转让所得　　D. 利息所得

5. 某服装企业用买一赠一的方式销售本企业商品，规定以每套1 500元（不含增值税价，下同）购买A西服的客户可获赠一条B领带，A西服正常出厂价格1 500元，B领带正常出厂价格200元，当期该服装企业销售组合西服领带收入150 000元，则A西服销售收入为（　　）。

A. 150 000元　　B. 132 352.94元　　C. 138 564.92元　　D. 170 000元

6. 根据企业所得税法的规定，无形资产的摊销年限不得（　　）。

A. 低于5年　　B. 高于5年　　C. 低于10年　　D. 高于10年

7. 某居民企业2010年实际发生的符合合理标准的工资支出150万元，职工福利费支出30万元，拨缴的工会经费3万元，已经取得工会拨缴收据，实际发生职工教育经费4.50万元，该企业计算应纳税所得额时，应调增应纳税所得额（　　）。

A. 0万元　　B. 7.75万元　　C. 9.75万元　　D. 35.50万元

8. 某企业2010年度取得生产经营收入总额4 000万元，发生销售成本2 700万元、财务费用150万元、管理费用400万元（其中含业务招待费用60万元），上缴增值税100万元、消费税200万元、城市维护建设税14万元、教育费附加6万元，“营业外支出”账户中列支被工商行政管理部门罚款7万元、通过民政部门向贫困地区捐赠50万元，直接捐赠10万元。上年度经税务机关核定的亏损为60万元。该企业在计算2010年度应纳税所得额时，准许扣除的公益、救济性捐赠的金额是（　　）。

A. 50万元　　B. 55.56万元　　C. 60万元　　D. 56.4万元

9. 2010 年某企业当年实现自产货物销售收入 500 万元，当年发生计入销售费用中的广告费 60 万元，企业上年还有 35 万元的广告费没有在税前扣除，企业当年可以税前扣除的广告费是（　　）。

A. 15 万元　　B. 60 万元　　C. 75 万元　　D. 95 万元

10. 某企业 2009 年来自境外 A 国的已纳所得税因超过抵免限额尚未扣除的余额为 1 万元（未超过 5 年抵免期），2010 年在我国境内应纳税所得额 200 万元，来自 A 国税后所得 20 万元，此税后所得在 A 国已纳所得税额 5 万元，该企业在我国应纳企业所得税为（　　）。

A. 30. 25 万元　　B. 50. 25 万元　　C. 51. 25 万元　　D. 83. 45 万元

11. 某小型零售企业 2010 年度自行申报收入总额 250 万元、成本费用 258 万元，经营亏损 8 万元。经主管税务机关审核，发现其发生的成本费用真实，实现的收入无法确认，依据规定对其进行核定征收。假定应税所得率为 9%，则该小型零售企业 2009 年度应交纳的企业所得税为（　　）。

A. 5. 10 万元　　B. 5. 63 万元　　C. 5. 81 万元　　D. 6. 38 万元

12. 2010 年某居民企业实现商品销售收入 2 000 万元，发生现金折扣 100 万元，接受捐赠收入 100 万元，转让无形资产所有权收入 50 万元，投资收益 10 万元。该企业当年实际发生业务招待费 30 万元，广告费 240 万元，业务宣传费 80 万元。2010 年度该企业可税前扣除的业务招待费、广告费、业务宣传费合计（　　）。

A. 294. 5 万元　　B. 310 万元　　C. 325. 5 万元　　D. 330 万元

13. 某公司 2010 年度“财务费用”账户中列支有两笔利息费用：向银行借入生产用资金 600 万元，借用期限 6 个月，支付借款利息 18 万元；经过批准自 3 月 1 日起向本企业职工借入资金 100 万元，用于厂房改造，其中在 10 月 1 日达到预定可使用状态，10 月 31 日进行竣工结算，借款期限 10 个月，支付借款利息 10 万元。该公司 2010 年度可扣除的财务费用为（　　）。

A. 18 万元　　B. 19 万元　　C. 1 万元　　D. 2 万元

14. 甲企业 2009 年 1 月 1 日向乙企业（未上市的中小高新技术企业）投资 500 万元，股权持有到 2010 年 12 月 31 日。甲企业 2010 年度经营所得 800 万元，则应纳税所得额为（　　）。

A. 800 万元　　B. 750 万元　　C. 450 万元　　D. 300 万元

15. 依据新企业所得税法的规定，企业购买专用设备的投资额可按一定比例实行税额抵免，该设备应符合的条件是（　　）。

A. 用于创业投资　　B. 用于综合利用资源

C. 用于国家鼓励项目　　D. 用于环境保护

16. 国家重点扶持的高新技术企业 2010 年转让技术所有权收入 1 550 万元，发生的相关成本、费用、税金合计 600 万元。该企业中应交纳的企业所得税为（　　）。

A. 71. 25 万元　　B. 33. 75 万元　　C. 56. 25 万元　　D. 48. 25 万元

17. 国内某居民企业 2010 年从国外某企业（在中国未设立机构、场所）租入价值 500 万元的通信设备，合同约定使用期限一年，支付使用费 120 万元。该企业应代扣代缴的所得税为（　　）。

A. 50 万元　　B. 38 万元　　C. 12 万元　　D. 76 万元

18. 企业交纳的以下税金中，可以直接在税前扣除的是（　　）。

A. 契税　　B. 车船税　　C. 车辆购置税　　D. 增值税

19. 某外商投资企业2010年取得利润总额为4 000万元，其中投资收益项目已列收支为：国债利息收入20万元，国债转让收益60万元，无其他调整事项。根据企业所得税法律制度的规定，该外商投资企业2010年应纳税所得额为（　　）。

A. 3 920万元　　B. 3 940万元　　C. 3 980万元　　D. 4 000万元

20. 某符合条件的小型微利企业经主管税务机关核定，2009年度亏损25万元，2010年度盈利30万元。该企业2010年度应交纳的企业所得税为（　　）。

A. 1万元　　B. 1.25万元　　C. 7万元　　D. 8.75万元

（二）多项选择题

1. 依据企业所得税法的规定，判定居民企业的标准有（　　）。

A. 登记注册地标准　　B. 所得来源地标准

C. 经营行为实际发生地标准　　D. 实际管理机构所在地标准

2. 下列属于企业所得税法规定的“其他收入”的项目有（　　）。

A. 债务重组收入　　B. 补贴收入　　C. 违约金收入　　D. 接受捐赠收入

3. 下列属于企业所得税纳税义务人的有（　　）。

A. 中外合资企业　　B. 个人独资企业　　C. 股份有限公司　　D. 合伙企业

4. 企业交纳的下列保险金可以在税前直接扣除的是（　　）。

A. 为特殊工种的职工支付的人身安全保险费

B. 为职工交纳的失业保险费

C. 为职工交纳的商业保险费

D. 按照规定的比例，为企业员工交纳的补充养老保险费

5. 下列固定资产不得计算折旧扣除的是（　　）。

A. 未投入使用的房屋　　B. 以融资租赁方式租出的固定资产

C. 与经营活动无关的固定资产　　D. 以经营租赁方式租出的固定资产

6. 企业下列项目的所得免征企业所得税（　　）。

A. 水果种植　　B. 海水养殖　　C. 中药材种植　　D. 家禽饲养

7. 企业使用或者销售的存货的成本计算方法，可以在（　　）中选用一种。

A. 先进先出法　　B. 后进先出法　　C. 加权平均法　　D. 个别计价法

8. 依据新企业所得税法的规定，企业购买专用设备的投资额可按一定比例实行税额抵免，该设备应符合的条件是（　　）。

A. 用于创业投资　　B. 用于节能节水　　C. 用于安全生产　　D. 用于环境保护

9. 居民企业纳税人发生一定情形，下列属于应当核定应税所得率的是（　　）。

A. 能正确核算（查实）收入总额，但不能正确核算（查实）成本费用总额的

B. 能正确核算（查实）成本费用总额，但不能正确核算（查实）收入总额的

C. 通过合理方法，能计算和推定纳税人收入总额或成本费用总额的

D. 采用各种方法均无法计算和推定纳税人收入总额和成本费用总额的

10. 现行《企业所得税法》规定的企业所得税的税收优惠方式包括（　　）。

A. 加计扣除　　B. 加速折旧　　C. 减计收入　　D. 税额抵免

（三）判断题

1. 企业所得税，一般以人民币计算，但所得以人民币以外的货币计算的，也可以以外币交纳税款。（　）

2. 在计算企业应纳税所得额时，属于当期的费用，不论款项是否收付，均作为当期的费用；不属于当期的费用，即使款项已经在当期收付，均不作为当期的费用。（　）

3. 国家需要重点扶持的高新技术企业，减按 20% 的税率征收企业所得税。（　）

4. 企业解散或破产后的清算所得，不属于企业所得税的征税范围。（　）

5. 企业以分期收款方式销售货物的，应当按照合同约定的收款日期确认收入。（　）

6. 企业发生的职工教育经费的支出，不超过工资薪金总额的 2% 的部分，准予税前扣除，超过的部分，准予在以后纳税年度结转扣除。（　）

7. 公允价值是指按照市场价格确定的价值。（　）

8. 供暖费补贴、职工防暑降温费应作为工资薪金所得，计算扣除。（　）

9. 企业依法清算时，应当以清算期间作为 1 个纳税年度。（　）

10. 在外国成立且实际管理机构不在中国境内的企业，不是企业所得税的纳税义务人。（　）

二、基本技能训练

（一）计算练习题

1. 某居民企业 2010 年发生下列业务：

（1）销售产品收入 2 000 万元；

（2）接受一批捐赠材料，取得赠出方开具的增值税发票，注明价款 10 万元，增值税 1.7 万元；企业找一运输公司将该批材料运回企业，支付运杂费 0.3 万元；

（3）转让一项商标所有权，取得营业外收入 60 万元；

（4）收取当年让渡资产使用权的专利实施许可费，取得其他业务收入 20 万元；

（5）取得国债利息 2 万元；

（6）全年销售成本 1 000 万元；销售税金及附加 100 万元；

（7）全年销售费用 500 万元，含广告费 400 万元；全年管理费用 200 万元，含招待费 80 万元；全年财务费用 50 万元；

（8）全年营业外支出 40 万元，含通过政府部门对灾区捐款 20 万元；直接对私立小学捐款 10 万元；违反政府规定被工商局罚款 2 万元。

要求：

（1）计算该企业的会计利润总额；

（2）计算该企业对收入的纳税调整额；

（3）计算该企业对广告费用的纳税调整额；

（4）计算该企业对招待费的纳税调整额；

（5）计算该企业对营业外支出的纳税调整额；

（6）计算该企业应纳税所得额和应纳所得税额。

2. 某工业企业，2010 年度生产经营情况如下：

（1）销售收入 4 500 万元；销售成本 2 000 万元；增值税 700 万元，销售税金及附加 80 万元。

（2）其他业务收入 300 万元。

（3）销售费用 1 500 万元，其中含广告费 800 万元、业务宣传费 20 万元。

（4）管理费用 500 万元，其中含业务招待费 50 万元、研究新产品费用 40 万元。

（5）财务费用 80 万元，其中含向非金融机构借款 1 年的利息 50 万元，年息 10%（银行同期同类贷款利率 6%）。

（6）营业外支出 30 万元，其中含向供货商支付违约金 5 万元，接受工商局罚款 1 万元，通过政府部门向灾区捐赠 20 万元。

（7）投资收益 18 万元，系从直接投资外地居民公司而分回税后利润 17 万元（该居民公司适用税率 15%）和国债利息 1 万元。

（8）该企业账面会计利润 628 万元，已预交企业所得税 157 万元。

要求：

（1）计算该企业 2010 年度的企业所得税纳税申报表附表一（1）第一行销售（营业）收入合计；

（2）计算该企业 2010 年度的应税成本、税金、费用、营业外支出扣除额（考虑优惠因素）；

（3）计算该企业 2010 年度的应纳税所得额；

（4）计算该企业 2010 年度的应纳企业所得税税额；

（5）计算该企业 2010 年度应补缴的企业所得税税额。

3. 某机械制造企业 2010 年产品销售收入 3 000 万元，销售成本 1 500 万元，销售税金及附加 12 万元，销售费用 200 万元（含广告费 100 万元），管理费用 500 万元（含招待费 20 万元、办公室房租 36 万元、存货跌价准备 2 万元）投资收益 25 万元（含国债利息 6 万元、从深圳联营企业分回税后利润 34 万元、权益法计算投资某公司损失 15 万元），营业外支出 10.5 万元，系违反购销合同被供货方处以的违约罚款。

其他补充资料：（1）当年 9 月 1 日起租用办公室，支付 2 年房租 36 万元；（2）企业已预缴税款 190 万元。

要求：

（1）计算该企业所得税前可扣除的销售费用；

（2）计算该企业所得税前可扣除的管理费用；

（3）计算该企业计入计税所得的投资收益；

（4）计算该企业应纳税所得额；

（5）计算该企业应纳的所得税税额；

（6）计算该企业 2010 年度应补（退）的所得税税额。

（二）核算技能题

1. 甲企业 2009 年至 2010 年有以下业务。假设该企业每年利润总额为 6 000 万元，所得税率为 25%，2009 年初递延所得税资产余额为 37.5 万元。① 2009 年 7 月购置某软件系统 120 万元，按照会计规定计入当期管理费用，假设按照税法规定购置该软件系统的费用应按两年摊销；② 2009 年 1 月企业以 500 万元取得一项非专利技术确定为使用寿命不确定因而不进行摊销的无形资产，按照税法规定应按照 10 年时间进行摊销；③ 2006 年 12 月购入设备，购置成本为 2 000 万元，预计使用年限为 10 年，预计净残值为零，采用直线法计提折旧，折旧政策与税法相同。2009 年年末，甲企业对该项管理用固定资产进行的减值测试表明，其可收回金额为 1 200 万元，甲公司计提了减值准备；④ 历年按照销售收入 2% 预计产品售后保修费用，2008 年年末预计负债—产品保修余额为 150 万元，2009 年、2010 年各发生保修材料、人工费 120 万元，2009 年销售净收入为 3 000 万元，2010 年销售净收入 4 000 万元。

要求：

（1）填表格式如下（2009 年和 2010 年分别填列）；

项目	账面价值	计税基础	可抵扣暂时性差异	应纳税暂时性差异
软件系统				
非专利技术				
设备				
售后保修费				
差异合计	—	—		
递延所得税资产和负债余额	—	—		

（2）做出 2009—2010 年两年与所得税有关的会计处理。

2. 甲股份有限公司（以下简称甲公司）为增值税一般纳税企业，适用的增值税税率为 17%，适用的所得税税率 25%；假定不考虑除增值税和所得税以外的其他相关税费。商品销售价格中均不含增值税额；商品销售成本按发生的经济业务逐项结转。销售商品及提供劳务均为主营业务。资产销售均为正常的商业交易，采用公允的交易价格结算。除特别指明外，所售资产均未计提减值准备。

甲公司 2010 年 12 月发生的经济业务及相关资料如下。

① 12 月 1 日，向 A 公司销售一批商品，增值税专用发票上注明销售价格为 600 万元，增值税税率为 17%，消费税税率为 10%。提货单和增值税专用发票已交 A 公司，款项尚未收取。为及时收回货款，给予 A 公司的现金折扣条件如下：2/10，1/20，N/30（假定计算现金折扣时不考虑增值税）。该批商品的实际成本为 400 万元。

② 12 月 5 日，收到 B 公司来函，要求对当年 11 月 10 日所购商品在销售价格上给予 10% 的折让（甲公司在该批商品售出时，已确认销售收入 100 万元，但款项尚未收取）。经查核，该批商品存在外观质量问题。甲公司同意了 B 公司提出的折让要求。当日，收到 B 公司交来的税务机关开具的索取折让证明单，并开具红字增值税专用发票。

③ 12 月 9 日，收到 A 公司支付的货款，并存入银行。

④ 12 月 12 日，与 C 公司签订一项专利技术使用权转让合同。合同规定，C 公司有偿使用甲公司的该项专利技术，使用期为 3 年，一次性支付使用费 150 万元；甲公司在合同签订日提

供该专利技术资料，不提供后续服务。与该项交易有关的手续已办妥，从C公司收取的使用费已存入银行。

⑤ 12月15日与D公司签订一项为其安装设备的合同。合同规定，该设备安装期限为4个月，合同总价款为200万元。合同签订日预收价款50万元，至12月31日，已实际发生安装费用20万元（均为安装人员工资），预计还将发生安装费用80万元。甲公司按实际发生的成本占总成本的比例确定安装劳务的完工程度。假定该合同的结果能够可靠地估计。

⑥ 12月20日，与F公司签订协议，采用收取手续费方式委托其代销一批商品。该批商品的协议价为400万元（不含增值税额），实际成本为320万元，F公司按销售额的10%收取手续费。商品已运往F公司。12月31日，收到F公司开来的代销清单，列明已售出该批商品的75%，款项尚未收到。

⑦ 12月22日，销售一批材料，价款为60万元，该材料发出成本为50万元。款项已收入银行。

⑧ 12月31日，甲公司持有的可供出售金融资产取得转让收入120万元，可供出售金融资产账面余额为85万元（其中："可供出售金融资产——成本"的余额为65万元，"可供出售金融资产——公允价值变动"的余额为20万元）。

⑨ 12月31日，甲公司持有的一项交易性金融资产账面价值为200万元，公允价值为240万元。

⑩ 计提存货跌价准备30万元。

⑪ 除上述经济业务外，登记本月发生的其他经济业务形成的有关账户发生额如下所示。

账户名称	借方发生额（万元）	贷方发生额（万元）
其他业务成本	40	
销售费用	20	
管理费用	35	
财务费用	10	
营业外收入		30
营业外支出	50	

⑫ 12月31日，假定甲公司相关资产的账面价值和计税基础资料如下所示。

项　目	2010年初		2010年末	
	账面价值	计税基础	账面价值	计税基础
交易性金融资产	200	200	240	200
存货	670	700	800	860
固定资产（差异因固定资产折旧不同所致）	3 000	3 200	2 850	3 100
可供出售金融资产	85	65	0	0

要求：

(1) 编制甲公司上述①至⑩项经济业务相关的会计分录。

（2）根据资料⑫及其他相关资料，计算甲公司2010年应交所得税和应确认的递延所得税。（“应交税费”科目要求写出明细科目及专栏名称）（假定不考虑其他交易事项和纳税调整事项）

3. A公司2010年第一季度会计利润总额为100万元，其中包括国债利息收入5万元，企业所得税税率25%，以前年度未弥补亏损15万元。企业“长期借款”账户记载：年初向建设银行借款50万元，年利率为6%；向B公司借款10万元，年利率为10%。上述款项全部用于生产经营。另外，计提固定资产减值损失5万元。假设无其他纳税调整事项。

假设至第二季度末企业累计实现利润140万元，至第三季度末累计实现利润－10万元，至第四季度末累计实现利润150万元。

经税务机关审核，假如该企业汇算清缴后全年应纳税所得额为160万元，应交企业所得税额为40万元，而企业已经预缴所得税额37.5万元。

实训要求：

（1）A公司第一季度预缴所得税的数额及会计处理；

（2）第二至第四季度末所得税账务处理。

三、综合仿真训练

（一）企业预缴所得税的实训操作

1. 实行核定征收所得税纳税申报表的填制

欣欣公司是一家餐饮企业，由于会计核算资料不全，税务机关采用核定应税所得率的办法对其征税，确定的应税所得税率为20%，2010年第1季度该企业的成本费用总额为160万元。

要求：

（1）企业预缴第一季度企业所得税时应采用哪类企业所得税申报表；

（2）填制预缴所得税纳税申报表。

2. 实行查账征收预缴企业所得税纳税申报表的填制

幼苗童装商贸有限公司（纳税人识别号：130105678988）2010年1～3月份服装销售收入为100万元，成本、费用共计74万元。该企业从业人数为15人，2009年应纳税所得额为25万元，2009年年初资产总额为800万元，年末资产总额为1 000万元。

实训要求：填制第一季度预缴所得税纳税申报表。

（二）企业所得税综合仿真实训

1. 仿真实训一

（1）企业概况

① 企业名称：神州家电公司。

② 企业性质：有限责任企业。

③ 法定代表人：刘立志。

④ 企业地址及电话：河北省涿州市桃园路163号　　8213567。

⑤ 开户银行及账号：工商银行桃园分理处　　030920040110070232 1。

⑥ 纳税人识别号：130500002320304。

⑦ 主管国税机关：河北省涿州市国家税务局。

（2）基本业务

该企业有职工600人，2010年度会计资料反映情况如下：产品销售收入4 500万元，其他业务收入1 000万元，视同销售收入500万元，营业成本3 200万元，发生销售费用1 340万元（其中广告费1 000万元），管理费用960万元（其中业务招待费30万元），财务费用120万元，营业税及教育费附加80万元，营业外收入140万元，营业外支出100万元（其中包括通过公益性社会团体向贫困山区捐款60万元，支付税收滞纳金12万元）。计入成本、费用中的实发工资总额300万元、拨缴职工工会经费6万元、提取职工福利费46万元、职工教育经费10万元。

（3）实训要求

① 计算该企业2010年应纳企业所得税税额；

② 填制企业所得税纳税申报表。

2. 仿真实训二

（1）企业概况

① 企业名称：河北长达公司。

② 企业性质：股份制企业。

③ 法定代表人：魏立民。

④ 企业地址及电话：河北省保定市三丰路248号　　5217777。

⑤ 开户银行及账号：工商银行三丰分理处　　0409200401100702323。

⑥ 纳税人识别号：130501102320303。

⑦ 主管国税机关：河北省保定市国家税务局南市区分局。

（2）基本业务

河北长达公司是一家小轿车生产企业，为增值税一般纳税人，2010年度当年相关经营情况如下：

① 外购原材料，取得防伪税控系统开具的增值税专用发票，注明金额5000万元、增值税进项税额850万元，另支付购货运输费用200万元、装卸费用20万元、保险费用30万元；

② 销售1 000辆A型小轿车，每辆含税金额17.55万元，支付销售小轿车的运输费用300万元，保险费用和装卸费用160万元，每辆小轿车成本10万元；

③ 将仓库对外出租取得收入120万元，对应的其他业务成本10万；

④ 转让一项自行开发专利技术所有权取得收入1 000万元，成本为200万元；

⑤ 发生业务招待费140万元、技术开发费280万元，其他管理费用1 100万元；

⑥ 发生广告费用700万元、业务宣传费用140万元、展览费用90万元；

⑦ 向其有业务往来的客户借款支付的利息费用600万元，年利息率为6%，金融机构同期贷款利率为5%；

⑧ 本期计提固定资产减值准备50万元；

⑨ 支付给客户的违约金10万；

⑩ 投资收益科目列支向居民企业投资收益56万元（被投资方税率25%），境外B国分回

投资收益20万（被投资方税率20%）；

另外：已在成本费用中列支的实发工资总额500万元，并按实际发生数列支了福利费105万元，上缴工会经费10万元并取得工会经费专用拨缴款收据，职工教育经费支出20万元。（注：适用消费税税率9%；支付的运费均已取得相应的运费发票；不考虑印花税；境外所得采用抵免限额法计算。）

（3）要求

① 分别计算该企业2010年应交纳的消费、增值税及营业税；

② 计算该企业应纳所得税税额；

③ 进行企业所得税涉税业务的会计处理：填制记账凭证，登记“应交税费”相关明细账；

④ 填制企业所得税申报表。

项目十 个人所得税交纳实务与操作

任务一 对个人所得税的核算知识的认知

一、企业代扣代缴个人所得税的会计处理

职工工资、薪金所得应纳个人所得税，由企业每月向职工支付工资、薪金时代扣代缴。企业对扣交的个人所得税，通过“应交税费——应交个人所得税”账户核算。企业在向职工支付工资、薪金所得的同时代扣税款时，计入该账户的贷方，实际解缴时计入该账户的借方，期末余额一般在贷方，表示期末已代扣尚未解缴的个人所得税。

例 10-1 某公司 2010 年 5 月工资结算单有关资料如表 10-1 所示。

表 10-1 某公司工资结算单 单位：元

姓 名	收入总额	三险一金	独生子女费	减除费用额	应纳税所得额	税率	速算扣除额	扣交税额
张三	3 500	675	10	2 000	815	10%	25.00	56.5
李四	3 600	694	10	2 000	896	10%	25.00	64.6
王五	3 800	732	10	2 000	1 058	10%	25.00	80.8
冯六	3 700	713	10	2 000	977	10%	25.00	72.7
魏军	3 500	675	10	2 000	815	10%	25.00	56.5
黄建	34 400	656	10	2 000	734	10%	25.00	48.4
胡峰	3 650	703.5	10	2 000	936.5	10%	25.00	68.65
合计	25 150	4 848.5						448.15

会计处理如下。

(1) 当企业向银行提现备发工资时：

借：库存现金 20 000

贷：银行存款 20 000

(2) 发放工资同时代扣税款时：

借：应付职工薪酬 25 150

贷：库存现金 19 853.35

应交税费——应交个人所得税 448.15

其他应付款 4 848.5

（3）月终分配工资时：

借：生产成本等有关账户　25 150

　贷：应付职工薪酬　25 150

（4）次月七日内，实际解缴个人所得税时：

借：应交税费——应交个人所得税　4 848.5

　贷：银行存款　4 848.5

二、个体工商业户应纳个人所得税的账务处理

为加强和规范税收管理，个体工商户应加强会计核算，健全财务制度，按有关规定建账建制。对从事生产经营并有固定经营场所的个体工商户，国家税务总局《个体工商户建账管理暂行办法》规定建立、使用、保管账簿、凭证、表格等有统一规定的，按统一规定办理；没有统一规定的，由各省、自治区、直辖市和计划单列市国家税务局、地方税务局统一设计、印制和管理。个体工商户的建账方法主要有设置复式账、设置简易账及委托中介机构代为建账三种形式。

建账建制的个体工商户生产经营中所得的个人所得税的核算，按个体工商户会计制度规定，参照所得税会计核算方法从简进行。

个体工商户应设置“本年应纳所得税”账户，该账户下设置“本年经营所得”和“应弥补的亏损”两个明细账户。“本年经营所得”明细账户核算个体工商户本年生产经营活动取得的收入扣除成本费用后的余额。其中，贷方余额为经营利润，转入“留存利润”账户贷方；如果是借方余额，表示亏损，转入“应弥补的亏损”明细账户。

个体工商户应在“应交税金”账户下设置“应交个人所得税”明细账户，核算预缴和应交的个人所得税，以及年终汇算清缴个人所得税的补缴和退回情况。个体工商户按月预缴及年终补缴个人所得税时，借记“应交税金——应交个人所得税”账户；计算全年应纳的个人所得税及收到退回的多缴个人所得税时，贷记“应交税金——应交个人所得税”账户。

例 10-2　某个体经营户，2010 年度实现销售收入 140 万元，耗用原材料 80 万元，支付 5 名雇工工资合计 9 万元，直接捐赠给受赠人 12 万元，交纳房租、水电费 3 万元，发生业务招待费 2 万元。

该个体工商户 2010 年应纳个人所得税额为：

（1）准予扣除的业务招待费限额

a：$2\times60\%=1.2$（万元）　b：$140\times5‰=0.7$（万元）

应扣除 0.7 万元

（2）应纳税所得额 $=140-80-9-3-0.7-2.4=44.9$（万元）

（3）应纳个人所得额 $=44.9\times35\%-0.675=15.04$（万元）

假设某个体经营户，经主管税务机关核定，按照上年实际应交个人所得税金额 120 000 元，确定本年各月预缴的个人所得税额，有关会计分录如下。

（1）每月预缴个人所得税时

借：应交税金——应交个人所得税　10 000

　贷：现金　10 000

（2）年终结转本年收入和成本费用时

借：营业收入 1 400 000

贷：本年应税所得 1 400 000

借：本年应税所得 1 060 000

贷：营业成本 920 000

营业费用 20 000

营业外收支 120 000

（3）结转经营所得时

借：本年应税所得 340 000

贷：留存利润 340 000

（4）计算全年应纳个人所得税时

借：留存利润 150 400

贷：应交税金——应交个人所得税 150 400

（5）补缴个人所得税时

借：应交税金——应交个人所得税 30 400

贷：银行存款 30 400

三、支付劳务费报酬、特许权使用费、稿酬、财产租赁费、利息、股息、红利等代扣代缴所得税

1. 企业在计算代扣代缴的个人所得税时

借：管理费用

财务费用

销售费用

应付利润等

贷：应交税费——应交个人所得税

2. 实际交纳个人所得税款

借：应交税费——应交个人所得税

贷：银行存款

例 10-3 2010 年 12 月，作家刘海出版专著的稿酬 5 万元，出版社为其代扣代缴个人所得税 5 600 元。该出版社如何进行账务处理？

（1）代扣代缴个人所得税时

借：生产成本 50 000

贷：其他应付款（或银行存款） 44 400

应交税费——应交个人所得税 5 600

（2）实际交纳时

借：应交税费——应交个人所得税 5 600

贷：银行存款 5 600

四、企业从个人处购买财产代扣代缴所得税

1. 购置固定资产时

借：固定资产

　　贷：银行存款

应交税费——应交个人所得税

2. 实际交纳个人所得税款

借：应交税费——应交个人所得税

　　贷：银行存款

例 10-4　2010 年 11 月，刘英将自己建造的房屋出售给宏益公司，原造价 360 000 元，另外支付与房屋有关其他费用 40 000 元；售价为 660 000 元，支付交易费用等 50 000 元，计算公司为其代扣代缴个人所得税税额并进行会计处理。

（1）公司代扣代缴个人所得税额：

应纳所得税额 = 每次转让财产收入额 - 财产原值 - 合理费用

= 660 000 - （360 000 + 40 000） - 50 000 = 210 000（元）

应纳税额 = 210 000 × 20% = 42 000（元）

（2）代扣代缴个人所得税时：

借：固定资产	710 000	
贷：其他应付款（或银行存款）		668 000
应交税费——应交个人所得税		42 000

（3）实际交纳时：

借：应交税费——应交个人所得税	42 000	
贷：银行存款		42 000

五、向股东支付股利代扣代缴所得税

1. 向股东支付现金股利时

借：应付股利

　　贷：银行存款（或库存现金）

应交税费——应交个人所得税

2. 实际交纳个人所得税款

借：应交税费——应交个人所得税

　　贷：银行存款

例 10-5　2011 年 3 月，根据利润分配方案，股东李丽从江河科技公司分得股利 48 000 元，江河科技公司为其代扣代缴个人所得税 9 600 元。该公司如何进行账务处理？

（1）公司通过利润分配方案时：

借：利润分配——应付股利　　48 000

贷：应付股利 48 000

(2) 公司实际发放股利时：

借：应付股利 48 000

贷：银行存款 38 400

应交税费——应交个人所得税 9 600

(3) 实际交纳时：

借：应交税费——应交个人所得税 9 600

贷：银行存款 9 600

任务二 个人所得税纳税申报的操作

我国的个人所得税的申报方法，有自行申报纳税和代扣代缴两种。

一、企业代扣代缴个人所得税的纳税申报

代扣代缴，是指按照税法规定负有扣交税款义务的单位或者个人，在向个人支付应纳税所得时，应计算应纳税额，从其所得中扣出并缴入国库，同时向税务机关报送扣交个人所得税报告表。扣交义务人每月所扣的税款，应当在次月7日内缴入国库，并向主管税务机关报送《扣交个人所得税报告表》。

(一) 扣交个人所得税报告表基本格式（见表10-2所示）

表10-2 扣交个人所得税报告表

扣交义务人编码：□□□□□□□□□□□□□□□□□□□□□□

扣交义务人名称（公章）： 金额单位：元（列至角分）

填表日期： 年 月 日

序号	纳税人姓名	身份证照类型	身份证照号码	国籍	所得项目	所得期间	收入额	免税收入额	允许扣除的税费	费用扣除标准	准予扣除的捐赠额	应纳税所得额	税率%	速算扣除数	应扣税额	已扣税额	备注
1	2	3	4	5	6	7	8	9	10	11	12	13	14	15	16	17	18
合计										—	—	—	—	—			

续　表

扣交义务人声明	我声明：此扣交报告表是根据国家税收法律、法规的规定填报的，我确定它是真实的、可靠的、完整的。 声明人签字：																
会计主管签字：					负责人签字：							扣交单位（或法定代表人）（签章）：					
受理人（签章）：					受理日期：　年　月　日							受理税务机关（章）：					

（二）填表说明

1. 表头项目的填写

（1）扣交义务人编码：填写税务机关为扣交义务人确定的税务识别号。

（2）扣交义务人名称：填写扣交义务人单位名称全称并加盖公章，不得填写简称。

（3）填表日期：是指扣交义务人填制本表的具体日期。

2. 本表各栏的填写

（1）纳税人姓名：纳税义务人如在中国境内无住所，其姓名应当用中文和外文两种文字填写。

（2）身份证照类型：填写纳税人的有效证件名称（身份证、户口簿、护照、回乡证等）。

（3）所得项目：按照税法规定项目填写。同一纳税义务人有多项所得时，应分别填写。

（4）所得期间：填写扣交义务人支付所得的时间。

（5）收入额：如支付外币的，应折合成人民币。外币折合人民币时，如为美元、日元和港币，应当按照缴款上月最后一日中国人民银行公布的人民币基准汇价折算；如为美元、日元和港币以外的其他外币的，应当按照缴款上月最后一日中国银行公布的人民币外汇汇率中的现钞买入价折算。

（6）免税收入额：指按照国家规定，单位为个人缴付和个人缴付的基本养老保险费、基本医疗保险费、失业保险费、住房公积金，按照国务院规定发给的政府特殊津贴、院士津贴、资深院士津贴和其他经国务院批准免税的补贴、津贴等按照税法及其实施条例和国家有关政策规定免于纳税的所得。

此栏只适用于工资薪金所得项目，其他所得项目不得填列。

（7）允许扣除的税费：只适用劳务报酬所得、特许权使用费所得、财产租赁所得和财产转让所得项目。

① 劳务报酬所得允许扣除的税费是指劳务发生过程中实际交纳的税费；

② 特许权使用费所得允许扣除的税费是指提供特许权过程中发生的中介费和相关税费；

③ 适用财产租赁所得时，允许扣除的税费是指修缮费和出租财产过程中发生的相关税费；

④ 适用财产转让所得时，允许扣除的税费是指财产原值和转让财产过程中发生的合理税费。

（8）准予扣除的捐赠额：

除法律法规另有规定的外，准予扣除的捐赠额不得超过应纳税所得额的30%。

（9）已扣税额：是指扣交义务人当期实际扣交的个人所得税税款及减免税额。

扣交非本单位职工的税款，须在备注栏反映。

（10）声明人：填写扣交义务人名称。

（三）各栏目间的关系

（1）应纳税额=应纳税所得额×税率－速算扣除数。

（2）应纳税所得额=收入额（人民币合计）－免税收入额－允许扣除的税费－费用扣除标准－准予扣除的捐赠额。

注：全年一次性奖金等特殊政策的应纳税所得额计算除外。

本表为A4横式，由国家税务总局监制，一式二份，一份扣交义务人留存，一份报主管税务机关。

二、个人所得税的自行申报

个人所得税自行申报纳税，是由纳税人自行在税法规定的纳税期限内，向税务机关申报取得的应税所得项目和数额，如实填写个人所得税纳税申报表，并按照税法规定计算应纳税额，据此交纳个人所得税的一种方法。

（一）自行申报纳税的纳税义务人

（1）自2006年1月1日起，年所得12万元以上的；

（2）从中国境内两处或者两处以上取得工资、薪金所得的；

（3）从中国境外取得所得的；

（4）取得应税所得，没有扣交义务人的；

（5）国务院规定的其他情形。

其中，年所得12万元以上的纳税人，无论取得的各项所得是否已足额交纳了个人所得税，均应当按照本办法的规定，于纳税年度终了后向主管税务机关办理纳税申报；其他情形的纳税人，均应当按照自行申报纳税管理办法的规定，于取得所得后向主管税务机关办理纳税申报。同时需注意的是，年所得12万元以上的纳税人，不包括在中国境内无住所，且在一个纳税年度中在中国境内居住不满1年的个人；从中国境外取得所得的纳税人，是指在中国境内有住所，或者无住所而在一个纳税年度中在中国境内居住满1年的个人。

（二）自行申报纳税的内容

年所得12万元以上的纳税人，在纳税年度终了后，应当填写《个人所得税纳税申报表

(适用于年所得12万元以上的纳税人申报)》，并在办理纳税申报时报送主管税务机关，同时报送个人有效身份证件复印件，以及主管税务机关要求报送的其他有关资料。

1. 构成12万元的所得

工资、薪金所得；个体工商户的生产、经营所得；对企事业单位的承包经营、承租经营所得；劳务报酬所得；稿酬所得；特许权使用费所得；利息、股息、红利所得；财产租赁所得；财产转让所得；偶然所得；经国务院财政部门确定征税的其他所得。

2. 不包含在12万元中的所得

(1) 免税所得。即省级人民政府、国务院部委、中国人民解放军军以上单位，以及外国组织、国际组织颁发的科学、教育、技术、文化、卫生、体育、环境保护等方面的奖金；国债和国家发行的金融债券利息；按照国家统一规定发给的补贴、津贴，即《个人所得税法实施条例》第十三条规定的按照国务院规定发放的政府特殊津贴、院士津贴、资深院士津贴，以及国务院规定免征个人所得税的其他补贴、津贴；福利费、抚恤金、救济金；保险赔款；军人的转业费、复员费；按照国家统一规定发给干部、职工的安家费、退职费、退休工资、离休工资、离休生活补助费。

(2) 暂免征税所得。即依照我国有关法律规定应予免税的各国驻华使馆、领事馆的外交代表、领事官员和其他人员的所得；中国政府参加的国际公约、签订的协议中规定免税的所得。

(3) 可以免税的来源于中国境外的所得，如按照国家规定单位为个人缴付和个人缴付的基本养老保险费、基本医疗保险费、失业保险费、住房公积金。

3. 各项所得的年所得的计算方法

(1) 工资、薪金所得。按照未减除费用及附加减除费用的收入额计算。

(2) 劳务报酬所得、特许权使用费所得。不得减除纳税人在提供劳务或让渡特许权使用权过程中交纳的有关税费。

(3) 财产租赁所得。不得减除纳税人在出租财产过程中交纳的有关税费；对于纳税人一次取得跨年度财产租赁所得的，全部视为实际取得所得年度的所得。

(4) 个人转让房屋所得。采取核定征收个人所得税的，按照实际征收率（1%、2%、3%）分别换算为应税所得率（5%、10%、15%），据此计算年所得。

(5) 个人储蓄存款利息所得、企业债券利息所得。全部视为纳税人实际取得所得年度的所得。

(6) 对个体工商户、个人独资企业投资者。按照征收率核定个人所得税的，将征收率换算为应税所得率，据此计算应纳税所得额。合伙企业投资者按照上述方法确定应纳税所得额后，合伙人应根据合伙协议规定的分配比例确定其应纳税所得额，合伙协议未规定分配比例的，按合伙人数平均分配确定其应纳税所得额。对于同时参与两个以上企业投资的，合伙人应将其投资所有企业的应纳税所得额相加后的总额作为年所得。

(7) 股票转让所得。以一个纳税年度内，个人股票转让所得与损失盈亏相抵后的正数为申报所得数额，盈亏相抵为负数的，此项所得按“零”填写。

（三）自行申报案例

1. 实训资料

李靖是凯旋制片厂的一个演员，凯旋制片厂的税务代码为：210102196201213031。李靖的身份证号码为：21010119701102001X；联系地址：南京市裕华路232号；邮编：210005；联系电话：66061140。2010年所有收入如下：

（1）制片厂全年发放工资48 000元，同时，李靖个人全年缴了12 000元“三险一金”，已按规定扣交了个人所得税900元。

（2）5月取得外出演出收入50 000元，并按规定扣交了个人所得税10 000元。

（3）给某酒厂拍摄一部广告，6月份取得收入200 000元，按规定扣交个人所得税57 000元。

（4）参加外单位电视剧拍摄，8月一次性取得收入30 000元，并都按规定扣交了个人所得税，共5 200元。

（5）出售家庭非唯一住房（原值700 000元），取得转让收入860 000元，按规定交纳个人所得税23 400元及其他税费43 000元。

（6）出租自有商铺给某公司，每月租金3 500元，交纳个人所得税500元，及按国家规定交纳的其他税费200元。

（7）在上交所转让A股股票盈利60 000元。

（8）持有某上市公司A股股票，取得股息3 000元，扣交个人所得税300元。

2. 实训要求

（1）年度终了后，李靖该怎样进行申报？

（2）如果采用自行申报的方式，李靖应于何时到何地进行纳税申报？

（3）若需要，则填制李靖自行申报的纳税申报表。

3. 解析

（1）年所得的计算。

年工资、薪金所得 = 48 000 − 12 000 = 36 000（元）

年劳务报酬所得 = 50 000 + 200 000 + 30 000 = 280 000（元）

年财产转让所得 = 房屋出售收入 + 股票转让收入 =（860 000 − 700 000 − 43 000）+ 60 000 = 117 000 + 60 000 = 177 000（元）

年财产租赁所得 = 3 500 × 12 = 42 000（元）

年利息、股息、红利所得 = 3 000（元）

综上，2010年李靖的年所得 = 36 000 + 280 000 + 177 000 + 42 000 + 3 000 = 538 000 > 120 000（元）

因此，李靖应该自行办理年所得12万元以上的纳税申报。

（2）李靖应于2011年1月1日至3月31日向凯旋制片厂所在地主管税务机关自行办理纳税申报。

（3）个人所得税纳税申报表如表 10-3 所示。

表 10-3 ·个人所得税纳税申报表

（适用于年所得 12 万元以上的纳税人申报）

所得年份：2010 年　　填表日期：2011 年　2　月 26 日　　金额单位：　　元（列至角分）

纳税人姓名	李　靖	国籍（地区）	中　国	身份证照类型	身份证	身份证照号码	21010119701102001X		
任职、受雇单位	凯旋制片厂	任职受雇单位税务代码	210102196201213031	任职受雇单位所属行业	服务业	职　务	无	职业	演　员
在华天数		境内有效联系地址	南京市裕华路 232 号			境内有效联系地址邮编	210005	联系电话	66061140
此行由取得经营所得的纳税人填写		经营单位纳税人识别号				经营单位纳税人名称			

所得项目	年所得额			应纳税所得额	应纳税额	已缴（扣）税额	抵扣税额	减免税额	应补税额	应退税额	备注
	境　内	境　外	合　计								
1. 工资、薪金所得	36 000		36 000	12 000	900	900					
2. 个体工商户的生产、经营所得											
3. 对企事业单位的承包经营、承租经营所得											
4. 劳务报酬所得	280 000		280 000	224 000	72 200	72 200					
5. 稿酬所得											
6. 特许权使用费所得											
7. 利息、股息、红利所得	3 000		3 000	1500	300	300					
8. 财产租赁所得	42 000		42 000	30 000	6 000	6 000					
9. 财产转让所得	177 000		177 000								
其中：股票转让所得	60 000		60 000	—	—	—	—	—	—	—	
个人房屋转让所得	117 000		117 000	117 000	23 400	23 400					
10. 偶然所得											
11. 其他所得											
合计	538 000		538 000		102 800	102 800					

我声明，此纳税申报表是根据《中华人民共和国个人所得税法》及有关法律、法规的规定填报的，我保证它是真实的、可靠的、完整的。

纳税人（签字）

代理人（签章）：　　　　联系电话：

税务机关受理人（签字）：　　机关受理时间：　年　月　日　　受理申报税务机关名称（盖章）：

任务三　个人所得税交纳的会计核算与申报技能实训

一、基本知识认知训练

（一）单项选择题

1. 根据个人所得税法的规定，我国居民纳税人与非居民纳税人的划分标准是（　　）。

A. 住所　　　　B. 籍贯标准

C. 住所和居住时间　　　　D. 国籍所在地标准

2. 甲在公司任职，同时兼任董事，则获得的董事收入按（　　）征收个人所得税。

A. 工资、薪金所得　　　　B. 劳务报酬所得

C. 偶然所得　　　　D. 利息、股息、红利所得

3. 张三2010年6月取得业余咨询收入25 000元，则其适用税率为（　　）。

A. 20%　　　　B. 20%，加征2成

C. 20%，加征5成　　　　D. 20%，加征10成

4. 因单位减员增效，距离法定退休年龄尚有3年零4个月的王某，于2010年6月办理了内部退养手续，当月领取工资2 200元和一次性补偿收入60 000元。王某6月份应交纳个人所得税（　　）。

A. 5 985元　　B. 5 995元　　C. 6 145元　　D. 6 155元

5. 2010年12月，李某出版一本小说取得稿酬80 000元，从中拿出20 000元通过国家机关捐赠给受灾地区。李某8月份应交纳个人所得税（　　）。

A. 6 160元　　B. 6 272元　　C. 8 400元　　D. 8 960元

6. 中国公民张某为外资企业工作人员，2010年全年被派往境外工作，每月工资10 000元。2009年3月张某购进境外上市公司股票，2010年3月转让了该股票，取得转让净所得500 000元人民币。按我国税法规定，张某2010年的所得应交纳个人所得税（　　）。

A. 15 480元　　B. 20 640元　　C. 107 980元　　D. 112 780元

7. 中国公民李某系自由职业者，以绘画为生。2009年8月在A国出版画册取得稿酬150 000元，在B国取得银行利息10 000元，已分别按收入来源国税法交纳了个人所得税12 000元和2 500元。8月刘某还需在我国补缴的个人所得税为（　　）。

A. 4 300元　　B. 4 800元　　C. 13 400元　　D. 16 800元

8. 中国公民张某取得工程设计收入21 000元，从中先后拿出5 000元、6 000元，通过政府机关捐赠给农村义务教育和贫困地区，张某就该笔工程设计收入应交纳的个人所得税为(　　)。

A. 1 021元　　B. 1 345元　　C. 1 352元　　D. 1 431元

9. 下列属于应计个人所得税的劳务报酬所得项目的是（　　）。

A. 发表小说取得的报酬　　　　B. 提供著作的版权而取得的报酬

C. 将国外的作品翻译出版取得的报酬　　D. 自由职业人进行审稿取得的报酬

10. 下列表述中，符合个人所得税规定的是（　　）。

A. 个体工商户取得对外投资的股息应并入其经营所得一并交纳个人所得税

B. 外籍个人从外商投资企业取得的股息、红利所得暂免征收个人所得税

C. 个人合伙企业支付给投资者的分红，可以在个人所得税前据实扣除

D. 个人独资企业的生产经营与投资者家庭共用的固定资产允许在个人所得税前扣除全部的折旧费用

11. 2010 年 11 月张某转让 A 股股票，获得股票转让所得 20 000 元；拥有 A 股股票获得股息、红利所得 10 000 元；转让美国上市股票，获得股票转让所得 50 000 元。则当期张某应纳的个人所得税是（　　）。

A. 1 000 元　　B. 11 000 元　　C. 15 000 元　　D. 5 000 元

12. 中国公民李某承包某企业，承包后未改变工商登记。2010 年该企业税后利润 300 000 元，其中已扣除了张某的工资支出 50 000 元，按承包合同规定，李某对企业经营成果不拥有所有权，只能定额取得除工资外的承包收入 30 000 元。2010 年度李某应交纳个人所得税（　　）。

A. 6 900 元　　B. 8 750. 67 元　　C. 10 250 元　　D. 13 130 元

13. 2010 年我国某作家出版一部长篇小说，2 月份收到预付稿酬 20 000 元，4 月份小说正式出版又取得稿酬 20 000 元；10 月份将小说手稿在境外某国公开拍卖，取得收入 100 000 元，并按该国的有关规定交纳了个人所得税 10 000 元。该作家以上收入在中国境内应交纳个人所得税（　　）。

A. 4 480 元　　B. 10 480 元　　C. 14 480 元　　D. 18 800 元

14. 中国公民钱某任职于甲公司，并在乙公司兼职，2010 年 12 月钱某工资收入 4 000 元，兼职收入 3 000 元，另外从甲公司领取全年一次性奖金 15 000 元。钱某 2010 年 12 月份应纳个人所得税是（　　）。

A. 14 328. 43 元　　B. 2 090 元　　C. 13 485. 29 元　　D. 10 185 元

15. 下列各项所得中，不应当交纳个人所得税的是（　　）。

A. 接受公司授予的股票期权　　B. 股票期权的行权所得

C. 转让境外上市公司股票的净所得　　D. 境内上市公司股息、红利所得

16. 王某 2010 年承包某加工厂，根据协议变更登记为个体工商户，2010 年度加工厂取得收入总额 70 万元，准予扣除的成本、费用及相关支出合计 63 万元，其中含王某每月从加工厂领取的工资 2 700 元。王某 2010 年应交纳个人所得税（　　）。

A. 14 390 元　　B. 23 420 元　　C. 20 690 元　　D. 24 050 元

17. 转让已购商品房在转让前实际发生的装修费用，最高扣除限额为房屋原值的（　　）。

A. 5%　　B. 10%　　C. 15%　　D. 20%

18. 下列个人所得中，免征个人所得税的是（　　）。

A. 外籍个人以现金形式取得的住房补贴

B. 县政府颁发的教育方面奖金

C. 购买企业债券的利息所得

D. 储蓄机构内从事代扣代缴工作的办税人员取得的扣交利息税手续费所得

19. 年所得12万元以上的纳税人，无论取得的各项所得是否已足额交纳了个人所得税，均应当按照规定，于纳税年度终了后（　　）内，向主管税务机关办理纳税申报。

A. 1个月　　B. 2个月　　C. 3个月　　D. 4个月

20. 张某于2010年8月去餐厅消费，支付人民币20元，并索要了一张发票，获得发票中奖所得100元；晚上去娱乐城唱歌，支付人民币100元，并索要了一张发票，获得发票中奖所得1 000元。发票中奖所得张某应纳税额是（　　）。

A. 0元　　B. 40元　　C. 200元　　D. 220元

（二）多项选择题

1. 下列所得来源于中国境内所得的有（　　）。

A. 转让专利使用权给在美国的中国公民由其使用而取得的所得

B. 中国公民转让其在美国的房产而取得的所得

C. 境外个人出租财产给我国境内公司使用取得的所得

D. 华侨持有中国的各种债券而从中国境内的公司、企业取得利息

2. 下列应计个人所得税的工资、薪金包括（　　）。

A. 年终加薪　　B. 托儿补助费　　C. 职务工资　　D. 饭费补贴

3. 下列属于劳务报酬所得的有（　　）。

A. 笔译翻译收入　　B. 作者出版图书获得的报酬

C. 现场书画收入　　D. 审稿收入

4. 根据个人所得税法律制度的规定，下列应按个体工商户的生产、经营所得项目交纳个人所得税的是（　　）。

A. 从事个体出租车运营的出租车驾驶员取得的收入

B. 个人因从事彩票代销业务而取得所得

C. 从事各种病情诊断、治疗等医护业务

D. 个人独资企业的投资者以企业资金对外投资获得的投资转让所得

5. 下列个人所得按“劳务报酬所得”项目交纳个人所得税的有（　　）。

A. 受托从事法律服务取得的收入

B. 个人兼职收入

C. 医生经批准，获得执照，从事医疗服务获得的收入

D. 个人从事彩票代销业务取得的收入

6. 下列个人收入，应按照“特许权使用费所得”项目交纳个人所得税的有（　　）。

A. 个人取得商标权转让收入

B. 作家公开拍卖自己的文字作品手稿复印件的收入

C. 个人公开拍卖他人的文字作品手稿原件的收入

D. 作家公开拍卖自己的文字作品手稿原件的收入

7. 计算个体工商户生产、经营所得的应纳税所得额时，下列项目不准扣除的是（　　）。

A. 对外投资的手续费　　B. 增值税

C. 个体工商户投资人的工资　　D. 按规定计提的折旧费

8. 下列项目中计征个人所得税时，允许从总收入中减除费用800元的有（　　）。

A. 稿费 3 500 元
B. 在有奖销售中一次性获奖 1 000 元
C. 特许权使用费所得 3 000 元
D. 转让房屋收入 100 000 元

9. 下列按工资、薪金征税的项目有（　　）。
A. 公司职工取得的用于购买企业国有股权的劳动分红
B. 挂靠出租车管理单位的拥有出租车所有权的个人从事客货运营取得的收入
C. 对企业经营成果不拥有所有权的承租承包人的所得
D. 单位因雇员销售业绩组织的旅游支出

10. 关于个人独资企业工资的描述，正确的是（　　）。
A. 投资者的工资不得税前扣除
B. 可以按标准税前扣除投资者的生计费
C. 从业人员的实际发放工资可以税前扣除
D. 从业人员的工资按标准税前扣除

11. 计算个人转让住房应交个人所得税时允许扣除的合理费用指（　　）。
A. 住房装修费用　B. 住房贷款利息　C. 手续费　D. 生计费

12. 根据个人所得税有关规定，下列表述正确的是（　　）。
A. 从事个体出租车运营的出租车驾驶员取得的收入，按个体工商户的生产、经营所得项目交纳个人所得税
B. 从中国境外取得所得应自行申报纳税
C. 纳税人若采取邮寄方式申报纳税的，以寄出地的邮戳日期为实际申报日期
D. 个体工商户，取得的生产、经营所得应纳的税款分月预缴的，应在每月终了后七日内申报预缴，年度终了后三个月内汇算清缴，多退少补

13. 下列关于个人所得税项目，稿酬所得次的规定描述正确的是（　　）。
A. 同一作品再版取得的所得，应当单独作为一次
B. 同一作品先在报刊上连载，然后再出版，应当作为两次
C. 同一作品出版、发表后，因添加印数而追加稿酬的，应与原来的合并作为一次
D. 同一作品在报刊上连载取得收入的，以每月的收入作为一次

14. 下列有关个体工商户计算交纳个人所得税的表述，正确的有（　　）。
A. 向其从业人员实际支付的合理的工资、薪金支出，允许税前据实扣除
B. 每一纳税年度发生的与其生产经营业务直接相关的业务招待费支出，按照发生额的50% 扣除
C. 每一纳税年度发生的广告费和业务宣传费不超过当年销售（营业）收入 15% 的部分，可据实扣除，超过部分，准予在以后纳税年度结转扣除
D. 将其所得通过中国境内的社会团体向教育和其他社会公益事业的捐赠，捐赠额不超过其利润总额 12% 的部分允许税前扣除

15. 以下应按照利息、股息、红利项目征收个人所得税的有（　　）。
A. 个人购买上市公司股票得到的股利分红
B. 合伙企业的个人投资者以企业资金为本人购买住房
C. 股份有限公司的个人投资者以企业资金为本人购买汽车

D. 单位经批准向个人集资支付的集资利息

16. 下列有关个人所得税税收优惠的表述中，正确的有（　　）。

A. 国债利息和保险赔款免征个人所得税

B. 个人领取原提存的住房公积金免征个人所得税

C. 残疾、孤老人员的所得可以减征个人所得税

D. 外籍个人按合理标准取得的境内、外出差补贴暂免个人所得税

17. 下列各项中，计算个人所得税自行申报的年所得时允许扣除的项目有（　　）。

A. 财产保险赔款　　B. 国债利息收入

C. 省级人民政府颁发的科学文化奖金　　D. 商场购物取得的中奖所得

18. 下列各项中，纳税人应当自行申报交纳个人所得税的有（　　）。

A. 年所得 12 万元以上的　　B. 从中国境外取得所得的

C. 取得应税所得没有扣交义务人的

D. 从中国境内两处取得工资，薪金所得的

19. 按照《个人所得税》规定，不扣减在华天数的临时离境包括（　）。

A. 一次离境不超过 30 天　　B. 一次离境不超过 90 天

C. 多次累计离境不超过 90 天　　D. 多次累计离境不超过 183 天

20. 个人对企事业单位承包、承租所得包括（　　）。

A. 个人承包、承租经营所得　　B. 承包人按月取得的工资性质的所得

C. 投资股息所得　　D. 个人转租取得的所得

（三）判断题

1.《企业所得税》和《个人所得税》的现行规定，企业所得税的纳税人、个人独资和合伙企业、个体工商户为个人支付的个人所得税款，不得在所得税前扣除。（　　）

2. 个体户对外投资取得的收益，应计入个体户生产经营所得总额计征个人所得税。（　　）

3. 扣交义务人未履行扣交个人所得税义务的，由扣交义务人承担应纳的税款、滞纳金和罚款。（　　）

4. 同一作品在报刊上连载取得收入的，以一个月内取得的收入合并为一次，计征个人所得税。（　　）

5. 承包经营、承租经营的承租人取得的所得，一律按照个人所得税法中的五级超额累进税率计算其应纳税额。（　　）

6. 对非居民纳税人来源于中国境内但支付地点在境外的所得，免征个人所得税。（　　）

7. 超过政府规定标准交纳的失业、养老、医疗保险，其超过规定缴付的部分应计入职工当期工资、薪金收入，依法计征个人所得税。（　　）

8. 小王是中国内地人，2008 年在美国留学，已有两年未回其国内居住地居住，因而小王不属于其居民纳税义务人。（　　）

9. 某科技人员获得省政府颁发的科技发明奖 20 000 元，基中的 10 000 元通过民政局支援了灾区。由于 10 000 元超过了奖金额的 30%，因而应交纳个人所得税 2 800 元。（　　）

10. 个人取得应纳税所得，没有扣交义务人的或者扣交义务人未按规定扣交税款的，均应

自行申报交纳个人所得税。（　　）

二、基本技能训练

（一）计算练习题

1. 我国公民张先生为国内某企业高级技术人员，2010 年 1～12 月收入情况如下：

（1）每月取得工薪收入 8 400 元。

（2）3 月转让 2006 年购买的一套三居室精装修普通住房，售价 230 万元，转让过程中支付的相关税费 13.8 万元。该套房屋的购进价为 100 万元，购房过程中支付的相关税费为 3 万元。所有税费支出均取得合法凭证。

（3）6 月因提供重要线索，协助公安部门侦破某重大经济案件，获得公安部门奖金 2 万元，已取得公安部门提供的获奖证明材料。

（4）9 月在参加某商场组织的有奖销售活动中，中奖所得共计价值 30 000 元。将其中的 10 000 元通过市教育局用于公益性捐赠。

（5）10 月将自有的一项非职务专利技术提供给境外某公司使用，一次性取得特许权使用费收入 60 000 元，该项收入已在境外交纳个人所得税 7 800 元。

（6）通过拍卖行将古钱币拍卖，取得收入 500 000 元，拍卖品经文物部门认定属于海外回流文物，拍卖时支付相关税费 50 000 元，赵某无法提供合法的财产原值凭证。

根据上述资料，按照下列序号计算回答问题，需计算出合计数。

（1）计算 1～12 月工薪收入应交纳的个人所得税。

（2）计算转让房屋所得应交纳的个人所得税。

（3）计算从公安部门获得的奖金应交纳的个人所得税。

（4）计算中奖所得应交纳的个人所得税。

（5）计算从境外取得的特许权使用费在我国交纳个人所得税时可以扣除的税收限额。

（6）计算从境外取得的特许权使用费在我国实际应交纳的个人所得税。

（7）计算拍卖古钱币应纳个人所得税。

2. 某大学庆好教授 2010 年 2 月收入情况如下：

（1）工资收入 5 000 元。

（2）学校发季度奖金 3 600 元。

（3）担任兼职律师取得收入 80 000 元，将其中 20 000 元通过国家机关向农村义务教育捐赠。

（4）在报纸上发表小说连载一个月，分三次支付，每次 5 000 元，共获得稿酬 15 000 元。

（5）出售自有自用 6 年的家庭唯一住房，扣除当初购买公房的价格和售房时按规定支付的有关税费后，取得净收入 12 万元。

要求计算：

（1）庆好教授 2 月份工资、薪金所得共应纳个人所得税。

（2）庆好教授兼职律师收入应纳个人所得税。

（3）庆好教授稿酬收入应纳个人所得税。

（4）庆好教授出售住房收入应纳个人所得税。

（二）核算技能题

汪某是某国有企业一名技术人员，本月应得的工资收入及其他收入共计 8 010 元，其中：工资 2600 元；季度奖金 900 元；独生子女补贴 10 元；企业代付的由省政府颁发的科技奖金 5 000 元。请计算汪某该月应纳个人所得税税额并编制企业代扣代缴个人所得税时的会计分录。

三、综合仿真训练

（一）实训资料

1. 个人资料

（1）李文：美特好中外合资企业的职员。

（2）身份证号码：410101196501022 5XX。

（3）税务代码：330621584644268。

（4）联系地址：XX 市中华路 126 号。

（5）邮编：450016。

（6）电话：65125007。

2. 基本业务

2010 年取得以下所得：

（1）每月取得合资企业支付的工资薪金 9 800 元。

（2）3 月份，从 A 国取得特许权使用费折合人民币 15 000 元，已按 A 国税法规定交纳个人所得税折合人民币 1 500 元并取得完税凭证。

（3）4 月 1 日～6 月 30 日，前往 B 国参加培训，利用业余时间为当地一所中文学校授课，取得课酬折合人民币共 30 000 元，未扣交税款；出国期间将其国内自己的小汽车出租给他人使用，每月取得租金 5 000 元。

（4）7 月份，与同事杰克（外籍）合作出版了一本中外文化差异的书籍，共获得稿酬 56 000 元，李某与杰克事先约定按 6∶4 比例分配稿酬。

（5）10 月份，取得三年期国债利息收入 3 888 元。

（6）11 月份，以每份 218 元的价格转让 2006 年申购的企业债券 500 份，发生相关税费 870 元；该债券申购价每份 200 元，申购时共支付相关税费 350 元；转让 A 股股票取得所得24 000 元。

（7）1～12 月份，与四个朋友合伙经营一个酒吧，年底将 30 万元生产经营所得在合伙人中进行平均分配。

（8）受托对一电影剧本进行审核，取得审稿收入 15 000 元。

其他相关资料：银行定期存款自存款当日计息、到期日不计息，全年按 365 天计算。

（二）实训要求

根据上述资料，按下列序号计算回答问题，需计算出合计数：

（1）李文全年工资薪金应交纳的个人所得税。

（2）李文从 A 国取得特许权使用费所得应补缴的个人所得税。

（3）李文从 B 国取得课酬所得应交纳的个人所得税。

（4）李文出租小汽车应交纳的营业税、城市维护建设税和教育费附加。

（5）李文小汽车租金收入应交纳的个人所得税。

（6）李文稿酬所得应交纳的个人所得税。

（7）银行应扣交李文利息所得的个人所得税。

（8）李文转让有价证券所得应交纳的个人所得税。

（9）李文分得的生产经营所得应交纳的个人所得税。

（10）李文审稿收入应交纳个人所得税。

（11）李文履行纳税义务后，是否需要自行申报个人所得税？为什么？若需要，则填制李文的个人所得税纳税申报表。

项目十一　全税种交纳实务与申报综合技能实训

实训资料：

位于市区的某电子设备生产企业，主要生产电脑显示器，拥有固定资产原值 6 500 万元，其中房产原值 4 000 万元，2010 年发生以下业务：

（1）本年购进原材料，取得增值税专用发票，发票上注明的货款金额合计为 3 500 万元、增值税额 595 万元，以银行存款付讫。

（2）8 月受赠一批原材料，取得捐赠方开具的增值税专用发票，注明货款金额 60 万元、增值税额 10.2 万元。本年购进及受赠原材料都由生产部门领用。

（3）按上年末签订的租赁合同约定，从 1 月 1 日起将原值 300 万元的闲置车间出租给某销售公司，全年取得租金收入 120 万元，闲置车间本年应计提折旧 40 万元。

（4）本年实际发生的合理工资费用 400 万元，其中：生产工人工资 260 万元，车间管理人员工资 20 万元，行政管理人员工资 36 万元，销售人员工资 84 万元；实际拨缴的工会经费 7 万元，实际发生的职工福利费用 60 万元，实际发生的教育经费 15 万元。假定实际发生的工会经费、职工福利费及教育经费均按各部门职工工资所占比例计入相关科目。

（5）企业实际发放工资时，代扣个人所得税 16.8 万元。

（6）按规定本年提取固定资产折旧费 335.02 万元。其中：生产车间使用固定资产计提折旧 50 万元，销售部门计提折旧 184.78 万元，行政管理部门计提折旧 100.24 万元。

（7）本年用银行存款支付车间办公费、水电费等 12.6 万元，支付行政管理部门办公费、水电费等 30 万元。

（8）企业全年发生业务招待费用 60 万元，符合条件的新技术研究开发费用 90 万元，还发生其他管理费用 294 万元。

（9）全年发生广告费用 1 200 万元，另外还发生其他销售费用 14 万。

（10）受全球金融危机的影响，企业持有的原账面价值 300 万元的交易性金融资产，到 12 月底公允价值下降为 210 万元（企业以公允价值核算）。

（11）本年生产的产品全部完工，并且全部实现销售，年初无在产品及库存产成品。

（12）本年销售显示器给某销售公司，开具普通发票，销售合同约定含税销售额 8 190 万元，款项收到并存入银行。

（说明：当地政府确定计算房产税余值的扣除比例为 20%）

实训要求：

（1）对上述业务进行会计核算。

（2）计算该企业 2010 年应交纳的增值税。

（3）计算该企业 2010 年应交纳的营业税并进行会计核算。

（4）计算该企业应交纳的城建税和教育费附加并进行会计核算。

（5）计算该企业应交纳的印花税并进行会计核算。

（6）计算该企业 2010 年应交纳的房产税并进行会计核算。
（7）计算该企业 2010 年度的会计利润总额。
（8）计算业务招待费应调整的应纳税所得额。
（9）计算广告费应调整的应纳税所得额。
（10）计算交易性金融资产减值、新技术研发费应调整的应纳税所得额。
（11）计算工资附加“三费”应调整的应纳税所得额。
（12）计算该企业 2010 年度的应纳税所得额。
（13）计算该企业 2010 年度应交纳的企业所得税。
（14）计算企业的所得税费用并进行会计核算。
（15）填制企业所得税纳税申报主表。

参考文献

[1] 注册会计师考试委员会办公室. 税法 [M]. 北京：经济科学出版社，2011.
[2] 注册会计师考试委员会办公室. 会计 [M]. 北京：中国财政经济出版社，2011.
[3] 注册税务师考试委员会办公室. 税法（Ⅰ）[M]. 北京：中国税务出版社，2011.
[4] 注册税务师考试委员会办公室. 税法（Ⅱ）[M]. 北京：中国税务出版社，2011.
[5] 注册税务师考试委员会办公室. 税务代理 [M]. 北京：中国税务出版社，2011.
[6] 程风艳. 税务会计实务 [M]. 北京：北京大学出版社，2006.
[7] 奚卫华. 税务代理实务 [M]. 北京：中国人民大学出版社，2009.
[8] 王岩. 税务会计 [M]. 北京：中国时代经济出版社，2009.
[9] 姚旭. 企业纳税实务 [M]. 北京：清华大学出版社，2009.
[10] 李克桥. 税务会计实训 [M]. 北京：冶金工业出版社，2009.
[11] 王红云. 税务会计与实务操作 [M]. 上海：立信会计出版社，2010.
[12] 李克桥. 中国税法实用教程（综合实训）[M]. 北京：中国时代经济出版社，2010.
[13] 甄立敏. 新编企业纳税实务 [M]. 北京：电子工业出版社，2009.
[14] 蒋泽生. 纳税会计模拟实训 [M]. 北京：中国人民大学出版社，2008.
[15] 傅文清，付丽莎，熊英. 纳税会计与纳税申报实训教程 [M]. 北京：中国人民大学出版社，2008.